학생부
디자인과
자기평가서

교과에서 창체 연계로 완성하는 학종 대비의 모든 것

학생부 디자인과 자기평가서

팀유니온 지음

포르체

프롤로그

학생부 디자인이 대입을 결정한다

    쏟아지는 수행평가나 학기 말 자기평가서 제출을 앞두고 밤늦도록 고민하는 아이의 모습을 지켜보자면 부모의 걱정도 깊어져 간다. 성적도 관리해야 하는데 학교 안에서의 활동은 줄줄이 쌓여 가고, 무엇을 어떻게 준비해야 할지 막막해하는 학생들이 많다. 이제는 공부를 열심히 해도 학생부가 미비하면 상위권 대학에 가기 어려운 시대다. 해마다 바뀌는 입시 변화에 무엇을 우선순위로 두어야 할지 우왕좌왕하다 보면 나름대로 충실히 학교생활을 했는데도 학생부에서 경쟁력을 찾기 어려운 결과로 이어질 수 있다. 이 책은 그러한 혼란 속에서 방향성을 명확히 제시하기 위한 안내서로 출발했다.

    성적순으로만 줄 세우는 시대는 끝났다. 이제 대학은 탐구의 깊이, 문제 해결 과정에서 드러나는 사고력과 태도, 주도적인 지적 성장을 중요하게 평가한다. 무슨 질문을 품고, 어떤 방식으로 탐구했는지, 누구와 협업했는지, 얼마나 집요하게 자료를 찾았고, 어떤 시선으로 세상을 바라보게 되었는지를 묻는 것이다.

특히 학생부종합전형(학종)은 고등학교 3년간 어떤 문제에 관심을 가졌는지, 또 어떤 방식으로 질문하고 탐색하며 성장해 왔는지를 종합적으로 평가하고자 하는 제도다. 단순히 성적뿐만이 아니라 주도적 탐구와 지적 성장 과정을 바탕으로 대학에 필요한 인재를 선발하겠다는 뜻이다. 학생부를 잘 디자인해야 하는 이유가 여기에 있다. 학생부는 교사가 기재하지만 그 방향과 흐름 자체는 학생 자신이 디자인해서 만들어가야 한다. 관심 분야를 바탕으로 탐구 과정과 지적 성장을 기록하여 유의미한 서사를 만들어내야 한다.

변화하는 대입 패러다임과 학생부 전략

오늘날 대입 전형은 어떤 변화를 보이고 있을까? 최근 대입 제도는 수시의 비중이 확대되는 추세다. 또한 여러 전형의 성격이 동기화되고 있다. 학생부교과전형은 학생부종합전형처럼 단순 성적만이 아닌 학생부를 정성평가 하는 대학이 증가하고 있다. 학생부종합전형은 최저학력기준을 신설하거나 강화하는 전형이나 대학이 늘어나고 있다. 정시에서도 학생부를 반영하는 대학이 증가하고 있다. 이처럼 여러 전형이 서로의 요소를 흡수하며 비슷한 모습을 보이는데 그중 '탐구 태도'와 '자기 주도성'은 모든 전형에서 가장 강조되고 있는 핵심 요소라 할 수 있다. 여러 전형에서 탐구 주제에 관한 질문을 얼마나 구체화하고 그것을 끝까지 밀어붙였는지의 과정 자체가 평가의 중심이 되고 있다. 더불어 수업과 연계된 탐구 활동만큼이나 학습 태도와 성실성, 참여도 역시 중요하게 평가되고 있다. 학생이나 학부모들은 이러한 평가 기준을 먼저 이해해야 그에 맞춰 실제적인 전략을 세울 수 있을 것이다. 그래서 1장에서는 먼저 변화된 대입 패러다임을 소개한다. 대입 전형별 특징과 향후 변화까지 살펴보며, 학생부가 왜 중요한지, 어떤 전형에 어떤 전략이 필요한지를 정리한다.

대학이 보고 싶어 하는 것은 무엇을 했는가가 아니라 어떻게 했는가다. 예를 들어 수학 문제를 못 풀어서 속상했던 경험을 그냥 넘기지 않은 학생이 있다. 교사에게 직접 찾아가 수학 능력을 키울 수 있는 문제를 요청하고, 실패 과정에서 새로운 접근법을 시도했다. 끝내는 자신만의 풀이법을 개발해 친구들에게 설명하는 활동으로 발전시켰다. 좌절을 성장으로 바꾼 이 학생의 탐구는 대학이 눈여겨보는 요소가 된다. 창체와 독서 등의 활동이 그저 한 줄 기록으로 끝나지 않도록, 탐구로 연결되는 구체적 사례와 표현이 학생부를 통해 드러날 것이기 때문이다.

2장과 3장에서는 이 이론을 실천으로 옮기기 위한 실제 전략을 제시한다. 창의적 체험활동 각 영역의 활동과 학생부 기재, 세특 항목별 표현 전략, 수행평가 유형별 주제 설계법, 진로 탐색 보고서 및 소그룹 프로젝트 학습 방법 등이 모두 실제 학교 현장에서 사용할 수 있는 사례로 정리되어 있다. 이렇게 만들어진 교과 기반 심화 탐구 보고서는 자기 평가서에 나만의 목소리를 효과적으로 담으며 좋은 학생부 기재로 이어질 수 있을 것이다.

사례와 함께 보는 자기평가서 작성 전략

4장에서는 자기평가서의 구조와 작성 전략을 다룬다. 자기평가서는 학생부 안에서 학생이 무엇을 고민했고, 어떤 배움이 있었고, 어떤 점에서 성장했는지를 스스로 보여줄 수 있는 유일한 글쓰기다. 학교에서 수행한 여러 활동을 바탕으로 자신이 디자인한 학생부의 방향성과 키워드를 어필할 수 있는 중요한 수단이기도 하다.

특히 2022 개정 교육과정 이후 수행평가 영역 명이 대학에 제공되는 등 대입 정보로 활용될 수 있는 항목이 증가하면서, 활동의 맥락까지 대학이 파악하게 되었다. 여기에서는 자기평가서의 과목별 예시와 수정 전후 사례를 통해, 평가자이자 기술자인 입학사정관과 교사의 시선에서 어떤 문장을 구사하는 것이 효과적인지를 키워드 수준으로 분석해 안내한다. 5장에서는 실제 작성본과 수정본을 함께 제시해 어떻게 자기평가서를 써야 하는지 그 실제를 보여준다. 모두 팀유니온이 학교 현장에서 쌓은 노하우를 통해 구성된 검증된 자료들이다.

결국 학교생활기록부에는 이야기가 담겨야 한다. 그러나 그 이야기는 저절로 쓰이지 않는다. 질문을 품는 연습, 탐구의 흐름을 만드는 사고력, 자기표현으로 이어지는 문장력 등 다양한 사고력이 필요하다. 또한 활동을 많이 하는 것을 넘어 활동의 의미를 스스로 설명할 수 있어야 한다. 이 책은 그 설명을 가능하게 해 줄 것이다. 좋은 질문을 던지고, 좋은 탐구를 설계하며, 그 모든 과정을 좋은 기록으로 남길 수 있는 능력을 키우자. 이 책을 읽는 학생과 학부모가 학생부 만들기와 자기평가서 작성에서 자신감과 명확한 로드맵을 얻게 되기를 바란다.

팀유니온

목차

프롤로그   5

1장 교육과정과 학생부 평가의 관점

대학에서는 어떤 학생을 원할까   14
학생부 디자인이 대입을 결정한다   20
활동 디자인은 어떻게 해야 할까   28

2장 진로-진학 프로그램의 활용 방법

창의적 체험 활동 프로그램   36
과목별 세특 프로그램   67

3장 학생부 디자인과 빌드업

전공 가이드북으로 학생부 속 역량 카운팅하기   318
대학 가이드북을 바탕으로 학생부 빌드업하기   326

4장 자기평가서를 위한 핵심 전략

자기평가서 작성의 기본 원칙	346
자기평가서의 필수 키워드 전략	350
자기평가서 작성 시 점검 포인트	360
과목별 자기평가서 작성 요령	369

5장 과목별 자기평가서 작성과 수정

국어: 자기평가서 작성과 수정	378
영어: 자기평가서 작성과 수정	394
수학: 자기평가서 작성과 수정	408
사회: 자기평가서 작성과 수정	422
과학: 자기평가서 작성과 수정	435

교육과정과 학생부 평가의 관점

1장

대학에서는 어떤 학생을 원할까

인공지능이 방대한 데이터를 수집하고 분석하여 놀라운 속도로 결론까지 도출해 내는 시대에 접어들었다. 그렇다면 인간의 역할은 무엇일까? 문제의 본질을 파악하고 새로운 질문을 던지며, 창의적인 해결책을 찾아내는 것은 여전히 인간의 몫으로 남아 있다. 지식을 축적하는 것보다는 지식을 탐색하여 새로운 의미와 가치를 찾아내는 인간의 탐구력이 필요하다.

이러한 변화는 대학이 바라는 인재상에도 또렷하게 반영되고 있다. 서울대를 포함한 많은 대학에서 탐구력을 중요하게 평가하겠다고 밝혔다. 특히 학종(학생부종합전형)에서는 창의성을 바탕으로 자기주도적인 문제 해결 능력을 지닌 학생을 선발하겠다는 의지가 분명히 드러난다.

현재 대입 전형은 크게 '학생부교과전형', '학생부종합전형', '논술전형', '정시 수능전형'으로 나뉜다. 하지만 2028 이후의 대입을 준비한다면 학종을 빼고 지원하는 게 큰 의미가 없다고 말할 정도로 학종이 매우 중요하다. 특히 서울 소재 대학을 중심으로 수시의 비율을 높이고 정시에서도 학생부(학교생활기록부)를 반영하는 방향으로 가고 있기 때문에, 앞으로는 학생부 디자인이 곧 대입을 결정한다고 해도 과언이 아니다.

특히 학종은 졸업생보다 재학생에게 압도적으로 유리한 제도다. 서울 소재 대학의 정시 전형에서 재수생의 합격 비율은 월등하게 높게 나타난다. 하지만 수시 전형 가운데 학생부 위주인 전형은 재학생 합격 비율이 압도적으로 높다. 따라서 재학생들은 학생부 위주 전형을 중심으로 수능최저학력기준을 달성하기 위한 전략을 수립해야 한다.

그렇다면 학종에서는 어떤 기준으로 학생을 판단하게 될까? 대학마다 차이가 있지만 대부분 대학에서는 5개대 공동연구로 진행한 '학생부종합전형 공통 평가 요소 및 항목 개선 연구'의 결과로 나온 학업역량, 진로 역량, 공동체 역량의 세 가지 평가 요소를 기준으로 학생을 선발하고 있다.

학종 평가 요소

평가 요소	평가 항목	정의
학업 역량	학업 성취도	고교 교육 과정에서 이수한 교과의 성취 수준이나 학업 발전의 정도
	학업 태도	학업을 수행하고 학습해 나가려는 의지와 노력
	탐구력	지적 호기심을 바탕으로 사물과 현상을 탐구하고, 문제를 해결하려는 노력
진로 역량	전공(계열) 관련 교과 이수 노력	고교 교육 과정에서 전공(계열)에 필요한 과목을 선택하여 이수한 정도
	전공(계열) 관련 교과 성취도	전공(계열)에 필요한 과목을 수강하고 취득한 학업 성취 수준
	진로 탐색 활동과 경험	자신의 진로를 탐색하는 과정에서 이루어진 활동이나 경험 및 노력 정도
공동체 역량	협업과 소통능력	공동체의 목표를 달성하기 위해 협력하고, 합리적인 의사소통을 할 수 있는 능력
	나눔과 배려	상대방을 존중하고 이해하는 것, 원만한 관계 형성, 타인에게 기꺼이 나누어 주는 태도와 행동
	성실성과 규칙 준수	책임감을 바탕으로 자신의 의무를 다하고, 공동체의 기본 윤리와 원칙을 준수하는 태도
	리더십	공동체의 목표 달성을 위해 구성원들의 상호작용을 이끌어 가는 능력

1) 학업 역량

학업성취도는 고교교육과정에서 이수한 교과의 성취 수준이나 학업의 발전 정도를 확인하는 요소다. 다만 평가자들은 단순히 전 과목 내신 평균 점수보다는 이수한 교과목의 성취도와 성적의 변화 추이를 살펴보고 발전 가능성을 중요하게 가늠한다. 전체적인 교과 성적을 비롯해 해당 전공과 관련된 기본 과목의 이수 정도, 과목별 이수자 수와 원점수, 평균, 표준편차 등을 확인해 학업성취도 수준을 종합적으로 판단하게 된다.

학업 태도는 '학업을 수행하고 학습해 나가려는 의지와 노력'을 말한다. 자기 주도성을 살펴볼 수 있는 항목으로 대학에서 가장 선호하는 평가 요소 중 하나이기도 하다. 대학 교육을 충실히 이수할 수 있는 학생인지, 대학에 와서 스스로 공부를 해 나갈 수 있는지 판단하기 위해 탐구를 진행하려는 의지, 과목 선택의 적극성 등을 파악하게 된다. 학업 태도는 학교생활 전반에서 보여 주는 요소이기 때문에 학생부의 창의적 체험 활동, 세부 능력 및 특기 사항, 행동 특성 및 종합 의견 등 다양한 부분에서 확인하게 된다.

탐구력은 '지적 호기심을 바탕으로 사물과 현상에 대해 탐구하고 문제를 해결하려는 노력'으로 정의하고 있다. 특히 교과에서 이루어지는 탐구 활동에 적극적으로 참여해 창의적이고 의미 있는 결과물을 산출하였는지 확인한다. 차원이 높은 학업 역량을 보여 줄 수 있는 평가항목이므로 노력의 과정과 결과가 학생부에 충분히 드러나야 좋은 평가를 받을 수 있다.

2) 진로 역량

전공(계열) 관련 교과 이수 노력은 지원하려는 전공(계열)을 공부하는 데 필요한 과목을 어느 정도 이수하였는지 확인하는 요소이다.

2015 개정 교육과정 이후 학생들이 관심 있는 과목을 스스로 선택해 수강하게 되면서 전공에 대한 관심과 학문적 소양을 확인해 평가에 반영하고 있다.

전공(계열)관련 교과 성취도는 전공(계열)에 필요한 과목을 수강하고 취득한 학업 성취의 수준을 평가하는 것이다. 해당 전공에 대해 올바르게 이해하고 있는지 확인하며 교과의 학업 성취도 수준을 정밀하게 평가하는데, 희망 전공(계열) 관련 과목을 반드시 이수해야 더 좋은 평가를 받을 수 있다.

진로 탐색 활동과 경험에서는 자신의 진로를 탐색하는 과정에서 이루어진 활동이나 경험 및 노력 정도를 살펴본다. 개정 교육과정에서 강조하고 있는 자기 주도성을 평가하는 항목이기도 하다. 전공과 관련된 활동의 깊이와 성과가 뚜렷할수록 더 우수한 평가를 받는다.

3) 공동체 역량

협업과 소통 능력은 '공동체의 목표를 달성하기 위해 협력하여 구성원들과 합리적인 의사소통을 할 수 있는 능력'으로 정의된다. 협업의 문제 해결 과정에서 소통을 통해 서로의 견해를 조율하고 공동의 규칙을 만들어 내는 능력 등이 포함되므로, 동아리 활동 및 소규모 프로젝트에서 해당 역량이 두드러지게 나타날 수 있다.

나눔과 배려는 의미 있는 교내 활동을 통해 상대방을 존중하고 이해하여 원만한 관계를 형성하는 모습이 드러나는지 평가한다. 봉사를 통해 타인을 돕거나 학교, 학급 내 활동에서 상대를 배려하고 이해한 경험이 있는지 확인하게 된다.

성실성과 규칙 준수는 공동체 내에서 요구되는 도덕성을 살펴보는 항목으로, 책임감 있게 자신의 의무를 다하고 공동체의 기본 윤리와 원칙을 준수하는 태도가 있는지 평가한다. 이는 당연히 성실한 출결 상황과도 연관이 있다.

리더십은 공동체의 목표 달성을 위해 기울인 노력과 그에 따른 결과를 평가한다. 꼭 학급 임원을 맡지 않더라도 교내 활동 중 적극적으로 갈등을 해결해 본 경험이나 공동체가 더 나은 방향으로 나아가기 위해 의견을 제시하고 이끈 경험 등이 있다면 좋은 리더십 평가를 받을 수 있다.

학생부 디자인이 대입을 결정한다

    2028 대입부터 학생부는 학기마다 작성되기 때문에 1학년 때부터 어느 정도 방향성을 잡고 전체적인 디자인을 그려 나가는 것이 매우 중요하다. 그러려면 학생부가 어떤 방향으로, 어떤 관점으로 기재되는지 이해하고 계획을 세워야 한다. 실제로 전공 분야에 대한 이해를 바탕으로 자기 주도적으로 디자인된 학생부는 극소수다. 이를 이해하는 것만으로도 시간을 아끼고 차별화된 학생부를 만들어 갈 수 있다.

    어떤 활동을 해서 학생부를 채워야 할지 복잡하게 느껴질 수 있겠지만 이를 너무 어렵게 생각할 필요는 없다. 학생부를 살펴보면 항목별로 글자 수가 정해져 있다. 예를 들어 자율활동 특기 사항은 500자로 기재해야 하는데, 여기에 10가지 활동 항목을 넣는다면 활동마다 50자를 할당하는 나열식 학생부가 될 수밖에 없다. 추천하는 것은 500자를 기준으로 2~3개의 활동 항목을 넣는 것이다. 이렇게 생각하면 학생부 디자인 관점에서 내가 꼭 해야 하는 중요한 활동의 개수가 어느 정도 정해진다. 세특(세부 능력 및 특기 사항)은 학교생활을 성실히 하면 수행평가 등으로 자연스럽게 채워진다. 결국 학생이 고민할 만한 주제 탐구 보고서는 창체에서 연간 네다섯 개 정도면 충분하다.

물론 학생부의 기재는 최종적으로 교사가 하지만, 그 소재를 만드는 활동을 하고 보고서를 쓰는 것은 어디까지나 학생 본인이다. 따라서 학생들은 진로, 동아리, 수행평가 등의 주제를 결정하고 최종적으로는 자기평가서를 통해 자신의 노력과 성과를 어필할 수 있어야 한다. 궁극적으로 학생부는 교사와 학생이 함께 만들어 가는 것이기 때문에 학생 본인도 반드시 학생부에 대해 이해하고, 자신이 학생부를 통해 보여 주고 싶은 내용이 무엇인지 고민하며 그려 나가야 한다.

• 학생부 기재 영역과 세부 항목

영역	세부 항목	최대 글자 수 (한글 기준)	비고
1. 인적·학적 사항			
2. 출결 상황			
3. 수상 경력			미제공
4. 자격증 및 인증 취득 상황			미제공
5. 학교폭력 조치 상황 관리			
6. 창의적 체험 활동 상황	자율활동(자율자치활동) 특기 사항	500자	자율 동아리 미반영
	동아리 활동 특기 사항	500자	
	진로 활동 특기 사항	700자	개인 봉사 실적 미반영
	봉사 활동 실적 활동 내용		
7. 교과 학습 발달 상황	과목별 세부 능력 및 특기 사항	과목별 500자	학기별 8과목 내외
	개인별 세부 능력 및 특기 사항	500자	
8. 독서 활동 상황			미제공
9. 행동 특성 및 종합 의견		500자	

    2022년 대입까지는 학생부에 기록되는 수상 경력, 진로 희망 분야, 봉사 활동 특기 사항, 방과 후 학교 수강 및 활동 내용, 독서 활동 상황, 행동 특성 및 종합 의견이 모두 대입에 반영되었다. 하지만 2023 대입부터는 많은 항목이 반영에 제외되면서 자율활동, 진로 활동, 동아리 활동, 교과 세부 특기 사항, 행동 특성 및 종합 의견만이 학교생활기록부의 평가 항목으로 남았다. 특히 추천서가 폐

지되면서 행동 특성 및 종합 의견이 추천서의 역할을 대신하게 되었고, 자기소개서의 폐지로 학생부 내에서 학생의 사고력과 탐구력을 보여 주는 것도 더욱 중요해졌다.

간혹 성적은 좋은데 학생부 반영 항목에 대해 고려하지 않거나 아예 모르고 있는 학생들이 있다. 학생부 디자인의 방향성을 제대로 잡지 못하면 학교생활을 열심히 하고도 그 내용을 어필할 수 있는 핵심적인 요소들을 놓치게 될 수 있다. 그렇다면 각 항목에는 어떤 내용이 기재되고, 또 어떻게 기재되어야 할까?

1) 인적·학적 사항
인적·학적 사항에는 말 그대로 학생의 개인 정보가 기재된다. 현재는 대학 입학사정관이 이 부분을 확인할 수 없고 모두 블라인드로 진행된다.

2) 출결 사항
학년별로 수업 일수와 결석 일수가 기재되고, 결석은 질병·미인정·기타로 구분되어 표시된다. 학생부를 평가할 때 제일 먼저 보게 되는 부분인데 미인정 지각이나 결석은 학생부의 첫인상에서 부정적인 인상을 줄 수밖에 없다. 그래서 정말 불가피한 상황이 아니라면 되도록 성실한 출석 태도를 유지하는 게 좋다.

3) 수상 경력

교내 대회나 행사에서의 수상 내역이 이 부분에 기록된다. 그러나 2024학년도부터는 대입에 반영되지 않는다.

4) 자격증 및 인증 취득 상황

학생부에 정보처리나 컴퓨터 관련 자격증이 주로 기재되는 항목으로 대입에 미반영된다.

5) 창의적 체험 활동(창체)

창의적 체험 활동 상황	자율		특기사항	- 자율 동아리 대입 미방영 - 개인 봉사 활동 실적 대입 미반영 (학교 계획 봉사 활동 실적은 반영) - 특기 사항 글자 수: 자율(500자), 동아리(500자), 봉사(미기재), 진로(700자)
	동아리	정규	특기사항	
		자율		
	봉사		특기사항	
			실적	
	진로		특기사항	

창체는 크게 자율활동, 동아리 활동, 봉사 활동, 진로 활동의 네 가지 항목으로 구성된다. 단순히 활동을 나열하는 방식이 아니라 실제적인 역할과 활동 위주로 입력해 개별적인 특성이 드러나야 좋은 평가를 받을 수 있다.

자율활동은 약 500자(1500바이트)까지 기재할 수 있다. 보통 학급, 학년, 학교 행사 활동과 임원 활동 등이 기재되지만 학급 특색 활동이나 창의 주제 활동도 자율 활동에 기재할 수 있다. 이런 이유에서 최근에는 자율활동에서도 학생의 진로나 교과 연계 활동을 연계하기도 한다. 실제로 상위권 대학 합격생들의 학생부에서는 학생의 탐구력이나 진로 방향성이 잘 녹아 있는 경우가 많다.

동아리 활동은 정규 동아리와 자율 동아리로 나뉘는데 2024년부터는 자율 동아리가 대입에 미반영되었다. 동아리 활동에서는 진로와 관련된 자신의 장점과 역량이 구체화되어 드러나는 것이 중요하다. 이 활동에서 내가 어떤 역할을 맡았는지, 또 어떤 기여를 기여를 했는지도 함께 보여 주는 것이 좋다.

교내에서 이루어지는 봉사 실적 이외의 교외 개인 봉사 실적은 대입에 반영되지 않는다. 학종에서의 평가 비중이 높지 않지만 학생의 나눔과 배려 등의 태도를 볼 수 있는 항목이므로 교내 봉사 활동은 적극적으로 참여하는 것이 좋다.

진로 활동은 유일하게 700자로 기재되는 만큼 중요도가 높다. 진로와 관련된 활동이나 탐구 내용이 들어가는데, 학교에서 실시되는 행사나 특강 위주로 나열하는 것은 바람직하지 않다. 학생의 역량을 충분히 드러내기 어렵기 때문이다. 따라서 진로활동에서는 진로 독서를 하더라도 그 책을 읽고 어떤 지적 호기심이 생겼는지, 그래서 어떻게 지식을 확장했는지에 대한 결과를 탐구 보고서 등의 형태로 보여 주어야 한다. 결국 진로활동에서는 진로와 연계하여 자신이 보여 주고 싶은 역량이 무엇인지를 고민해야 한다.

6) 교과 학습 발달 상황: 세부 능력 및 특기 사항

교과 학습 발달 상황	성적	- 방과 후 학교 미기재 - 모든 교과 모든 학생에 대해 교과세특 입력 - 영재/발명 교육 대입 미반영
	교과세특	

 세특은 교사가 학생의 수업 참여 태도나 역량을 구체적으로 기재하는 항목으로 교과별 세특과 개인별 세특이 있다. 세특에서는 교과의 성격에 부합하면서도 수업 시간에 자신이 보인 태도와 기르기 위해 노력한 역량이 잘 기재되도록 하는 것이 중요하다. 교과의 성격과 상관없이 지나치게 진로 분야에 대한 역량이 강조된 세특은 좋은 평가를 받기 어렵다. 따라서 반드시 교과와의 연관성을 고려한 활동을 기획해야 한다.

7) 독서 활동 상황

 독서 활동은 대입에서 미반영되는 항목이다. 그러나 독서가 대입에 반영되지 않는 것은 아니다. 창체 및 세특에 도서명과 활동 내용을 넣을 수 있기 때문이다. 따라서 진로 활동이나 세특에서 독서를 연계하면 학생이 관심 분야에 배경지식을 키우기 위해 무엇을 노력했는지를 충분히 보여 줄 수 있다. 지적 호기심과 학업역량, 진로역량을 보여 줄 수 있기 때문에 독서 활동 자체의 중요성은 오히려 더 커졌다고 할 수 있다.

8) 행동 특성 및 종합 의견

행동 특성 및 종합 의견	- 2022 대입부터 추천서 폐지로 중요성 증가 - (학교)봉사 활동 학생의 특기 사항 필요 시 기재 가능

학년말마다 담임교사가 기재하는 항목이다. 학생의 학습과 행동, 인성 등 학교생활 전반에 걸친 모습을 지속적으로 관찰하고 평가해 기록하기 때문에 교사 추천서의 역할을 대신한다. 공동체의식, 리더십 등 학교생활에서 드러나는 개인의 특징이 가장 잘 보이는 항목이기 때문에 대학에서도 평가 시 가장 먼저 읽는다는 사정관이 많을 정도로 중요하다. 봉사 활동은 특기 사항을 기록하는 란이 없지만 필요할 경우에는 관련 내용을 종합 의견에 기재할 수 있다. 봉사를 적극적으로 한 학생이라면 종합 의견에 봉사와 관련된 서술이 추가될 수 있도록 해야 한다.

활동 디자인은 어떻게 해야 할까

2028 이후 대입에서는 '활동을 스스로 디자인하는 능력'이 핵심이 된다. 탐구 주제를 스스로 정하고, 그에 필요한 지식을 탐색한 후, 자신에게 필요한 방식으로 활동을 디자인할 때 반드시 고려해야 하는 점은 진로 분야에 부합하면서도 교과의 성격에 맞게 주제를 잡아야 한다는 점이다. 수행평가에서 진로와 관련된 이야기를 할 수는 있으나, 해당 과목의 성격에서 벗어나면 좋은 평가를 받기 어렵다. 사회 교과에서 '기계의 작동 원리'를 탐구한다고 해서 공학과 관련된 역량이 뛰어나다고 평가하지는 않는다. 인문사회계열을 희망한다면 국어·영어·사회 과목에서 진로 역량을 보여 주어야 하고, 자연공학계열을 희망한다면 수학·과학에서 진로 역량을 보여 주어야 한다. 나머지 과목에서는 과목의 특성에 맞는 수행평가를 하는 것이 기초 학업 역량의 측면에서 더 좋은 평가를 받을 수 있다.

다음은 실제로 기계공학과를 지망하는 학생이 교과 성격과 수행평가의 목적을 고려해 주제를 다시 디자인한 사례이다.

주제: 도시화 속 기계화로 인한 인간 소외의 문제점

1. 도시화의 개념 정리
   - 도시화란?
   - 도시화로 인한 문제점: 아파트 이웃 간의 얼굴을 잘 모르는 등 도시는 진화했지만 인간 소외가 심각해짐

2. 인간 소외 현상
   - 무인시스템 확산 사례
   - 고독사, 정서적 소외 등의 사회문제 분석

3. 기술의 역할
   - 기술이 만드는 편리함 vs. 사람을 줄이는 구조
   - 인간 중심 설계가 부재할 때 기술은 배제의 도구가 됨

4. 고민할 부분
   - 기술이 사람을 위해야 하는 이유
   - 기술과 도시 설계에 소통, 접촉, 공감의 요소를 넣을 수 있을까?
   - 나는 어떤 기술자가 되어야 할까?
   - 기술로 사람을 외롭지 않게 하는 도시를 설계할 수 있을까?

이 활동은 수학·과학 기반의 진로에 자연스럽게 연결되면서도, 기술과 인간 삶의 관계를 다룬 인문적 주제를 균형 있게 담고 있다. 과목의 정체성을 해치지 않으면서 진로 관심사도 명확히 보여주는 구성이다. 이것이 바로 수행평가와 교과 성격, 진로 관심을 유기적으로 연결한 '디자인된 활동'의 좋은 사례다. 이것이 바로 활동 디자인이다.

그렇다면 학생부 디자인을 위한 각종 활동은 어떻게 기획해야 할까? 과거에는 수개월에 걸쳐 진행되는 과제형 평가가 있었지만

최근에는 수업 시간 내에 모든 활동을 수행하도록 하고 있다. 그래서 수행평가 보고서의 분량은 줄었지만, 과목 수가 많아 여전히 부담을 느끼는 학생이 많다.

수행평가는 '깊이'도 중요하지만 기획력 있게 주제를 선정하고 효율적으로 준비하는 등 '방향성'을 잘 잡는 것도 중요하다. 과목의 특성에 맞출 것인지, 진로와 넓게 엮을 것인지 판단하고, 깊이를 후속 활동과 함께 보여 줄 계획을 세우는 등 연계와 확장, 심화활동도 함께 고려해야 한다. 이런 기획력과 더불어 보고서 쓰는 방법까지 익혀 두면 효율적으로 수행평가할 준비는 충분히 한 셈이다.

구체적인 예를 들어, 화학 전공을 지망하는 학생이 사회 시간에 수행평가를 한다면 어떤 주제를 가져가야 할까? 수업에서 '전공 분야를 고려해서' 활동을 하도록 하는 경우도 있고, 교과 성격에 맞는 주제를 선정하여 활동하도록 하는 경우도 있다. 해당 사례는 사회 시간에 '전공 분야 이슈를 고려하라'는 조건이 있는 수행평가를 디자인한 것이다.

우선 다양한 매체를 통하여 관련 주제를 검색해 봐야 한다. 주제를 찾다 보니 화학 물질을 관리하는 '화평법'과 '화관법'이 최근 이슈라는 사실을 알게 되었다. 화학 물질을 어떻게 관리하느냐는 결국 법과 제도로 이어지는데, 법과 제도적인 측면은 사회 과목에서 다루기에도 적절하다. 그렇다면 토론문을 쓰기 위한 논제를 정하기 위해 본격적인 자료 탐색을 시작해야 한다. 수행평가는 결국 주제를 잘 잡고 자료를 탐색하는 게 절반 이상이다.

화평법과 화관법에 대해 검색해 보면 각종 포털 사이트에 자료가 넘쳐난다. 브레인스토밍하듯 읽으며 조사를 해 나가면 환경부의 관련 사이트, 화학물질 정보 시스템 같은 사이트에서도 정보를 얻을 수 있다. 또 유튜브에는 화평법, 화관법 규제 혁신 방안과 향후 과제에 대해 전문가들이 토론한 내용도 올라와 있다. 이처럼 주제와 관련하여 여러 자료를 탐색하며 읽으면 자연스럽게 관련 배경 지식을 쌓을 수 있다.

자료조사를 바탕으로 '화학 물질에 대한 규제를 강화해야 할까?'라는 토론 주제를 정하고, 주장과 근거를 정리하며 활동을 진행하면 된다. 이러한 사례가 본인의 전공 분야에 대한 연계성과 과목 특성을 모두 충족시키며 스스로 학생부를 디자인한 것이라고 할 수 있다.

참고로 2022 교육과정부터 수행평가는 영역명을 기재하도록 되어 있다. 대입에 제공되는 정보가 늘어나면 대학 입장에서는 보다 세부적인 평가가 가능해진다. 따라서 앞으로의 대입에서는 영역명과 기재 내용이 잘 맞아떨어져야 입학사정관에게 좋은 인상을 줄 수 있다. 영역명이나 평가 기준을 명확하게 이해하면서 자신의 진로 분야와 관련성이 높은 교과에서 진로에 대한 역량을 충분히 보

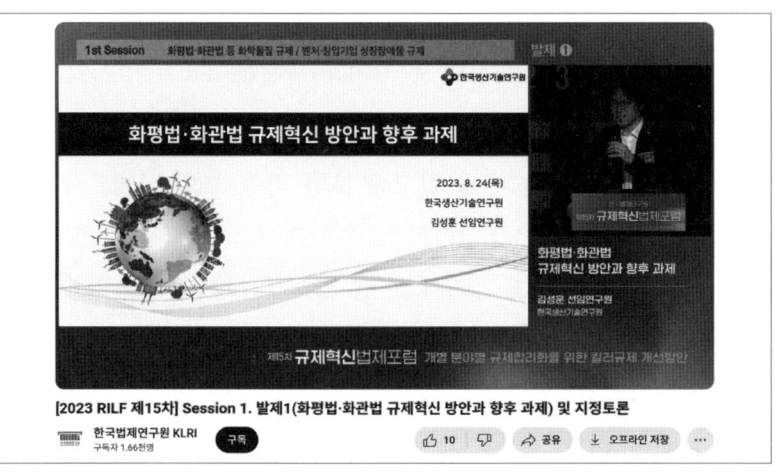

여줄 수 있는 주제를 선정하고 보고서를 작성하고, 나머지 과목에서는 해당 과목 성격에 부합하는 활동으로 기초 학업 역량을 보여 주는 등 주제를 디자인하는 능력이 더욱 중요해지는 이유가 바로 여기에 있다.

또한 전공 분야를 고려하여 주제를 고를 때, 1학년은 특정 전공에 너무 초점을 맞추기보다 계열 수준에서 관심 분야를 폭넓게 탐색하는 것이 좋다. 이후 2, 3학년 때 전공을 구체화하면서 설득력 있는 스토리를 만들어 갈 수 있기 때문이다.

결국 학생부는 그 학생이 어떤 사람인지 보여 주는 역할을 하기 때문에, 모든 활동을 수행할 때 전반적으로 내가 어떤 주제를 다루고 있고, 이번에는 어떤 주제를 다룰지, 그리고 이러한 활동을 통해 어떤 역량을 보여 줄 것인지를 우선적으로 고민해 볼 필요가 있다. 그리고 그 고민에 맞는 활동을 하나하나 쌓아 나가는 것이 궁극적인 학종 전략의 시작이라고 할 수 있다.

진로-진학 프로그램의 활용 방법

2장

창의적 체험 활동 프로그램

**교과로 시작하는
창의적 체험 활동 프로그램**

 이 장에서는 학종에 대비하여 교내에서 학생이 스스로 실천할 수 있는 다양한 프로그램들을 소개한다. 대표적으로 창의적 체험 활동에 해당하는 자율활동, 동아리 활동, 봉사 활동, 진로 활동을 제시하도록 하겠다.

시작은 교과에서
 앞으로의 대입은 학생 스스로 자신의 진로-전공 분야의 스토리를 써 나가는 학생 선택 중심의 교육과정이 중요해진다. 또한 교과에서의 심도 있는 탐구를 통해 학생의 역량을 강화하는 것이 평가의 중심이 될 것으로 예상된다. 교과 수업에서 생긴 호기심을 해결해 나가는 과정과 지식을 연계·심화·확장해 나가는 모습을 보이기 위해서는 창체 활동을 교과 수업에서 생긴 호기심에서 연계, 심화, 확장해 나가는 것이 좋다.

교과를 넘어 교내 프로그램으로 확장

교과 수업에서 이루어지는 다양한 활동은 교과 수업에서 끝날 수도 있지만 이러한 활동들이 확장되면 창의적 체험 활동과 다양한 교내 활동으로 이어질 수 있다. 따라서 제시하고 있는 프로그램들은 교과 수업과 연계한 동아리 활동의 과정에서, 또 학급의 자치 활동이나 진로 활동에서 활용할 수도 있을 것이다. 또한 유사한 다른 프로그램으로 확장하고 변형하여 활용해도 된다. 행사 활동으로 이루어지는 프로그램도 학생이 진로 분야와 관련지어 다양한 각도에서 보고서를 작성하는 활동으로 이어지면, 단순한 활동 내용 기재 이상으로 확장할 수 있다.

학교 단위 프로그램이나 인증제로 운영

학교별로 운영하고 있는 진로-진학 특화 프로그램에서 활용하거나, 혹은 다양한 프로그램을 묶어 학교 단위의 진로-진학 특화 프로그램으로 구성해도 된다. 학교에서 전체 프로그램으로 기획하기 어렵다면 교과나 부서 단위에서 성격에 맞는 프로그램을 선정하고, 학생들에게 과정과 절차를 안내한 후, 기간을 정해 일정한 수준 이상의 보고서를 제출한 학생들을 인증해 주는 방식으로 활용할 수 있다. 인증제의 장점은 학교 단위 프로그램이 대부분 방과 후 학교의 형태로 이루어지는 것에 반해, 교과 수업의 연장선상에서 이루어질 수 있으며 활동의 결과를 과목별 세특에 넣을 수 있다는 점이다. 어떠한 방식으로 운영하든 모든 활동의 기본은 독서와 토론, 그리고 글쓰기이다.

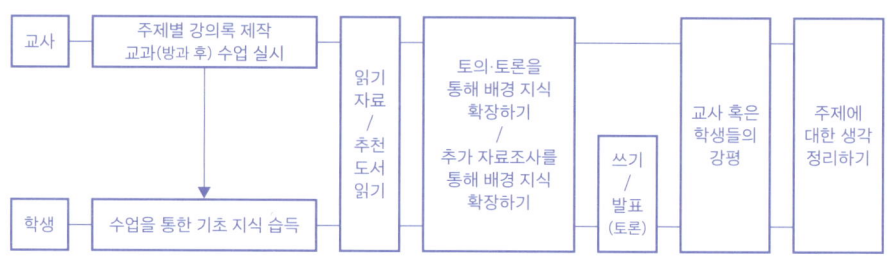

프로그램의 진행 방식에서 가장 중요한 것은 '읽기자료/추천도서 읽기'의 과정이라 할 수 있다. 최근에는 이 과정을 인터넷을 통한 자료조사 과정으로 보기도 하는데, 모든 프로그램을 실시할 때 반드시 추가 자료조사를 통해 다양한 정보를 읽고, 토의나 토론에 임할 수 있도록 해야 한다. 학생들이 스스로 다양한 자료들을 탐색하고, 토론하면서 전공 분야별로 심화 배경지식을 습득하는 것이 가장 중요한 목표라 할 수 있다.

진로-전공 희망 분야별로

학교에서는 자율, 동아리, 봉사, 진로와 관련한 다양한 프로그램들이 운영된다. 이러한 프로그램을 이수할 때 이 장에서 제시하는 프로그램들을 참고하여 보고서를 작성하면 전반적인 과정을 이해하기 쉬울 것이다. 혹은 자신의 진로-전공 분야에 따라 활동 계획을 세우고 동아리 활동 등을 통해 보고서를 작성한 후 담당 선생님께 말씀드려 학생부에 기재될 수 있도록 해도 된다. 학교마다 학생부에 기재될 수 있는 활동의 종류와 성격은 다를 수 있으므로 활동을 하기 전 교과 담당 선생님, 동아리 담당 선생님께 활동계획을 미리 말씀드린 후, 활동을 하는 것이 좋다. 아래의 예시를 참고하여 활동계획을 세우고 학년별로 적절히 나누어 활동해 보길 권한다.

희망전공 분야	경영학과	생명공학과
자율활동	전공 분야 아침 독서	전공 분야 아침 독서
	1학년: 민주시민 아카데미 2학년: 세계시민교육	1학년: 민주시민 아카데미 2학년: 세계시민교육
동아리 활동	경제경영반 동아리 활동	생명공학 동아리 활동
봉사 활동	지역 사회 봉사 활동	과학 교육 봉사 활동
진로 활동	대학 탐방 및 경영학과 탐색 보고서 직업인과의 만남 – 경영인 NIE 활용 경영 관련 탐구 포럼 경영학/기업 관련 법률 제·개정 포럼 기업 활동 관련 모의UN 어반 리젠 포럼 모의 국제투자 포럼 창업 아카데미 경영학과 관련 TED/MOOC 보고서 경영학 주제 탐색 보고서(논문) 작성	대학 탐방 및 생명공학과 탐색 보고서 직업인과의 만남 – 생명공학자 NIE 활용 생명공학 포럼 수학/과학 탐구 보고서 수학사/수학자 연구포럼 과학기술 커뮤니케이터 생명과학 아카데미 전공 분야별 신기술 연구 포럼 생명공학 관련 TED/MOOC 보고서 경영학 주제 탐색 보고서(논문) 작성
독서 활동	학년별 독서계획 수립 및 독서토론	학년별 독서계획 수립 및 독서토론

1. 민주시민 아카데미

민주시민 아카데미는 민주주의 발전에 기여할 정치·사회 지도자를 양성하는 과정이다. 많은 시청이나 구청 혹은 시민단체에서는 청소년들의 민주시민 소양 교육을 위해 청소년 민주시민 아카데미를 운영하고 있다. 청소년 민주시민 아카데미는 자율성, 관용정신, 공동체의식, 민주적인 의사결정 및 태도 등 민주시민이 갖추어야 할 소양을 키우는 것을 목적으로 이루어진다. 서울시 의회와 한국청소년재단에서 운영하는 청소년 민주시민 아카데미에서는 크게 4개의 주제에 따라 교육을 진행하고 있으며 타 기관이나 단체에서 실시하는 아카데미도 비슷한 과정으로 이루어진다. 이는 문·이과 혹은 전공 분야와 상관없이 현대 사회를 살아가는 학생으로서 민주시민이 되기 위한 과정과 방법에 대해 생각해 볼 수 있다는 점에서 매우 가치 있는 활동이다.

• 민주시민 아카데미의 과정 및 절차

주제	세부내용
민주시민 되기	- 민주주의의 의미와 가치 - 민주시민으로서의 권리, 책임 - 민주시민 가치목록 토론
민주적 의사소통과 갈등해결	- 민주주의 사회와 갈등 - 다양한 갈등 해결 방법 - 의사소통의 기본 이해 - 상대방의 맥락대로 듣기
학급회의, 민주적으로 진행하기	- 퍼실리테이터(조력자, 조정촉진자로 구성원들에게 질문을 던지거나 생각에 반론을 제기하며 독려하는 사람)의 필요성 - 진행자로서의 듣고, 말하기 - 감정 다루기 - 자유롭게 의견을 말하는 다양한 방법 - 의사결정 기법 실습
공동체와 참여	- 참여의 의미와 중요성 교육 - 참여 사례 검색 및 토론하기 - 내 주변의 문제탐색 및 토론 - 참여 활동 계획수립 및 발표

　민주시민 아카데미는 시도 단위나 시민단체를 통해 신청하여 진행할 수 있다. 학생들은 학교 프로그램 혹은 자율 동아리 구성을 통해 민주시민 아카데미를 진행할 수 있을 것이다. 시도 단위나 시민단체를 통해 활동을 진행하기 어려운 경우, 인터넷 검색 등을 통해 강사를 섭외하여 특강 형식으로 진행할 수도 있으며 MOOC 강의 등을 함께 듣고, 토론하면서 활동을 진행할 수도 있다. 민주시민 아카데미 진행의 일반적인 절차는 다음과 같다.

(1) 특강 및 캠페인 활동
 - 강사 특강 및 학생 캠페인 활동 등을 진행한다.

(2) 소감문/보고서 작성
 - 강의와 토론 내용을 정리하고, 추가 자료조사를 통해 소감문/보고서를 작성한다. 추가 자료조사를 실시할 때에는 다양한 우수사례 등을 내용에 포함한다.

(3) 발표 및 질의응답
 - 자신이 만든 보고서를 발표하고 질의응답을 통해 의견을 교환한다.

(4) 최종 보고서 작성
 - 질의응답 내용을 반영하여 최종 보고서를 작성한다.

• 민주시민 아카데미 보고서 양식

민주시민 아카데미 보고서				
분야	자율, 동아리, 봉사, 진로, 교과, 기타			
프로그램(주제)					
이름(학번)		모둠 및 동아리명		
민주시민 아카데미 참여 동기				
민주시민 아카데미를 통해 알게 된 점(강의 내용 정리)/느낀 점				
우리나라 혹은 학교 등에서 민주적 과정과 절차를 잘 지킨 사례 조사				

배우고 느낀 점, 향후 계획

전체적인 소감 및 민주시민으로 살아가기 위해 자신이 키워야 한다고 생각하는 덕목 정리

보고서 작성의 과정-결과 요약

배우고 느낀 점, 향후 계획

2. 지구촌과 함께하는 세계시민교육

세계시민교육은 인류의 보편적인 가치인 세계 평화와 인권, 그리고 문화 다양성 등에 대해 폭넓게 이해하고 실천하는 책임 있는 시민을 양성하는 교육을 말한다. 세계시민교육은 2015년에 개최된 세계교육포럼을 계기로 지속 가능한 발전을 추구하는 새로운 시대의 국제 교육의제로 부상하였고, 2030년까지 유네스코 및 유엔의 교육발전목표에도 반영된 개념이다. 세계시민교육은 세계화, 세계시민, 세계시민사회의 개념과 특징에 대한 이해를 바탕으로 인권, 다문화, 환경, 자원, 정보화 등과 관련된 지구촌의 공동문제에 대해 다양한 관점에서 이해하고 해결책을 모색하는 것을 목적으로 한다.

세계시민교육은 K-MOOC.KR의 '세계시민교육, 지구공동사회의 시민으로 살기' 강좌를 통해 구체적으로 개념과 내용을 이해할 수 있다. 또한 'KOICA와 미래희망기구가 함께 하는 세계시민교육', '월드비전 세계시민교육', '월드투게더 시민교육' 등 오프라인을 통해서도 다양한 시민단체의 강사를 초빙하여 진행 가능하다. 학생들은 학교 프로그램에 참가하거나, 자율 동아리 활동 등을 통해 세계시민교육 프로그램을 이수할 수 있다. 이 활동 역시 문·이과 혹은 전공 분야와 상관없이 현대 사회를 살아가는 학생으로서 세계시민이 되기 위한 과정과 방법에 대해 생각해 볼 수 있는 기회가 된다. 1학년 때에는 민주시민 아카데미를, 2학년 때에는 세계시민 교육을 실시하면서 우리 사회와 세계의 문제에 대해 생각해 보는 기회를 갖는 것을 추천한다.

• 세계시민교육의 과정과 절차

세계시민교육은 학교단위로 강사를 초빙하여 진행되거나 교과 혹은 동아리 단위로 진행될 수 있다. 세계시민교육에 앞서 K-MOOC강의를 수강하여 세계시민교육과 관련된 배경지식을 쌓은 후 진행하면 더 큰 효과를 볼 수 있을 것이다.

---

(1) 세계시민교육 K-MOOC 강의 수강
  - 강의를 수강 후 보고서를 작성한다.

(2) 세계시민교육 실시
  - 세계시민교육 강사의 특강 및 무역 게임 등을 실시한다.

(3) 추가 자료조사
  - 유네스코의 세계시민교육 관련 도서와 인터넷 등을 통해 추가 자료를 조사한다.

(4) 보고서 작성 및 토의, 토론
  - K-MOOC 강의와 특강, 추가 자료조사 등을 통해 작성한 최종 보고서를 발표하고 토의와 토론을 실시한다.

오프라인에서 강사를 초빙하여 행사를 진행하기 어렵다면 위의 단계 가운데 1, 3, 4의 과정만으로도 세계시민교육 프로그램을 운영할 수 있다. 또한 보고서를 작성할 때 자신의 진로희망분야에서 세계시민으로의 역할을 어떻게 수행할 것인지를 반영한다면 더욱 좋다.

• 세계시민교육 보고서 양식

세계시민교육 보고서				
분야	자율, 동아리, 봉사, 진로, 교과, 기타			
프로그램(주제)					
이름(학번)		모둠 및 동아리명		
세계시민교육에 참여하게 된 동기				
세계시민교육 K-MOOC 강의 요약				
유네스코의 세계시민교육 관련 도서 및 인터넷을 통한 추가 자료조사				

세계시민의 소양 및 자질/자신의 전공 분야에서 세계시민으로 할 수 있는 역할 정리

보고서 작성의 과정-결과 요약

배우고 느낀 점, 향후 계획

3. 다문화 이해 포럼

　다문화 교육은 인종, 민족, 사회적 지위, 성별, 종교, 이념에 따른 집단의 문화를 동등한 가치로 인식하며, 다른 문화에 대한 편견을 줄이고, 다양한 문화를 이해하기 위한 지식, 태도, 가치 등을 가르치는 것이다. 우리나라의 다문화 교육은 타 문화에 대한 이해와 상호존중보다는 다문화 아동이나 이주민의 한국어와 한국문화 이해 등 주류 문화 학습에 초점을 두고 있다. 이로 인해 다수의 한국인을 대상으로 한 다문화 이해 및 감수성 증진을 위한 교육 프로그램에는 거의 관심이 없는 것이 현실이다. 따라서 우리나라의 다문화 형성 배경을 이해하고, 상호 문화에 대한 이해를 바탕으로 새로운 문화를 생성하기 위한 다문화 교육이 필요하다.

- 다문화 이해 포럼의 과정 및 절차

　학교 단위에서 이루어지는 다문화 이해 포럼은 두 가지 측면에서 진행 가능하다. 다문화 가정 학생들이 우리의 문화를 이해할 수 있도록 하는 활동과 우리 학생들이 다문화 가정 학생들의 문화를 이해할 수 있도록 하는 활동이다. 전통문화를 이해하는 활동에서는 우리 학생들이 멘토가 되고, 다문화 이해 활동에서는 다문화 가정 학생이 멘토가 되면 상호작용이 활발하게 이루어질 수 있다.

　또한 KMOOC나 KOCW에서 MOOC 강의를 통해 다문화에 대한 기본적인 개념을 이해하고 활동에 임할 수도 있다. 최근에는 다양한 시민단체와 다문화센터 등에서 해당 국가의 강사들이 나와 다문화를 이해할 수 있는 다양한 프로그램을 진행한다. 또한 문화체육관광부 소속 강사들이 전통문화 및 놀이 프로그램을 진행하는 경우도 있다. 따라서 다문화 이해 프로그램과 전통문화 이해 프로그램을 동시에 병행하는 것도 좋다.

중앙다문화교육센터(http://www.nime.or.kr)에 접속하면 다문화교육 네트워크를 통해 다양한 기관과 협력하여 프로그램을 진행할 수 있으며, 자료 검색 메뉴에서 다문화 중점학교 자료를 찾으면 다문화교육 지도서 파일을 다운로드 할 수도 있다. 다문화 이해 포럼 과정을 요약하면 다음과 같다.

(1) **다문화 관련 TED/MOOC 강의 수강**
 - 강의를 수강 후 보고서를 작성한다.

(2) **다문화 캠프 실시**
 - 전통문화의 이해 + 다문화 이해 프로그램 운영

(3) **추가 자료조사**
 - 다양한 국가의 문화 이해를 위해 추가 자료를 조사한다.

(4) **보고서 작성 및 토의, 토론**
 - K-MOOC 강의와 캠프, 추가 자료조사 등을 통해 작성한 최종 보고서를 발표하고 토의와 토론을 실시한다.

오프라인에서 강사를 초빙하여 행사를 진행하기 어렵다면 위의 단계 가운데 1, 3, 4의 과정만으로도 다문화 이해 프로그램을 운영할 수 있다. 또한 앞에서 언급한 중앙다문화교육센터의 자료를 이용해 동아리 활동을 실시할 수도 있을 것이다.

• 다문화 이해 포럼 양식

다문화 이해 포럼 보고서

분야	자율, 동아리, 봉사, 진로, 교과, 기타		
프로그램(주제)			
이름(학번)		모둠 및 동아리명	

다문화 이해 포럼에 참여하게 된 동기

다문화 이해와 관련된 MOOC 강의 요약

다문화 캠프 소감

중앙다문화교육포털 콘텐츠를 활용한 추가 자료조사

다문화 이해를 위해 필요하다고 생각되는 법률, 인식 등을 정리

보고서 작성의 과정-결과 요약

배우고 느낀 점, 향후 계획

4. 성평등 포럼

성평등이란 성에 따른 차별을 받지 않고 자신의 능력에 따라 동등한 기회와 권리를 누리는 것을 의미한다. 성별에 따라 임금이 다른 것, 여성이 결혼하거나 임신을 했을 때 퇴직을 강요받는 것, 회사 면접을 할 때 여성의 외모나 키를 따지는 것, 임신을 했을 때 회사에서 퇴직을 강요받는 것, 남성이 무거운 물건을 운반하는 것을 당연시 여기는 것 등도 차별의 사례라 할 수 있다.

성 역할에 대한 고정관념을 극복하고 성평등 사회를 만들기 위해서는 차별의 사례를 이해하고 남녀 차별의 법과 제도를 고치는 과정도 필요하다. 성평등 교육은 우리 사회의 성 역할에 따른 차별 문제를 고찰하고, 성평등을 위해 필요한 법과 제도적 장치를 고민해 보는 과정을 통해 남녀가 서로를 이해하고 존중하는 마음을 갖도록 하는 것이 목적이라 할 수 있다.

• 성평등 포럼의 과정 및 절차

학교에서 할 수 있는 성평등 포럼은 다양한 성차별의 사례들을 수집하고, 관련 연구들을 종합하여 보고서를 작성한 후, 정책을 제안하는 포럼을 개최하는 방식으로 이루어진다. 이때 다른 프로그램들과 마찬가지로 MOOC를 통해 성평등과 관련된 강의를 듣거나 한국여성정책연구원(www.kwdi.re.kr) 홈페이지의 다양한 연구 논문,

성평등정책포럼 자료, 그리고 신문 기사 등을 함께 검색하면 자신이 관심을 갖게 된 주제에 대해 깊이 있게 탐구할 수 있다.

성평등 포럼은 남녀공학, 남고, 여고의 학생들이 모두 참여할 수 있으며 다른 나라의 사례들을 검토하면서 우리나라의 차별의 실태를 이해하고, 필요한 법과 제도적 장치에 대한 제언을 나누며 자연스럽게 성평등 문제에 대해 접근할 수 있다. 다른 여러 프로그램과 마찬가지로 추가 자료조사를 할 때에는 DBPIA나 RISS 등을 통해 논문을 읽으면 주제에 대해 어떤 논의가 어떻게 진행되어 왔는지 쉽게 이해할 수 있을 것이다. 학교에서 이루어지는 성평등 프로그램에 참가하거나 학생회 주관 행사 혹은 자율 동아리를 조직하여 위의 활동을 기획하고 운영해 볼 수 있다.

---

(1) 성평등 관련 TED/MOOC 강의 수강
  - 강의를 수강 후 보고서를 작성한다.

(2) 성평등 보고서 작성하기
  - DBPIA 및 RISS 논문 등을 통해 배경지식을 습득하고, 보고서를 작성한다.

(3) 성평등 포럼 개최
  - 성평등 문제에 대한 발제와 토의 및 토론을 실시한다.

이 프로그램은 위와 같은 방식으로 진행하거나, 강사를 초빙하여 강의를 듣고 토론회를 여는 방식으로 진행할 수도 있다.

• 성평등 포럼 양식

매체 자료 크리티컬 리뷰 보고서			
분야	자율, 동아리, 봉사, 진로, 교과, 기타		
프로그램(주제)			
이름(학번)		모둠 및 동아리명	

성평등 포럼에 참여하게 된 동기

성평등과 관련된 MOOC 강의 요약

성차별 사례 정리/성평등을 위해 필요한 법과 제도를 제안하는 보고서 작성

배우고 느낀 점, 향후 계획

5. 진로-전공 보고서 포럼

진로-전공 보고서 포럼은 보고서 작성을 통해 학생 개개인들의 꿈을 구체화하기 위한 활동이다. 학생들의 꿈은 추상적이고 막연한 경우가 많다. 하지만 보고서를 작성하면서 학생들은 자신이 막연하게 생각했던 내일의 모습을 멀리 보고, 가까이 보고, 훑어 보고 깊이 보는 과정을 통해 조금은 분명하게 파악하는 기회를 갖게 된다.

또한 진로-전공 보고서를 발표하는 과정은 진로에 대한 확신으로 나아가도록 해 주는 계기가 될 수 있다. 나아가 선생님들이나 친구들의 도움을 공식적으로 받을 수 있게 되면서 보다 더 발전적인 내일을 위해 어떤 노력이 더 필요한지 힌트를 얻을 수도 있고, 이후의 학교생활을 조금 더 체계적으로 계획할 수도 있게 된다.

• 보고서 완성도에 대한 안내

진로-전공 보고서를 이야기하기에 앞서 보고서에 대해 짚어 볼 필요가 있다. 보고서는 대입을 위해 매우 중요한 자료 중 하나다. 그런데 매우 전문적이고 체계가 완벽한 보고서가 대입 자료로서 효과가 있을 것이라고 오해하는 경우가 많다. 물론 그 정도 수준의 보고서가 만들어진다면 좋겠지만, 사실 그러한 최종 결과물은 불가능에 가깝다. 고등학교 수준에서 고등학교 학생들이 만들어 낼 수 있는 정도면 충분하다. 진로-전공 보고서도 마찬가지다. 완벽보다는 진정성 있는 보고서를 기획하고 작성하는 것이 중요하다.

- 진로-전공 보고서 포럼의 과정과 절차

(1) 꿈털기
(2) 자신을 돌아보기
(3) 꿈자리 조사하기
(4) 진로와 관련하여 필요한 자질, 역량 고민해 보기
(5) 진로와 관련하여 자신이 해야 할 것과 할 수 있는 것을 알아보기
(6) ○○년 뒤에 자신이 구현하고자 노력하는 것이 무엇일지 상상해 보기

진로-전공 보고서는 학교나 학급에서 진로 활동의 일환으로 이루어질 수도 있다. 또한 혼자 하는 활동을 진행할 수도 있고, 진로-전공 분야가 같은 학생들이 함께 보고서를 작성해 봐도 좋다.

'꿈털기'는 자신이 막연하게 하고 싶었던 것들을 마구잡이로 털어놓는 과정이다. 혼자 활동한다면 백지를 깔고 가능한 많이 적어 보면 된다. 방과 후 학교 프로그램이라면 친구들과 잡담하듯 자신이 이제껏 한 번이라도 꿈꿔 보았던 일들을 서로에게 고백해 보자. '한땐 그런 꿈을 꾸었더랬지'라는 수준이면 충분하다. 다만 그 꿈을 갖게 된 이유도 함께 이야기한다. TV 프로그램을 보다가, 부모님의 영향으로, 길 가다가 부딪힌 누군가가 멋있어 보여서, 혹은 어릴 적 친구가 툭 던졌던 말인데 자기 가슴에 팍 꽂혀서 등 어떤 이유라도 좋다.

진로를 탐색할 때 정말로 중요한 것 중 하나는 현실과의 거리를 좁히는 것이다. 즉 실현 가능성이 높아야 한다. 그러한 실현 가능성은 여러 각도에서 살펴볼 수 있다. 우선 내적 요인으로는 자신의

적성에 어울리는지, 현재 능력에 합당한지 확인해 본다. 식물보다 동물을 좋아한다면 조경사보다 수의사가 어울리고, 음치보다는 노래를 잘하는 사람이 가수에 어울릴 것이다. 또한 외적 요인으로 자신이 속한 환경적 요인이나 방해 요소 등을 확인해 봐야 한다. 이런 활동이 '자신을 돌아보기'에 속한다. 막연하여 정리가 어려울 때는 워크넷이나 커리어넷 등에서 무료로 할 수 있는 다양한 적성검사 결과를 분석하는 활동으로 대체할 수도 있다.

'꿈자리 조사하기'는 자신이 가고 싶은 꿈자리에 대해 다양한 각도에서 조사해 보는 단계다. 실제로 그곳에서 벌어지고 있는 일이 무엇인지 살펴보며, 그러한 일이 자신에게, 그리고 이 사회에 어떤 의미가 있는 것인지도 알아봐야 한다.

꿈자리를 조사한 후에는 이를 실현하기 위해 내가 갖춰야 하는 능력이 무엇인지, 그 능력을 갖추기 위해 지금 해야 하는 것이 무엇인지 나열하며 다양한 타임 테이블을 작성해 보아야 한다. 이 과정이 '진로와 관련하여 필요한 자질, 역량 고민해 보기', '진로와 관련하여 자신이 해야 할 것과 할 수 있는 것을 알아보기'에 해당하는 단계다.

더불어 꿈은 성장하는 것이다. 현재의 내가 찾아낸 꿈이 10년 뒤, 혹은 20년 뒤에 이루어진다면 그 이후로는 무엇을 하게 될까? 그때까지의 자신의 삶을 성공적이라고 가정하고 그 이후 보다 발전적인 미래를 위해 어떤 꿈을 꿀 수 있을 것인지를 생각해 보면서 자신의 진로에 대한 고민을 더욱 성숙한 모습으로 구상해 보자. '○○년 뒤에 자신이 구현하고자 노력하는 것이 무엇일지 상상해 보기'가 바로 이 단계에 해당한다.

• 진로-전공 보고서 포럼 양식

	진로-전공 보고서 포럼		
분야	자율, 동아리, 봉사, 진로, 교과, 기타		
프로그램(주제)			
이름(학번)		모둠 및 동아리명	
꿈털기: 꾸고 있는 꿈들 몽땅 털어놓고, 털어 버리기			

자신을 돌아보기

꿈자리 조사하기

필요한 자질과 역량, 소양 고민해 보기

지금 내가 해야 하는 것이 무엇인지 알아보기

○○년 뒤에 자신이 구현하고자 노력하는 것이 무엇일지 상상해 보기

진로-전공 보고서 작성의 과정-결과 요약

배우고 느낀 점, 향후 계획

6. 전공학과 탐색

대학에서의 전공은 인생의 최종 목적일 수 없다. 전공학과 탐색은 지나가는 길목에 대한 탐색이라고 보면 된다. 따라서 전공학과 탐색은 두 가지 방향에서 이루어질 수 있다. 자신의 진로와 적합한 전공이 무엇인지를 알아보는 것과 다양한 전공이 어떤 진로에 도움이 되는지를 알아보는 것이다.

전공학과 탐색 프로그램을 통해 전공학과 자체에 대한 깊이 있는 탐색을 해 볼 수도 있다. 진로가 어느 정도 선명하게 정해지고 이를 위해 택해야 할 전공이 분명하다면 그 전공학과에서 배우는 것이 무엇인지 알아보고 진학을 위해 어떤 능력을 갖춰야 하며, 이를 위해 어떤 노력을 해야 하는지를 알아볼 수 있다. 또한 진로 탐색을 통해 현재의 나와 보다 먼 미래의 나를 역사적으로 엮어 내기 위한 고민도 놓치지 않아야 한다.

• 전공학과 탐색 프로그램 과정과 절차

(1) 자신이 생각하는 진로에 대한 정리
(2) 진로에 어울리는 다양한 전공학과에 대한 정보 수집
(3) 현재 자신의 능력에 대한 성찰과 성장을 위한 계획 세우기
(4) 전공학과 탐색 보고서 작성하기

자신이 생각하는 진로를 구체적으로 정리하는 것은 그에 따른 전공 선택과 활동을 결정하기 때문에 매우 중요하다. 이때 주의해

야 할 점은 진로를 위해 필요한 주된 학과가 있을 수는 있지만, 특정 학과가 진로에 있어 필수 불가결이라는 고정관념은 버려야 한다는 것이다. 그래야 더 폭넓은 학과에 대해 알아볼 수 있고, 보다 융합적이고 창의적인 사고를 할 수 있다. 현재 많은 대학에서 학생들이 두 개의 학과, 심지어는 세 개의 학과까지도 전공으로 이수할 수 있는 제도를 갖추고 있는 것도 이러한 이유다.

진로에 적합한 전공학과에 대한 정보를 수집할 때는 여러 학교의 홈페이지를 통해 객관적인 정보들을 찾아보는 것이 일반적이다. 최근에는 대학별로 전공학과에 대한 교수님들의 강의도 있고, 전공학과 가이드북도 많이 발간되고 있다. 이러한 정보들을 최대한 수집하다 보면, 같은 이름의 학과이지만 대학별로 중점을 두고 있는 연구나 교육 내용이 다르다는 점도 알 수 있다.

전공학과에 대한 탐방의 끝은 현재의 자신에 대한 성찰과 계획 수립에 있다. 다양한 전공학과에 대한 탐색을 통해 현재의 내가 그곳에 갈 만한 수준과 능력이 되는지를 살펴보아야 하며, 그렇지 않다면 어떤 노력을 기울여야 하는지를 성찰해야 한다. 나아가 고등학교를 졸업하기까지의 거시적 계획을 세워 보는 것도 좋다. 그것을 학과 공부에만 국한해 생각하기보다, 진로에 어울리는 보고서를 작성해 보거나 학교에서 마련하는 캠프에 참가하는 것도 훌륭한 방법이다.

• 전공학과 탐색 보고서 양식

전공학과 탐색 보고서			
분야	자율, 동아리, 봉사, 진로, 교과, 기타		
프로그램(주제)			
이름(학번)		모둠 및 동아리명	
자신이 생각하는 진로			

진로에 어울리는 전공학과들에 대해 수집한 정보

현재 '나'의 능력에 대한 성찰

| 성장을 위한 계획 |

| 전공학과 탐색 보고서 작성의 과정-결과 요약 |

| 배우고 느낀 점, 향후 계획 |

과목별 세특 프로그램

교과 중심 진로-전공 프로그램

• 교과 중심 진로-전공 프로그램이란?

최근 학종 트렌드는 개별 교과에서 활동한 내용들을 다양한 창의적 체험 활동과 결합하여 하나의 흐름을 보여 주는 것이다. 학생부에서 평가에 활용되는 여러 항목 가운데 과목별 세특은 가장 주요하다고 인정되는 항목이다. 개별 학생이 실제 수업에서 어떠한 활동을 했는지, 그리고 그 활동을 통해 어떤 변화를 만들고 성장했는지를 보여 주기 때문이다.

과목별 세특에는 여러 교과의 교사들이 학생을 평가한 내용이 담겨 있다. 또한 여러 교사들이 작성한 과목별 세특을 분석적으로 살펴 보면 교사가 수업 과정에서 학생을 평가한 일관된 키워드를 찾아 볼 수 있다. 따라서 대학에서는 과목별 세특을 통해 학생이 이수한 과목과 성취, 학생의 성향과 역할, 노력 등을 종합적으로 평가하게 된다.

그렇다면 과목별 세특 외의 나머지 영역은 어떻게 만들어야 할까? 간단하게 말해서, '수업'을 중심으로 방향성을 가진 다양한 활동으로 구성하면 된다. 이를 위해서는 자신의 진로에 대한 고민과 해결 방향이 학생부에 명확하게 드러나도록 활동하는 것이 필요하다. 이것을 도식화하면 아래와 같다.

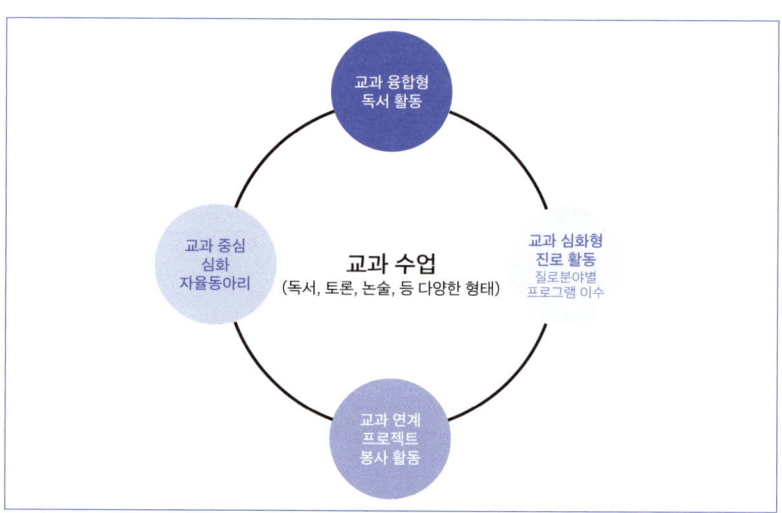

교과 수업 중심의 진로 활동

• **진로 활동 프로그램의 활용**

앞서 다루었던 창의적 체험 활동 프로그램은 계열과 상관없이 할 수 있는 활동이었다. 이번에는 교과 기반으로 할 수 있는 대표적인 창체 프로그램에 대해 살펴보자. 앞으로 언급될 교과 기반 심화탐구 프로그램들을 활용해서 자신의 진로 분야에 맞는 활동들을 능동적으로 찾아보길 바란다.

교과 수행평가에서 이 책에서 제시한 프로그램과 유사한 프로그램이 진행된다면 책을 통해 활동의 과정과 절차를 이해한 후 해당 양식을 활용하여 활동할 수 있다. 이후 진로 분야가 같은 학생들과 함께 학급 특색활동이나 창의주제활동으로 제시된 프로그램을 수행하고 그 결과를 학생부에 넣을 수도 있다. 혹은 교과 담당 선생님께서 제시한 수행평가 이후에 제시된 교과 심화 프로그램을 후속 활동으로 활용할 수도 있다. 다만 이때 주의해야 할 점은 교과 선생님과의 소통을 통해 후속 활동을 기획하고 운영하는 것이다. 교과활동은 기본적으로 교과선생님의 지도를 받으며 교육과정 내에서 이루어져야 하기 때문이다.

사회과 수업의 창체 연계 사례
1. 교과 수업을 통해 사회과학 연구 방법론, 질문지법 강의
2. 특수 교사를 희망하는 학생들이 '시각 장애인의 체육시설 이용에 대한 설문지' 제작
3. 선생님의 도움을 받아 특수학교 학생을 대상으로 설문 실시 및 결과 분석
4. 내용을 과목별 세부 능력 및 특기 사항에 기록

↓ 기획의 핵심: 연계, 확장, 심화

- 설문 결과를 종합하고, 단행본 도서를 읽은 후 확장된 주제탐구 보고서 쓰기/토론하기/ 발표하기/실험하기: 진로 활동 특기 사항, 동아리 활동 특기 사항, 과세특, 창체 독서 관련 기재
- 설문조사 실시한 시각 장애인 학생들과 자매결연 맺기 및 프로젝트 봉사 활동
- 장애인 관련 정책·예산 등에 대한 탐구 및 장애 인식 개선 포럼 운영: 자율 활동, 진로활동 특기 사항
- UCC 제작 및 캠페인 활동 진행: 자율/진로 활동 특기 사항, 봉사 활동 시간 부여 및 종합 의견 기재

학생부를 디자인할 때 교과 기반 심화 탐구 활동은 위와 같이 활용할 수 있다. 기본적으로 학생이 수행평가 자체를 기획할 수는 없지만 교과에 따라 추가 활동 보고서는 학생이 스스로 디자인할 수 있는 경우가 있다. 또한 교과 후속 활동 이외에 창체로 이어지는 후속 활동은 학생 스스로 디자인할 수 있다. 위에서 언급한 것처럼 교과에서 한 활동을 연계, 확장, 심화해 가는 것이 디자인의 핵심이라 할 수 있다. 위에 언급된 모든 활동을 하나도 빼놓지 않고 다 해야 하는 것은 아니다. 할 수 있는 활동을 기획해 보고, 필요한 활동을 적절하게 하면 된다.

앞에서 언급한 기본적인 창의적 체험 활동과 교과 기반 심화탐구 프로그램들 가운데 자신에게 필요한 항목들을 골라 학기별이나 학년별로 프로그램을 스스로 설계해 보는 것도 좋다. 다양한 방식을 통해 자신의 꿈을 적극적으로 찾아 나가는 학생들의 모습을 기대하고 응원한다.

국어

1. 123 독서 클럽 프로젝트
2. 매체 자료 크리티컬 리뷰
3. 창의성과 의사소통 능력 신장을 위한 토론
4. 전공 분야별 고전 읽기
5. 전공 분야별 나만의 고전 선정하기
6. 글과 함께 하는 영상 아카데미
7. 전공 분야별 국문초록 쓰기

1. 123 독서 클럽 프로젝트

'한 학기 한 권 읽기'가 각 교과의 교육과정에 포함될 만큼 교육과정 연계 독서 활동이 중요해지고 있다. 창의융합형 인재 양성을 위해 통합적 독서 활동이 강조되는 패러다임 변화 속에서 학교에서의 독서 습관을 형성하는 것은 중요한 역량이 되었다.

그렇다면 독서 습관은 어떻게 형성할까? 가장 기초는 독서의 중요성과 가치를 인식하는 것이다. 이를 위해서는 풍부한 독서 경험이 필수적이다. 실제로 낚시를 해 보지 않고 낚시의 가치를 알 수 없는 것처럼 실제의 독서 활동을 해 보지 않고는 독서의 진가를 알 수 없다. 하루에 잠깐씩이라도 책을 읽고 자신의 생각을 쓰는 활동을 하며 독서 습관을 기르는 것은 평생 독자가 되는 첫걸음이다.

그러나 독서 습관은 하루 아침에 형성되는 것이 아니다. 꾸준한 노력으로 독서 경험이 축척되어야 한다. 그래서 만들어진 것이 바로 123 독서 클럽 프로젝트다. 123 독서 클럽 프로젝트는 책에 관심을 가지고 독서 습관을 형성할 수 있도록 유도하는 프로젝트로, '1일 20분 독서, 3분 글쓰기'를 하는 활동이다.

- **123 독서 클럽 프로젝트의 활용 방법**

'123 독서 클럽 프로젝트'는 우선 자신이 읽을 책을 선정하는 것에서부터 시작한다. 책을 선정하는 것이 어렵다면 선생님의 도움을 받아 추천 도서 목록을 받을 수도 있다. 다양한 독서 활동을 하는 것도 중요하지만 그 독서 활동의 중심에는 자신의 전공 분야와 관련한 독서 활동이 자리잡고 있는 것이 바람직하다.

책을 선정할 때에는 처음에는 교양서 위주의 얇은 책을 선정하도록 하고, 점점 더 전문적이고 두꺼운 책을 고르며 발전적 독서 활동을 해 나간다. 전공과 관련하여 최신의 이슈를 소개하는 책을 읽고 배경지식을 넓히는 것도 좋다. 하루에 20분씩 읽고 3분 동안 글을 쓰는 활동이 별것 아닌 것처럼 보일 수 있지만, 티끌 모아 태산이라고 하듯 이 기록들을 모아 체계화하면 한 편의 글이 완성된다.

'123 독서 클럽 프로젝트'는 다음과 같은 절차에 따라 이루어질 수 있다.

---

(1) 자신의 전공 분야 및 관심 분야와 관련한 책 선정
(2) 매일 20분간 책 읽기
(3) 읽은 내용 3분 동안 글로 정리하기
(4) 한 권의 책을 다 읽은 뒤 다른 친구들과 정리된 글 공유하기

책을 읽는 시간은 일정하게 정해 놓는 것이 좋다. 가능하면 아침 등교 후 자율학습 시간이나 점심시간을 활용하자. 그리고 자신의 독서 활동을 확인해 줄 친구 또는 선생님이 있으면 독서 활동을 유지하는 데 유용하다. 친구들과 동일한 책을 읽고 책의 내용에 대해 이야기하며 내용을 공유하는 것도 좋다. 이렇게 정리된 내용은 담

임 선생님이나 교과 담당 선생님께 전달해 학생부의 독서 활동에 기재될 수 있게 하자. 포트폴리오로 모아 두면 수시 면접 대비에 큰 도움이 된다.

• 123 독서 클럽 프로젝트 보고서 양식

123 독서 클럽 프로젝트 보고서				
분야	자율, 동아리, 봉사, 진로, 교과, 기타			
책 제목, 저자, 출판사					
이름(학번)		모둠 및 동아리명			
해당 책을 선정하게 된 계기				
책 내용 메모/요약				
책 내용과 관련한 최근 이슈/추가 자료조사 (DBPIA, RISS, 신문 기사 등을 이용)				
배우고 느낀 점, 향후 계획				

2. 매체 자료 크리티컬 리뷰

　2015 고등학교 국어과 교육과정에서는 선택 과목 중 하나로 매체에 대해 다루는 '언어와 매체'를 새로이 설정하였다. 매체는 정보와 지식, 사상과 정서를 전달하고 공유하는 수단으로, 책, 신문, 잡지, 라디오, 텔레비전, 휴대 전화, 컴퓨터 등 다양한 종류가 있다. 현대 사회에서는 이러한 매체를 활용한 의사소통의 비중이 높아졌을 뿐 아니라, 매체가 단순한 의사소통의 도구를 넘어 다양한 문화를 형성하는 토대로 작용하고 있다. 따라서 매체 언어 사용 능력을 함양하는 것은 일상생활을 영위하는 데 있어 중요한 역량이 되었다. 실제로 '언어와 매체' 교육과정에서는 매체 자료를 비판적으로 수용하고 창의적으로 생산하며 사회적 소통과 문화 형성에 참여하는 능력을 기르는 것을 목표로 삼아, 비판적 창의적 사고 역량을 강조하고 있다.

　'매체 자료 크리티컬 리뷰'는 이러한 맥락에서 만들어진 활동이다. 다양한 매체 자료 중 자신의 진로와 관련된 매체 자료를 수집하여 비판적으로 분석하고 리뷰를 작성하는 활동으로, 매체 자료를 주체적인 관점에서 해석하고 평가하여 새롭고 독창적인 의미를 발견해 내고 그것을 바탕으로 리뷰 보고서를 산출해 내는 활동이라 할 수 있다.

• **매체 자료 크리티컬 리뷰의 활용 방법**

'매체 자료 크리티컬 리뷰'는 자신이 분석할 매체 자료를 수집하고 선정하는 것에서 시작된다. 자신의 희망 진로와 관련된 매체 자료를 수집 선정하는 것이 바람직한데, 이때 매체 자료는 희망 진로의 범위를 너무 세부적이지 않게 설정하여 찾는 것이 좋다. 인문사회 계열, 법정 계열, 경영경제 계열, 자연과학 계열, 공학계열, 예술계열 등과 같이 희망 진로의 범위를 넓게 설정하는 것이 매체 자료를 찾기에 용이하기 때문이다.

매체 자료를 선정한 후에는 매체 자료에 반영된 관점과 가치를 파악하고 매체 자료가 전달하는 의미를 비판적으로 평가하는 활동을 전개한다. 이때에는 매체 자료의 목적, 의도, 관점, 사실성과 타당성, 이해관계 반영 정도 등을 분석하는데, 이렇게 평가한 내용을 바탕으로 리뷰 보고서를 정리하면 된다. 그리고 작성된 보고서의 내용을 발표하고 다른 친구들과 공유하며 자신의 리뷰가 타당한 것인가에 대해 피드백을 주고받는 시간을 가질 수 있다.

---

(1) 희망 진로 및 관심 분야와 관련한 매체 자료 선정
(2) 매체 자료 비판적으로 평가하기
(3) 평가한 내용을 리뷰 보고서에 정리하기
(4) 보고서 내용을 다른 친구들과 공유하며 피드백 주고받기

'매체 자료 크리티컬 리뷰'는 개인 활동으로 전개하는 것이 일반적이지만, 모둠별 프로젝트 과제로 전개할 수도 있다. 희망 진로,

관심 분야가 유사한 친구들과 함께 활동을 전개한다면 매체 자료를 분석하며 전공에 대한 이해를 서로 도울 수 있고, 리뷰 보고서를 작성하는 과정에서 다른 학생들과 토의, 토론을 하며 자신의 생각을 성찰해 보는 기회도 가질 수 있다. 매체 자료를 비판적으로 평가한다고 하여 매체 자료를 부정적인 관점에서만 보는 것이 아님에 유의해야 한다. 정리된 리뷰 보고서는 진로 담당 선생님께 전달해 학생부 내 진로 활동에 기재되도록 할 수 있다.

• 매체 자료 크리티컬 리뷰 보고서 양식

	매체 자료 크리티컬 리뷰 보고서		
분야	자율, 동아리, 봉사, 진로, 교과, 기타		
책 제목, 저자, 출판사			
이름(학번)		모둠 및 동아리명	

해당 매체를 선정하게 된 계기(자신의 진로와 관련하여)

매체 내용 메모/요약

매체 내용에 대한 비판적 리뷰 (매체 자료의 목적, 의도, 관점, 사실성과 타당성, 이해관계 반영 정도)

배우고 느낀 점, 향후 계획

3. 창의성과 의사소통 능력 신장을 위한 토론

토론 교육은 자기 주도적 학습 능력 향상과 창조적 사고력 신장을 위해 학생들이 주어진 도서나 논제에 대해 분석적으로 읽고, 이해하고 표현할 수 있는 종합적 사고가 가능한 교육활동이다. 독서-토론-논술로 연계한 활동은 독서를 통해 배경지식을 넓히고 토론을 하면서 좋은 발상을 평가하고 질의응답을 통한 상호 의사소통의 활성화와 자신의 생각을 말과 글로 표현하는 활동이다. 특히 학생부를 평가하는 대학에서는 학교 현장과 수업에서 행해지는 토론 활동을 매우 중요하게 여긴다. 결국 학교에서 이루어지는 토론 교육 활동은 학생부 종합 전형에 대비할 수 있는 주요한 활동이라고 할 수 있다.

• **토론의 과정과 절차**

토론을 통해 학생들은 문제의 원인과 배경, 그리고 다양한 해결책을 살펴보는 과정에서 자신이 속한 사회를 깊이 이해하게 되고 공동체에 관심을 가지게 된다. 또한, 창의적이고 능동적인 사고력 향상의 기회를 얻는다. 주어진 논제 중 스스로 탐구 문제를 발견하고 창의적으로 문제를 해결하며 토론의 과정에서 의사 교환을 통해 창의적으로 문제를 해결하는 능력을 키울 수 있다.

특히 학생 선발 비중이 점점 늘어나는 학종은 말 그대로 교과 내신 성적과 동아리, 학생회, 자율활동·체험 활동 등 비교과 활동을 종합적으로 살펴 학생의 진로와 전공 적합성, 성실성, 잠재력, 리더십, 자율성 등을 평가한다. 이러한 전형에서는 학교 수업 시간에 하는 발표, 토론 활동과 관련한 기록 또한 중요한 평가 요소가 된다. 대학은 적극적이고 활동적으로 관심 분야를 개발해 나가는 능동적인 인재를 원하며, 그런 활동을 학교 수업 안에서 찾을 것을 권장하기 때문이다. 이와 관련해 학생들이 특히 신경 써야 할 부분은 학생부의 세특이다. 세특은 교과목 선생님들이 수업 시간에 학생의 성실성, 적극성 등 수업 참여도와 수행 평가, 발표, 토론 등에서 드러나는 과제 해결력과 학업 능력을 구체적으로 기록하는 칸이다.

그럼 어떻게 해야 발표 능력을 돋보이게 하고 좋은 평가를 얻을 수 있을까? 대학에서는 수업 시간에 수동적으로 강의를 듣는 데 그치지 말고, 조사·발표·토론에 적극적으로 참여하면서 자기의 관심 주제를 넓혀 가는 태도가 중요하다고 강조한다.

1) 이야기식 독서토론의 진행 절차
자연스러운 분위기에서 하는 토론 방법으로, 마치 카페에서 차 한 잔을 놓고 대화를 하는 듯한 분위기에서 토론하도록 유도하는 방법이다.

토론 모형 양식

(가) 배경지식과 관련한 발문과 자신의 생각 적기

발문	자신의 생각

(나) 작품 내용에 대한 발문과 자신의 생각 적기

발문	자신의 생각

(다) 작품과 관련한 인간 삶이나 사회 문제와 관련한 질문과 자신의 생각 적기

발문	자신의 생각

이야기식 토론(대회) 진행 방식

1. 대상 도서 선정과 발문지 만들기

2. 대회 공고하기

3. 토론실 준비 상황 점검하기: 좌석 배치도 및 심사 기준표, 상호평가표, 발문지 확인

① **이야기식 토론(대회) 좌석 배치도: 원형에 가깝게, 번호는 시계방향**

② **심사기준표**

심사항목	참가번호	1	2	3	4	5	6	7	8	9	10	11	12
1. 도서 이해 능력(20점)	점수												
- 글의 내용을 잘 이해하고 있는가?	비고												
- 글의 배경 지식을 충분히 활용하고 있는가?													
2. 논제 이해 능력(20점)	점수												
- 논제(발문)를 잘 이해하고 있는가?	비고												
- 자신의 주장이 분명하고 합리적인가?													
3. 논거 제시 능력(20점)	점수												
- 지정 도서의 논거를 잘 활용하고 있는가?	비고												
- 논거 제시가 타당하며 참신한가?													
4. 창의적 문제 해결 능력(20점)	점수												
- 주장과 반론이 적절하고 설득적인가?	비고												
- 문제 해결이 합리적이고 창의적인가?													
5. 토론 태도(20점)	점수												
- 메모하며 듣고, 적극적으로 토론에 임하는가?	비고												
- 토론자의 의견을 원만하게 수용하는가?													
아주 잘함(20) 잘함(15) 보통(10) 못함(5) 아주 못함(1)	합계												

심사위원: 이름 (   ) ㊞   심사위원장 ㊞

2) 원탁 토론의 진행 절차

원탁 토론은 10명 내외의 인원이 원탁에 둘러앉아 자유롭게 공통의 관심사에 대하여 의논하는 방법이다. 개방적인 분위기를 조성하여 누구나 균등하게 발언할 수 있도록 하는 것이 중요하다.

자리 배치 예시

		심사①	사회	심사②		
토론①						토론⑨
토론②						토론⑧
토론③						토론⑦
		토론④	토론⑤	토론⑥		

원탁토론 진행 방식

순서	비고
▶ 자기소개 (30초) - 간단한 자기소개	첫 만남이므로 자기를 잘 알릴 수 있도록 함
▶ 1차 발언 (2분) - 각자 주제에 대해 조사해 온 내용 소개 - 시작 전에 발언 시 주의사항 전달 - 입론으로 주장과 근거를 말함	"○○○ 토론자입니다. 논지 - 왜냐하면 - 따라서, 이상입니다." 의 순서로 발언함
▶ 2차 발언 (2분) - 1차 발언에서 제시한 근거에 대한 질문과 반론 - 반박이나 질문의 대상은 1인 이상이 될 수 있음 - 주어진 시간 내에서 적절하게 시간을 배분해서 자신이 하고 싶은 질문과 반박을 진행 - 상대적으로 본인의 견해와 가장 대척점에 서 있는 토론자가 질문이나 반론의 상대자가 됨 - 질문이나 반론을 받은 토론자는 자신의 2차 발언 차례가 진행되지 않았을 경우 바로 반론을 할 수도 있고, 다른 토론자의 의견을 더 들어본 후에 발언할 수 있음 - 2차 발언을 마친 상태에서 질문이나 반론을 받으면 생각을 다듬고 정리했다가 다음 3차 발언 차례에 자기 견해를 말할 수 있음	- 논의가 나아가야 할 방향을 사회자가 정리하고 제시함 "1차 발언에서 ○○○ 토론자께서 이런 주장을 하셨는데 저는 그 주장의 근거에 대해서 이런 문제점이 있다고 생각합니다. 이유는 ~~입니다. 또 ○○○ 토론자께서는 저런 주장을 하셨는데, 그 가운데 ~ 문제는 어떻게 해결할 수 있는지 질문 드리고 싶습니다. 이상입니다."
▶ 3차 발언 및 정리 (2분) - 2차 발언에서 제기한 반론, 질문에 대한 답변과 재반론 - 심화해야 할 이야기가 있다면 그 방향으로 진행 - 논제에 대한 토론자의 입장을 최종적으로 정리 발언함	- "○○○ 토론자의 이런 주장에 대해서 저는 이렇게 반론하고 싶습니다. ~~ 은 ~~입니다. 그리고 ☆☆☆ 토론자께서 이렇게 주장하신 근거에는 ~~ 문제점이 있다고 생각합니다. 제 생각의 논거를 뒷받침하는 증거로는 ~~ 있습니다. 이상입니다." - 입론에서 제기한 주장을 최종 정리

3) CEDA토론의 진행 절차

CEDA(Cross Examination Debate Assoiation)방식은 미국 아카데미식 토론대회에서 가장 보편적으로 사용하고 있는 방식으로 지금까지의 여러 토론 프로그램과 달리 입론, 교차조사, 반박이라는 세 가지 발언의 유형과 일정한 시간제한을 두는 엄격한 형식을 갖추고 있다. 긍정 측과 부정 측은 각각 두 사람으로 구성되는데 우리나라는 우리 교육적 현실에 맞게 3:3으로 진행하는 경우도 있다. 토론자 개개인은 각각 세 번의 발언 기회를 갖는다. 즉 각각 한 번씩의 입론과 반박 그리고 교차조사를 한다. 따라서 개별 토론자들의 스피치 능력이 두드러지게 비교되며 두 번의 입론과 거기에 대한 교차조사와 반박이 직접적으로 이루어지는 직접적인 의사소통 방식을 중시한다.

CEDA토론 진행

CEDA(2:2) - 53분	교실 수업에서의 CEDA(3:3) - 40분
① 긍정 측 첫 번째 토론자의 입론 (6분) ② 부정 측 두 번째 토론자의 교차조사 (3분) ③ 부정 측 첫 번째 토론자의 입론 (6분) ④ 긍정 측 첫 번째 토론자의 교차조사 (3분) ⑤ 긍정 측 두 번째 토론자의 입론 (6분) ⑥ 부정 측 첫 번째 토론자의 교차조사 (3분) ⑦ 부정 측 두 번째 토론자의 입론 (6분) ⑧ 긍정 측 두 번째 토론자의 교차조사 (3분) ⑨ 부정 측 첫 번째 토론자의 반박 (3분) ⑩ 긍정 측 첫 번째 토론자의 반박 (3분) ⑪ 부정 측 두 번째 토론자의 반박 (3분) ⑫ 긍정 측 두 번째 토론자의 반박 (3분)	① 긍정 측 첫 번째 토론자의 입론 (3분) ② 부정 측 두 번째 토론자의 교차조사 (2분) ③ 부정 측 첫 번째 토론자의 입론 (3분) ④ 긍정 측 첫 번째 토론자의 교차조사 (2분) ⑤ 긍정 측 두 번째 토론자의 입론 (3분) ⑥ 부정 측 첫 번째 토론자의 교차조사 (2분) ⑦ 부정 측 두 번째 토론자의 입론 (3분) ⑧ 긍정 측 두 번째 토론자의 교차조사 (2분) ⑨ 부정 측 세 번째 토론자의 반박 (8분) ⑩ 긍정 측 세 번째 토론자의 반박 (8분)

앞의 표는 일반적인 CEDA방식과 교실 수업에서의 CEDA방식을 비교한 것이다. 따라서 수업 시간에 하려면 표 우측 행과 같이 시간과 인원을 수업용으로 변경해서 운영하면 된다. 작전타임을 총 1분씩 2번 실시하는 것으로 변경하면 전체 토론 시간을 40분간 진행할 수 있다. 이렇게 하려면 전시까지 토론과 관련하여 모든 사전 준비(논제 제시, 자료 찾기, 토론 개요서 쓰기, 토론 긍정 입론서, 부정 입론서 작성)를 마쳐야 한다.

대회용 CEDA토론에서는 긍정 측과 부정 측이 각각 2인으로 구성되며, 토론자 각 개인은 발언 기회를 세 번 가질 수 있다. 토론 순서는 입론, 교차조사, 반박으로 진행한다. 한 게임에서 양팀 참가자 4인의 총 발언 시간은 43분이지만, 각 팀은 게임 중 총 5분의 작전타임을 쓸 수 있으므로, 매 게임당 총 토론 진행 시간은 53분이 될 수 있다. 세 가지 발언 형식의 순서와 제한 시간은 다음과 같다.

각 팀은 총 5분간의 작전타임을 (1)에서 (14)에 이르는 각 발언 사이에 적절히 나누어 사용할 수 있되, 이는 자기 팀이 다음 순서에 발언권을 갖는 경우에만 가능하다. 단, 긍정 측 두 번째 토론자의 교차조사인 (8)이 끝난 직후에는 '반박 준비시간'이라 할 작전타임이 양팀에 동시에 부여될 수 있다.

하지만 3:3 CEDA토론으로 40분간 진행하려면 다음 표와 같이 시작부터 끝까지 토론방식의 재구성이 필요하다. 알기 쉽게 도표로

토론 시작 (4분)	• 사회자: 개회 선언, 진행순서 소개 등(3분) • 참가자: 팀 소개(팀별 1분)						
토론 중간 (30분)	■ 입론, ☒ 교차조사 ● 반론, ◻ 최종정리	긍정 측			부정 측		
		1	2	3	1	2	3
	1. 긍정 측 첫 번째 토론자의 입론(2분)	■					
	2. 부정 측 두 번째 토론자의 교차조사(2분)					☒	
	3. 부정 측 첫 번째 토론자의 입론(2분)				■		
	4. 긍정 측 첫 번째 토론자의 교차조사(2분)	☒					
	5. 긍정 측 두 번째 토론자의 입론(2분)		■				
	6. 부정 측 첫 번째 토론자의 교차조사(2분)				☒		
	7. 부정 측 두 번째 토론자의 입론(2분)					■	
	8. 긍정 측 두 번째 토론자의 교차조사(2분)		☒				
	숙의(협의)시간 1분						
	9. 부정 측 세 번째 토론자의 반박(2분)						●
	10. 긍정 측 세 번째 토론자의 반박(2분)			●			
	11. 부정 측 두 번째 토론자의 반박(2분)					●	
	12. 긍정 측 두 번째 토론자의 반박(2분)		●				
	숙의(협의)시간 1분						
	13. 부정 측 세 번째 토론자의 결론(2분)						◻
	14. 긍정 측 세 번째 토론자의 결론(2분)			◻			
토론 마무리 (6분)	사회자: 대회 종료 선언 및 소감 발표 안내(1분) • 참가자 토론 소감 발표(배웠던 점, 느낀 점, 다짐 등) • 개인별 1분 이내						

그린 진행순서와 각 각의 토론자가 해야 할 일을 알고 있다면 크게 문제가 되지 않는다. 학생들이 진행순서를 숙지하기까지는 조금 시간이 걸리므로 진행을 도와줄 사회자와 타임키퍼를 선정하고 나머지 학생들은 기록장에 발언자들의 내용을 요약하고 나중에 평가에 참여하는 방식으로 전체 참여를 유도하면 된다.

• 토론 개요서 예시

토론 개요서					
팀 명					심사 번호	
팀 원	1	홍길동 || 99.09.09	010-0001-1000	
	2	이순신 || 99.09.09	010-1000-0001	
토론 논제	학교폭력 방지를 위해 학교에 경찰을 상주시켜야 한다.				
개념 정의	• 학교폭력: 학교 내·외에서 학생을 대상으로 발생한 상해, 폭력, 감금, 협박, 약취·유인, 명예훼손·모욕, 공갈, 강요·강제적 심부름 및 성폭력, 따돌림, 사이버 따돌림, 정보통신망을 이용한 음란폭력 정보 등에 의하여 신체·정신 또는 재산상의 피해를 주는 행동 모두를 학교폭력으로 정의함.〈학교폭력예방 및 대책에 관한 법률 제 2조〉 • 상주: 항상 살고 있음				
배경 설명	• 언어폭력, 사이버 폭력, 신체 폭력, 성폭력, 따돌림, 금품갈취 등으로 청소년들이 힘들어하고 있으며, 어른들은 방조하는 경향이 강함 • 교내외에서 은밀하게 이뤄지거나 보복이 무서워 적발하지 않으면 어려운 상황이라서 사법권을 가진 지킴이가 필요함				
쟁 점	1. 경찰의 상주가 교권을 침해하는 것인가? 2. 경찰이 상주한다고 모든 폭력을 막을 수 있는 것인가? 3. 경찰의 학교 배치로 인한 사회 범죄 예방 인력은 부족하지 않은가?				

		긍정 측 개요	부정 측 개요
쟁점1	주장1	• 경찰 상주가 교사의 교육권을 침해하지 않음	• 경찰 상주는 교사의 교육권을 침해함
	논거1	• 교내 순시시간을 줄여 줌 • 교수학습에 활용할 시간을 줌 • 교사의 말을 무시하지 않는 효과를 줌	• 교내문제 주도적 해결 기회의 상실 • 경찰의 개입으로 교권 상실 우려
쟁점2	주장2	• 경찰 상주는 교내폭력 예방 가능	• 보이지 않는 폭력은 예방 불가함
	논거2	• 도로 교통위반에 대한 경각심과 일치	• 경찰 상주도 SNS폭력 예방 못함 • 부모가 더욱 더 잘 알 수 있음 • 비상벨이나 CCTV설치가 더 바람직함
쟁점3	주장3	• 경찰 상주는 사회범죄를 악화시키지 않음	• 경찰 상주는 사회범죄를 악화시킴
	논거3	• 군인의 재난 복구현장 투입	• 경찰 상주 학교 수가 400여 곳으로 600여 명으로 많은 인원이 필요함 • 교내 밖의 강력범죄가 더 증가함
결론		• 들판의 허수아비의 예 • 스스로 폭력을 자제하게 하는 상징 • 경찰에 대한 관점의 전환	• 경찰은 밖의 강력범죄 같은 치안에 힘써야 함 • 폭력 예방은 교육적 차원에서 접근해야 함

• 긍정 입론서 예시

○○토론 긍정 입론서

논제	학교폭력 방지를 위해 학교에 경찰을 상주시켜야 한다.

안녕하세요. 저는 "학교폭력 방지를 위해 학교에 경찰을 상주시켜야 한다"에 대한 말씀드릴 ○○○○팀의 긍정 측 첫 번째 토론자 ○○○입니다.

발언할 때 나오는 용어에 대한 개념정의를 먼저 하겠습니다. 학교폭력이란 학교 내외에서 학생과 학생 간에 발생한 상해, 폭행, 감금, 협박, 약취 및 유인, 명예훼손, 모욕, 강요 및 성폭력, 따돌림 등에 의하여 신체, 정신 또는 재산상의 피해를 수반한 행위를 이르는 말이라는 것이 학교폭력 예방 및 대책에 관한 법률 제2조 1항에 나와 있습니다. 그러므로 학교폭력은 학생들 간의 폭력입니다. 그리고 상주란 한자로 항상(상) 살(주)라는 뜻이므로 상주란 항상 대기하고 있는 것을 말합니다.

왜 이런 주제로 토론을 하게 되었는지 배경을 설명하겠습니다. 요즘 학교 폭력은 심각합니다. 학교에서 왕따를 당하고 이로 인해 자살하는 사건들이 잇따라 신문과 방송에서 보도되고 있습니다. 학생들은 또 직접적인 신체적 폭력 뿐 아니라 SNS 등을 통해서 언어적 폭력도 가합니다. 그래서 이를 방지하기 위해서 학교에 경찰을 상주시켜야 한다는 입법안, 즉 '스쿨폴리스' 제도가 입안되었으나 국회에서 이를 다루지는 않고 있는 상황입니다.

그렇다면 학교 폭력을 어떻게 대처하는 것이 바람직한가에 대해 저희 팀은 다음 세 가지 관점에서 토론하고자 합니다. '첫째, 경찰의 상주가 교권을 침해하는 것인가?', '둘째, 경찰이 상주한다고 모든 폭력을 막을 수 있는 것인가?', '셋째, 경찰의 학교 배치로 인한 사회 범죄 예방 인력은 부족하지 않은가?'입니다.

첫째, 학교에 경찰을 상주시키는 것이 교육권을 침해하지는 않습니다.

왜냐하면, 교사의 폭력 예방 및 지도를 도와주는 것이기 때문입니다. 예를 들면, 예방하기 위해 교사의 교내 순시하는 시간을 줄여 주어, 교수학습에 대해 더욱 전념할 수 있는 시간을 많이 사용할 수 있고, 교사의 말을 무시하는 학생이 있을 경우 교육적인 방법으로의 훈육에 대해 다른 면을 보여 줄 수 있습니다. 따라서, 학교에 경찰을 상주시키는 것은 교육권을 침해하는 것이 아니라, 교사의 교육권을 더욱 강하게 하는 시너지 효과를 주는 것입니다.

둘째, 경찰을 학교에 상주시킴으로써 교내 폭력은 예방할 수 있습니다.

왜냐하면, 경찰이라는 이미지는 폭력성을 자제할 수 있게 만들기 때문입니다. 예를 들면, 도로를 다닐 때 교통법규를 위반하고 싶은 마음이 있어도 눈앞에 경찰 복장을 한 사람을 보게 되면 그들이 경찰이 아닐지라도 멈칫하게 되어 위반하는 것을 자제하는 것을 보았습니다. 따라서, 경찰을 학교에 상주시키는 자체만으로 상징적이어서 교내 폭력을 예방할 수 있게 만듭니다

셋째, 경찰의 학교 배치로 인해 사회 안전망이 무너지지는 않습니다.
왜냐하면, 최소한의 인원 배치는 해 두는 것이 조직의 기본입니다. 예를 들어, 어느 한 지역에 재난이 발생한 경우 국방을 지키는 군인들의 도움이 필요해 복구작업에 동원되는 경우가 있었습니다. 그렇지만 우려하는 정도의 군인을 모두 투입하지는 않습니다. 경계를 할 수 있는 인원을 제외한 가용 인원을 복구현장에 투입하는 것은 상식적입니다. 따라서, 경찰의 학교 배치가 사회의 질서를 어지럽히지는 않습니다.

옛날에 수확이 한창일 들판에 곡식을 지키기 위해 우리 선조들은 허수아비를 세웠습니다. 그것은 상징적 존재라고 생각합니다. 마찬가지로 학교에 경찰을 상주시키는 것은 폭력으로부터 학생을 스스로 자제할 수 있도록 만드는 것입니다. 경찰이 무서운 존재로 느끼는 시대라는 편견부터 버리고 그것 또한 교육적 방법이라고 하는 발상의 전환이 필요하다고 주장합니다. 모든 업무에도 일에 따라 하시는 분이 다르듯이 경찰에도 강력범죄를 전담하는 분과 학교 폭력을 예방하기 위해 상주하시는 경찰로 바라본다면 효과가 있을 것이라고 보아 저희 '학교 폭력 방지를 위해 경찰을 상주시켜야한다'는 논제에 저희 ○○○○팀은 긍정적 입장을 밝히고자 합니다.

• 부정 입론서 예시

○○토론 부정 입론서

논제	학교폭력 방지를 위해 학교에 경찰을 상주시켜야 한다.

안녕하세요. 저는 '학교폭력 방지를 위해 학교에 경찰을 상주시켜야 한다'에 대한 말씀드릴 ○○ ○○팀의 **부정 측** 첫 번째 토론자 ○○○입니다.

개념정의와 배경 설명은 긍정 측의 토론자의 내용과 같으므로 생략하도록 하겠습니다.

그렇다면 학교 폭력은 어떻게 대처해야 할까요? 그 답은 '교육적인 방법으로 대처해야 한다'입니다. 학교는 사회생활을 배우는 곳이며 교육하는 기관이므로, 학생들 간에 벌어지는 폭력 또한 교육적인 방법으로 해결해야 하며, 이런 과정에서 사회생활을 배우도록 지도해야 합니다. 경찰을 학교에 상주시키는 방법은 비교육적이고 좋지 않은 방법입니다.

'학교 폭력 방지를 위해 학교에 경찰을 상주시켜야 한다'는 논제에 대해 다음 3가지 쟁점으로 말씀드리겠습니다. **'첫째, 경찰의 상주가 교권을 침해하는 것인가?', '둘째, 경찰이 상주한다고 모든 폭력을 막을 수 있는 것인가?', '셋째, 경찰의 학교 배치로 인한 사회 범죄 예방 인력은 부족하지 않은가?'** 입니다.

첫째, 학교에 경찰을 상주시키면 이는 교사의 교육권을 침해하는 일이 됩니다.

학교 안에서 일어나는 일은 교사와 학생이 주체적으로 이를 해결해야 합니다. 학교 폭력 문제도 마찬가지입니다. 교사가 주도권을 갖고 이를 해결해야 학교의 질서가 바로 섭니다. 그런데 학교에 경찰을 상주시키고 학교 폭력을 경찰이 해결하려 든다면 교사의 권위는 땅에 떨어질 것이고, 교육에 악영향을 미칠 것입니다.

둘째, 경찰을 학교에 상주시킨다고 해도 학교 폭력을 다 막을 수는 없습니다.

예를 들어 SNS나 문자 채팅 등을 통해서 하는 언어 폭력은 경찰이 학교에 있다고 해서 막을 수 있는 것이 아닙니다. 학생들 간의 폭력은 학생들에 관심을 가진 교사와 학부모가 가장 잘 알 수 있습니다. 또한 학교 폭력을 막기 위해서는 경찰이 폭력으로 막는 것보다는 상담 등의 방법이 더 좋습니다. 폭력이 일어나는지 감시하거나 즉각 신고하는 일 등은 CCTV나 비상벨 등을 이용해서도 할 수 있습니다.

셋째, 다른 범죄를 막아야 할 경찰이 모자라게 됩니다.

서울 시내 고등학교만 해도 400여 개에 육박하는데 경찰이 학교에 한 명씩만 있어도 인원 손실이 600명이나 됩니다. 학교에 경찰을 상주시키느라 도둑이나 성폭력, 살인 등 다른 범죄를 막기 위해서 있는 경찰이 줄어든다면 이 범죄들이 늘어날 것입니다.

학교 폭력은 교육적인 방법으로 해결해야 합니다. 경찰은 진짜 경찰이 힘으로 막아야 하는 범죄를 막아야지, 학교 안으로 들어오면 안 됩니다. 이런 이유로 '학교 폭력 방지를 위해 학교에 경찰을 상주시켜야 한다'에 부정적 입장입니다.

4. 전공 분야별 고전 읽기

전공 분야별 고전 읽기는 자신의 전공 분야에서 고전이라 불리는 도서를 탐색하여 선정하여 읽는 활동이다. 고전은 지식을 넘어 지혜와 삶의 진리를 담고 있기 때문에 고전 읽기를 통해 학생들은 생각하는 힘을 키울 수 있다. 뿐만 아니라 자신의 전공 분야에서 큰 족적을 남긴 인물과 전공 분야에 큰 영향을 미친 이론들을 살펴보는 과정을 통해 전공에 대해 깊이 있게 탐구하는 계기가 될 수 있을 것이다.

- **전공 분야별 고전 읽기의 과정 및 절차**

학교 단위에서 이루어지는 전공 분야별 고전 읽기는 다양한 측면에서 이루어질 수 있다. 기본적으로 읽기 활동이므로 독서와 토론, 그리고 글쓰기 활동으로 진행하는 것이 가장 일반적이다.

국어교과의 고전 읽기 시간의 수행평가로 이루어질 수도 있지만 학생들이 직접 소모임이나 자율 동아리 등을 만들어 활동을 기획하고 운영해 볼 수도 있을 것이다. 필요하다면 분야별 전문 강사들을 섭외하여 강독회 혹은 세미나의 형태로 프로그램을 진행할 수도 있다.

전공 분야별 고전을 찾을 때는 고등학교 고전 교과서나 인터넷 검색 등을 통해 고전 도서를 탐색하고, 자신의 전공 분야에 큰 영향을 준 도서목록을 찾는 것에서 시작한다. 이후 도서를 읽으면서 내용을 이해하고, 자신이 탐색한 도서가 전공 분야에 미친 영향과 그 책이 고전이라 불리는 이유를 정리하면서 활동을 마무리할 수 있다. 개인별로 진행할 수도 있지만 전공 분야가 같은 친구들이 함께 모여 활동을 진행하는 것이 고전 도서에 대한 보다 깊은 이해를 하기에 더 적합하다.

인문 고전 읽기의 과정과 절차는 다음과 같다.

---

1) 모둠별 사회적 주제 및 고전 선정: 4-5인 1모둠이 되어 관심 있는 주제 및 고전 읽기 도서를 선정한다.
2) 세미나 개최(저자 및 지식인, 모둠별 발제): 강독회 전후로 독서 활동을 하고 독후 토론 활동에서 독후감을 작성한다. 이후 질의응답 및 상호평가를 실시한다.
3) 모둠별 활동 보고서 작성 및 강의에 대한 질문지 준비
4) 최종 보고서 작성

• 전공 분야별 고전 읽기 양식

전공 분야별 고전 읽기		
분야	자율, 동아리, 봉사, 진로, 교과, 기타	
프로그램(주제)			
이름(학번)		모둠 및 동아리명	
제목 및 저자, 도서 선정의 동기		

핵심 내용 요약 및 인상 깊은 구절 정리

이 책이 시대와 역사를 초월하여 가치를 갖는 고전인 이유

이 책이 나에게 미친 영향/도서에 대한 추가 자료조사

배우고 느낀 점, 향후 계획

5. 전공 분야별 나만의 고전 선정하기

전공 분야별 나만의 고전 선정하기는 자신의 전공 분야에서 읽은 도서 가운데 향후 고전이라 불리게 될 가능성이 높은 도서를 탐색하여 선정하고 읽는 활동이다. 이 활동은 전공 분야별 고전 읽기 활동과 연계하여 진행할 수 있다. 이미 고전이라 불리는 도서를 읽는 것도 의미 있지만, 자신의 전공 분야에서 크게 이슈가 되거나 큰 영향을 미치고 있는 도서를 읽으며 전공 분야의 최신 경향을 살펴보는 것 또한 의미가 크다. 따라서 전공 분야별 나만의 고전 선정하기란 고전 읽기와 더불어 과거와 현재를 아우르며 자신의 전공 분야에 대한 지식을 쌓을 수 있는 활동이라 할 수 있다.

• **전공 분야별 나만의 고전 선정하기의 과정 및 절차**

학교 단위에서 이루어지는 전공 분야별 나만의 고전 선정하기 활동은 다양한 방식으로 진행할 수 있다. 기본적으로는 읽기 활동이므로 독서와 토론, 글쓰기 활동으로 구성하는 것이 가장 일반적이다.

국어 교과의 고전 읽기 시간에 수행평가로 이루어질 수도 있지만, 학생들이 소모임이나 자율 동아리 등을 만들어 활동을 기획하고 운영해 볼 수도 있다. 필요하다면 분야별 전문 강사를 섭외하여 강독회나 세미나 형태로 프로그램을 진행해도 좋다.

이 활동은 전공 분야별 고전 읽기 활동의 과정과 동일하게 진행할 수 있다. 다만 이미 고전이라 불리는 도서가 아니라 최근에 출간된 도서 중 전공 분야에 큰 영향을 미치고 있는 도서를 읽는 활동이므로, 도서를 탐색하는 과정이 보다 중요하다. 또한 자신이 읽은 도서가 향후 고전이 될 것이라 생각하는 이유를 찾으며, 고전의 가치와 시대를 초월해 영향을 미치는 조건이 무엇인지 충분히 고민해야 한다.

전공 분야별 나만의 고전 선정하기를 하기 위한 과정과 절차는 다음과 같다.

1) 모둠별 사회적 주제 및 고전 선정: 4-5인 1모둠이 되어 관심 있는 주제 및 고전 읽기 도서를 선정한다.
2) 세미나 개최(저자 및 지식인, 모둠별 발제): 강독회 전후로 독서 활동을 하고 독후 토론 활동에서 독후감을 작성한다. 이후 질의응답 및 상호평가를 실시한다.
3) 모둠별 활동 보고서 작성 및 강의에 대한 질문지 준비
4) 최종 보고서 작성

• 전공 분야별 나만의 고전 선정하기 양식

전공 분야별 나만의 고전 선정하기				
분야	자율, 동아리, 봉사, 진로, 교과, 기타			
프로그램(주제)				
이름(학번)		모둠 및 동아리명		
제목 및 저자, 도서 선정의 동기				
핵심 내용 요약 및 인상 깊은 구절 정리				

이 책이 향후 고전이 될 것이라 생각하는 이유

전공 분야에 대한 추가 자료조사

배우고 느낀 점, 향후 계획

6. 글과 함께 하는 영상 아카데미

이 활동은 문학작품 감상을 통한 인문학적 사색의 경험을 영상 제작 능력과 결합하여 문예 콘텐츠를 개발하는 체험을 하는 활동이다. 이는 읽는 미디어에서 보는 미디어로의 전환이 이루어지고 있으며, 1인 미디어가 주목받고 있는 시대에 걸맞게 새로운 문화 콘텐츠를 만들 수 있는 역량을 기르는 데 도움이 되는 활동이라고 볼 수 있다.

• 활동 과정과 절차

글과 함께하는 영상 아카데미는 담임 교사의 추천과 학부모의 동의를 받은 학생, 영상 관련 자율 동아리 등을 통해 참가를 희망하는 학생들을 중심으로 실시할 수 있다. 영상 아카데미는 독서 활동을 바탕으로 한 글쓰기, 창작 실습과 영상 제작에 필요한 지식 및 기능 습득을 병행해야 한다. 따라서 담당 교사(외부 전문가 포함)가 독서 활동 및 글쓰기 지도, 영상 제작 및 창작 실습 교육을 진행하는 것이 일반적이다.

영상 아카데미의 일반적인 과정과 절차는 다음과 같다.

주요 영역	세부 내용	비고
작품 감상	문학작품 감상 후 내용 분석 및 영화화 방안 모색	
영상 제작 시나리오 작성	작품(시, 소설, 시나리오, 수필) 감상 후 작품 내용을 변용, 패러디하거나 자신의 감상을 확장하여 단편 영화나 드라마, 작품 소개 뮤직비디오, UCC 등으로 개작하기 위한 영상 제작 시나리오, 또는 대본 작성하기	
DSLR 카메라 촬영 스마트폰 카메라 이용 영상 촬영 및 편집	• DSLR 카메라 촬영기법 학습 • 동영상 촬영을 위한 기초적인 지식 - 촬영구도 및 앵글의 이해 • 스마트폰 촬영 영상 편집 프로그램(애플리케이션) 활용 방법 이해	
영상 제작	• 제작을 위한 팀 구성 - 연출, 시나리오 작가, 촬영, 음향, 조명 등 역할 분담 • 촬영 계획 수립, 촬영 및 편집	

• 영상 제작 계획서 양식

영상 제작 계획서				
제작팀 이름				
팀원 및 역할	연출(팀장)		촬영, 영상 편집	
	대본 작성		음향, 조명	
영상 제작 작품(원작)				
작품 선정 이유 및 영상 제작 의도				
영상 제작 대본(시나리오)/촬영 계획				
영상 제작 과정-결과 요약				
배우고 느낀 점, 향후 계획				

7. 전공 분야별 국문초록 쓰기

초록은 각종 서적이나 기록 등에서 필요한 것만을 뽑아 기록하는 것을 의미한다. 또한 학술적으로는 전문적인 학술 자료나 논문의 모든 구성 내용을 요약한 것으로, 논문 전체를 읽을지를 고려하는 사람들을 대상으로 작성한다. 한편, 이미 논문을 읽었거나 읽을 생각이 없는 사람들이 한눈에 논문의 내용을 파악할 수 있도록 활용되기도 한다. 참고로 논문의 결론은 논문에서 제시하는 데이터 값의 의미나 결과를 토대로 도출된 결론들을 요약한 것이며, 다음 연구 방향에 대한 비전을 제시한다는 점에서 초록과 구분된다.

따라서 전공 분야별 국문초록 쓰기는 자신이 관심 있는 진로·전공 분야의 학술 자료를 읽고, 그 핵심 내용을 챕터별로 정리하여 한눈에 알아볼 수 있도록 요약하는 활동이라 할 수 있다. 이 활동을 통해 학생들은 관심 분야의 학술 자료를 정독하며 관련 정보를 습득하며, 이를 압축하는 과정을 통해 지식을 축적할 수 있다.

- **전공 분야별 국문초록 쓰기의 과정 및 절차**

수업에서 이루어지는 전공 분야별 국문초록 쓰기는 다양한 측면에서 진행될 수 있다. 기본적으로는 쓰기 활동이지만, 독서와 토론, 쓰기, 말하기 활동과 연계하여 운영할 수도 있다. 또한 국어과의 다양한 선택 과목에서 수행평가로 이루어질 수도 있으며, 전공 관련 동아리 활동을 통해 실행할 수도 있다. 전공 분야별 학술 자

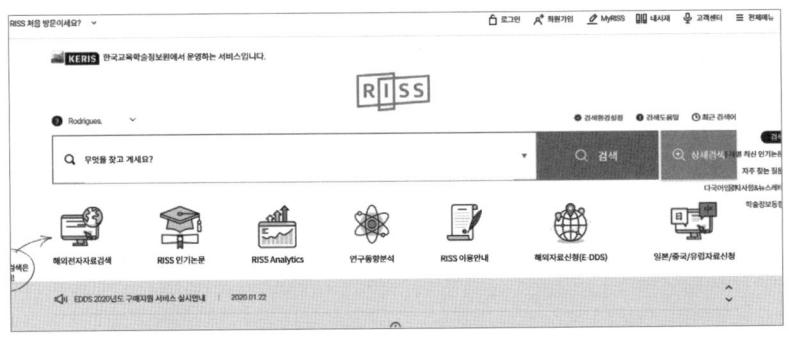

료를 찾을 때에는 한국교육학술정보원에서 운영하는 RISS와 같은 사이트를 활용하면 좋다.

RISS에서는 주제별 최신 인기 논문을 세부 전공 분야별로 제공하고 있다. 이를 활용하여 자료를 탐색하면 자신의 희망 전공 분야에서 가장 이슈인 연구가 어떠한 것들인지 쉽게 확인할 수 있다.

학술 자료를 탐색한 후에는 내용을 읽으면서 이해하고, 챕터별로 요약한 후, 초록을 쓰고 발표하면서 활동을 마무리한다. 개인별로 진행할 수도 있지만 전공 분야가 같은 친구들이 함께 모여 활동을 진행하면 전공 분야를 보다 깊이 이해하기에 더 적합하다. 이 과정에서 초록을 쓴 후, 기존 학술 자료와 비교·대조하면서 초록을 수정해 요약하기 능력을 키우고, 핵심 정보를 이해하는 것이 가장 중요하다.

전공 분야별 국문초록 쓰기의 과정과 절차는 다음과 같다.

(1) 모둠별 학술 자료 탐색(riss.kr 이용) 및 선정
- 5인 1모둠이 되어 관심 있는 주제 및 학술 자료를 탐색한 후 주제를 선정한다.

(2) 챕터별 요약 및 초록 작성
- 논문을 챕터별로 요약 및 초록 작성 후 논문의 초록과 비교·대조하여 초록을 수정한다.

(3) 최종 보고서 작성 및 발표

• 전공 분야별 국문초록 쓰기 양식

전공 분야별 국문초록 쓰기			
분야	자율, 동아리, 봉사, 진로, 교과, 기타		
프로그램(주제)			
이름(학번)		모둠 및 동아리명	

제목 및 저자, 자료 선정의 동기

핵심 내용 챕터별 요약

국문초록 쓰기

추가 자료조사 및 배우고 느낀 점 정리

수학

1. 수학 탐구 보고서 쓰기
2. 수학사/수학자 연구 포럼
3. 통계 활용 보고서 쓰기
4. 교과서 속 수학 실험
5. 전공 분야별 수학 탐구
6. 자신만의 수학 개념노트 만들기
7. 전공 분야별 수학의 활용 분야 보고서 쓰기

1. 수학 탐구 보고서 쓰기

수학 탐구 보고서 쓰기 활동은 학생들이 스스로 관심 있는 수학 분야의 탐구 주제에 대해 연구하고 조사한 내용을 보고서나 논문의 형태로 작성하는 활동이다. 논문 R&E는 주제를 스스로 정하고 연구하며 해답을 찾아가는 자기 주도적 학습을 통해 심화된 배경지식을 쌓을 수 있다. 학생들은 이 활동을 통해 자신이 관심 있는 수학 관련 주제나 분야에 대해 심층적인 탐구 활동을 진행하며, 자기 주도적이고 독립적인 수행 능력을 기를 수 있다. 또한 교과 수업에서 배운 내용이나 주제를 심화하는 과정을 통해 수학적 원리나 개념에 대한 이해가 깊어진다.

• 수학 탐구 보고서 쓰기 과정과 절차

수학 탐구 보고서 쓰기 활동은 수학 교과에서 수행평가로 진행할 수도 있고, 수학에 관심 있는 학생 개인이 자발적으로 수행하는 심화 탐구 학습 과정으로 진행할 수도 있다. 관심 분야나 주제가 같은 친구들이 있다면 자율 동아리를 구성하여 팀 프로젝트로 운영하며 학술대회 등에 참여해도 된다. 수학 탐구 보고서를 위한 주제는 포털 사이트에서 교과 수업의 내용을 바탕으로 키워드를 검색하며 탐색할 수 있다. 아이디어가 떠오르지 않는다면 '네이버캐스트 - 오늘의 과학 - 수학 산책'을 참고하면 좋다. 교과 수업에서 배운 내용과 관련된 창의적인 아이디어를 얻을 수 있기 때문이다.

수학 탐구 보고서 쓰기 활동의 일반적인 절차는 다음과 같다.

1. **탐구 주제 선정 및 관련 단원 설정**: 자신이 탐구하고 싶은 주제를 선정한다.
   - (예) 우리나라 총인구 중에서 임의로 선택한 사람이 직장에 고용된 사람이라고 가정할 때 이 사람이 장애인일 확률은? (관련 단원: 조건부 확률)

2. **선행 연구**: 다양한 도서, 논문, 통계 자료 등을 참고하여 자신이 확정한 주제에 대한 문헌조사를 실시한다.
   - (예) 통계청 자료를 통한 우리나라 장애인 고용률 등에 대한 조사

3. **문제 해결 과정**: 조사 내용을 통해 탐구 주제에 대한 문제 해결 과정을 수행한다.
   - (예) 조건부 확률을 이용한 문제 해결

4. **결과 도출**: 선행 연구와 문제 해결 과정을 통해 결과를 도출한다.

5. **탐구 결과 정리**: 결과가 갖는 의미와 한계, 후속 탐구 과제 등에 대해 정리한다.

6. **보고서 발표 및 질의응답/최종 보고서 작성**: 연구 결과를 발표하고, 질의응답을 통해 내용을 수정하여 최종 보고서를 작성한다.

• 수학 탐구 보고서 양식

진로-전공 보고서 포럼			
분야	자율, 동아리, 봉사, 진로, 교과, 기타		
프로그램(주제)			
이름(학번)		모둠 및 동아리명	

탐구 주제 선정 이유(탐구 목적 및 배경)

탐구 주제와 관련된 수학 교과 단원(내용)

선행 연구 내용 요약(자료조사)

문제 해결 과정 및 결과

탐구 결과 정리(결과가 갖는 의미와 한계, 후속 탐구 과제)

최종 보고서 작성

수학 탐구 보고서 작성의 과정-결과 요약

배우고 느낀 점, 향후 계획

2. 수학사/수학자 연구 포럼

수학사/수학자 연구 포럼은 학생들이 개인 또는 팀 연구 활동으로, 스스로 관심 있는 수학사나 평소 롤 모델로 삼고 싶은 수학자를 연구하고 조사한 내용을 정리하여 발표하고, 상호 평가하는 과정을 거쳐 최종 보고서를 작성하는 활동이다. 역사 속에서 의미 있는 수학적 업적이나 수학자의 연구 내용을 조사하고 알아가는 과정을 통해 수학에 대한 흥미를 증진시킬 수 있다. 또한 다른 친구들이 연구하고 조사한 내용을 통해 미처 알지 못했던 수학사나 수학자에 대한 이해의 폭을 넓히는 데도 도움이 된다.

- **수학사/수학자 연구 포럼 과정과 절차**

수학사/수학자 연구 포럼은 수학 교과에서 수행평가로 진행할 수도 있고, 수학에 관심 있는 학생 개인이 자발적으로 수행하는 학습 과정으로 운영할 수도 있으며, 이를 확장하여 온라인 대학 강의와 연계한 심화 탐구 학습으로 전개할 수도 있다. 또한 관심 분야나 주제가 같은 친구들이 있다면 자율 동아리를 구성하여 팀 프로젝트로 진행하는 것도 가능하다.

수학사/수학자 연구 포럼은 교과 수업에서 배운 내용을 이해하는 것을 넘어서, 수학사와 수학자에 대한 연구를 통해 보다 심화된 내용을 익히고, 수학적 원리가 등장하게 된 배경, 연구의 과정, 실생활 또는 과학에 미친 영향 등을 종합적으로 이해하기 위한 활동

이어야 한다. 또한 수학사/수학자 연구 포럼은 과학사/과학자, 철학사/철학자와 같이 다양한 분야로 확장하여 적용할 수 있는 활동이기도 하다.

---

1. 연구 주제 선정: 자신이 연구하고 싶은 수학사(수학적 업적), 또는 수학자를 선정한다.
   - (예) 수학적 난제였던 푸앵카레의 추측을 풀어낸 러시아 수학자 그레고리 페렐만

2. 자료조사: 다양한 도서, 논문, 통계 자료 등을 참고하여 자신이 선정한 주제에 대한 문헌조사를 실시한다.
   - (예) 프랑스 수학자 푸앵카레, 푸앵카레의 추측에 대한 내용, 러시아 수학자 페럴만에 대한 자료조사

3. 발표 자료 준비: 조사 내용을 토대로 발표 자료를 준비한다.

4. 발표 및 질의응답: 연구 결과를 발표하고, 질의응답을 통해 내용을 수정한다.

5. 최종 보고서 작성: 최종 보고서를 작성한다.

• 수학사/수학자 연구 포럼 보고서 양식

수학사/수학자 연구 포럼 보고서 양식				
분야	자율, 동아리, 봉사, 진로, 교과, 기타			
프로그램(주제)				
이름(학번)		모둠 및 동아리명		
연구 주제 선정 이유(탐구 목적 및 배경)				
자료조사				
수학사(수학적 업적)/수학자의 연구가 미친 영향				
의미와 한계, 향후 수학적 연구 과제				

질의응답, 상호 평가를 통해 발표 내용에서 보완, 개선할 점 정리
최종 보고서 작성
수학사/수학자 연구 보고서 작성의 과정-결과 요약
배우고 느낀 점, 향후 계획

3. 통계 활용 보고서 쓰기

통계 활용 보고서는 기존의 통계 결과를 단순히 분석하는 것을 넘어서, 실생활의 자료를 수집하고 정리·분석·재해석하는 일련의 과정을 직접 기획해 보는 활동이다. 수집한 자료와 목적에 따라, 또 같은 자료라도 사용하는 도구에 따라 다르게 해석될 수 있다는 경험을 통해 문제 해결 과정, 탐구력, 창의력을 기를 수 있다.

• **통계 활용 보고서의 과정과 절차**

프로젝트 학습은 학생들이 연구 주제에 대해 더 깊이 탐구해 보고 싶은 내용을 자유롭게 선택하고, 그것을 해결하기 위해 현장 체험 중심의 직접 조사, 실험·관찰 및 관련 인사 방문 인터뷰 조사, 책자를 활용한 자료 수집, 인터넷에서의 자료 수집 등 다양한 방법을 동원하는 활동이다. 각자의 진행 상황을 발표하거나 학습물을 전시하며, 완성한 후에는 학습 보고서와 학습 결과물을 제출하고 이를 다시 전시하거나 토론하는 과정을 포함한다.

통계 조사 단계에서 오류를 범할 경우, 무수한 거짓말을 낳을 수 있다. 모집단 추출에서의 누락이나 과잉 추출, 실험 설계의 오류로 인한 효과 중첩이나 효과 감지 실패, 질의응답 간의 소통 오해, 허위 또는 무성의 응답 등 다양한 오류 가능성이 존재한다. 따라서 통계 자료 수집은 유의미한 결과를 도출할 수 있도록 실제적인 자료 수집 단계부터 전체 활동의 신뢰도를 잃지 않아야 한다. 학생들은 아래의 추천 사이트를 통해 통계 자료를 수집할 수 있다.

1. KOSIS 국가 통계 포털 http://kosis.kr
2. 국토교통부 통계누리 http://stat.molit.go.kr/
3. 보건복지부 통계 https://www.mohw.go.kr/statList.es?mid=a10406010100
4. 환경통계포털 http://stat.me.go.kr
5. 한국은행 경제통계 http://ecos.bok.or.kr/
6. 센서스앳스쿨 http://www.censusatschool.or.kr
7. 통계인재개발원 https://shi.kostat.go.kr/

자료를 분석할 때 쉽게 사용할 수 있는 도구로는 평균, 중앙값, 빈도, 도수분포표, 누적분포표, 히스토그램, 그래프 등이 있다. 각 자료 사이의 관계를 분석하고, 자료들이 모집단의 대표성을 얼마나 띠고 있는지, 자료의 신뢰도를 어느 수준으로 파악할 수 있는지에 따라 상관계수, 선형성, 신뢰구간, 신뢰수준, 회귀분석, 상관분석 등에 대한 지식을 확장하기 위해 통계서적을 탐독하는 등 다양한 통계적 기법을 활용할 수 있다. 수집한 자료와 목적에 따라 각기 다른 도구를 사용하여 분석하게 되며, 같은 자료라도 사용하는 도구에 따라 다르게 해석될 수 있다는 경험을 할 수 있다. 통계 분석에서는 연구자의 의도와 목적이 어떻게 반영되며, 해석에 어떤 영향을 줄 수 있는지를 파악할 수 있다.

또한, 수집한 자료에 따른 의미와 결론을 도출해 내는 과정을 포함하여, 자료와 결론의 한계점을 분석한다. 이는 자신의 연구에서 발생할 수 있는 오류를 예측하고, 추후 연구에 반영할 수 있는 정보를 얻는 데 도움이 된다.

• **통계 활용 보고서 양식**

통계 활용 보고서	
연구 주제	
이름(학번)	

1. 주제에 대한 설명과 동기
　① 주제 설명
　② 주제 선정의 이유

2. 문제 제기 및 연구 절차 계획
　① 문제 제기 및 가설 설정
　② 연구 방향(기대하는 바)

3. 문제 해결을 위한 자료 수집
　① 자료 수집 방법(직접 설문조사, 실험, 매체 활용 등) -전수조사/표본조사
　② 추가 자료조사

4. 자료 분석

① 질문 제시
② 관련 자료 정리: 도수분포표, 잎줄기 그림, 누적도수분포표, 히스토그램, 상자수염그림 등
③ 자료 해석 & 결론 및 제안

[질문]

관련 자료	해석	결론 및 제안

5. 통계 활용 보고서의 과정-결과 요약

6. 배우고 느낀 점

4. 교과서 속 수학 실험

학생들은 과학 지식에 대한 엄밀함이 부족하거나, 왜 수학 공부를 해야 하는지 의문을 가지는 경우가 많다. 이로 인해 수학에 대한 흥미는 점점 떨어지게 된다. 이에 대한 대안으로, 수학 실험 활동을 통해 여러 가지 주제의 실험이 포함된 수학 활동을 경험해 보는 것도 좋다.

실험을 통해 수학의 개념을 쉽게 그리고 깊이 있게 이해할 수 있으며, 수학이 단지 책상 위의 계산이 아니라 자연현상이나 사회현상과 밀접한 관련을 가진 학문임을 인식할 수 있다. 따라서 교과서 속 수학 실험은 실험을 통해 수학을 직접 경험하고, 생기 있는 아이디어를 찾아낼 수 있는 좋은 방법이라 할 수 있다.

수학 실험을 해 볼 수 있는 분야는 다음 표와 같다.

해석 분야	기하 분야	대수 분야	확률과 통계 분야	기타 분야
이차함수 삼각함수 지수함수 수열 등비급수 미분 적분 미분방정식	다각형 원 피타고라스의 정리 비누막의 기하 이차곡선 입체도형 부동점	부등식 행렬 벡터의 내적	확률 통계	농도 밀도 벤포드의 법칙

• 교과서 속 수학 실험의 과정과 절차

물리나 화학처럼 수학도 될 수 있는 한 많은 실험을 하는 것이 좋다. 수업 시간에 배운 내용 안에서 실험을 하면서 학생들은 수학의 개념을 쉽게, 그리고 깊이 이해할 수 있다. 수를 가지고 할 수 있는 다양한 활동은 그 자체만으로도 수학을 익히고 배우는 밑거름이 될 수 있으며, 뇌가 다양한 생각을 할 수 있도록 도와준다.

개인 또는 모둠 단위로 책 《수학은 실험이다》(구로타 토시로)의 목차를 참고하여 주제를 선택하고 직접 실험해 봄으로써, 고등학교 교과서에 등장하는 수학 개념이나 정리 등 여러 수학적 사실이 지닌 의미를 피부로 느낄 수 있다.

(1) 실험 의도
 - 실험을 기획한 의도와 실험을 통해서 전달하고자 하는 수학적 내용과 수학적 사고, 수학적 가치 등을 담는다.

(2) 실험 과정
 - 사진과 그림을 첨부하여 자세한 과정을 이해하기 쉽도록 나열한다.

(3) 실험 결과
 - 실험으로 얻은 데이터와 그 데이터가 가지는 수학적 의미를 분석한다.
 - 수학적 근거를 찾을 수 없는 실험은 단순한 놀이에 그치므로 실험 과정에서 생길 수 있는 수학적 호기심을 실험 결과의 수학적 의미에서 해결할 수 있도록 한다.

(4) 보충
 - 실험 주제와 관련 있는 과학지식 또는 심화탐구 문제, 실험 과정에서의 오류의 원인 분석, 실험의 유래 등을 추가로 조사한다.

• 교과서 속 수학 실험 양식

교과서 속 수학 실험	
실험 주제	
이름(학번)	

1. 실험 의도
   ① 실험 주제 설명
   ② 실험 의도(주제 선정의 이유)

2. 문제 해결을 위한 수학교과서 속 개념과 원리

3. 문제 해결을 위한 자료 수집
   ① 자료 수집 방법(직접 설문조사, 실험, 매체 활용 등) -전수조사/표본조사
   ② 추가 자료조사

4. 자료 분석
   ① 결과 분석: 표, 그래프, 수식 등
   ② 실험 결과의 수학적 의미 탐구

5. 심화 탐구 과제 조사

6. 수학 실험의 과정-결과 요약

7. 배우고 느낀 점

5. 전공 분야별 수학 탐구

자신의 꿈과 관련된 직업군을 선택하고, 그 직업군과 관련된 수학적 주제를 탐색하는 과정에서 진로 맞춤형 과제탐구 주제를 선정한다. 학생 스스로 관심과 흥미가 있는 연구 주제를 선택하여 탐구함으로써 자율성과 창의력, 논리적 사고력을 향상시킬 수 있다. 교과서에서 다루는 수학의 정의나 정리들이 자신의 진로 및 전공 희망 분야와 관련하여 일상생활에서 어떻게 사용되는지를 알아보며, 보다 깊은 수학적 배경지식을 갖도록 한다.

• 전공 분야 수학 탐구 과정과 절차

수학의 몇 가지 기초 개념에 대한 이해와 숙달 여부는 대학 전공 교과 이수에 적지 않은 영향을 미친다. 자연계 전공으로는 물리학, 화학, 생물학, 의학, 공학계 전공으로는 기계공학과, 전기·전자공학과, 컴퓨터공학과, 인문사회계열에는 경제학, 경영학, 사회학, 심리학, 철학, 신문방송학과 등에서 수학교과의 중요성이 강조된다. 각자의 전공 분야에서 쓰이는 수학적 개념을 찾아 분석하고 발표하며 서로의 아이디어를 공유하는 활동은 수학적 의사소통 능력을 함양하는 데 도움이 된다. 수학 교과와 진로의 연계 학습 과정에 대한 관련 정보를 수집하고 소통하는 일련의 탐구 과정은 학생들이 올바르고 합리적인 진로 선택을 할 수 있도록 도와주며, 수학의 필요성과 중요성을 느낄 수 있는 기회를 제공한다.

(1) 주제 선정
- 네이버 캐스트의 수학산책, 위키백과, dbpia, RISS 등에서 수학 교과와 관련한 희망 전공 분야의 창의적인 주제를 자유롭게 선정한다.

(2) 탐구 진행
- 이론적 배경 및 연구 내용을 분석하고, 주제에 대한 수학적 분석 및 탐구를 진행한다.
- 탐구 내용 전반을 요약 및 정리한다.

(3) 느낀 점
- 탐구 과정에 대한 유의미한 해석과 고찰을 하고, 한계점과 반성할 부분을 생각해 본다.

(4) 보충
- 단 한 번이라도 참고한 문헌은 반드시 기록하고, 보충하고 싶은 자료도 함께 기록한다.

전문성 향상, 연구와 집필 과정을 통한 학업 능력 및 집중력 제고되며 자신의 꿈과 진로-전공, 관심 분야에 대한 이해 및 전공적성 계발할 수 있다는 기대 효과가 있다.

• 전공 분야 수학 탐구 양식

전공 분야별 수학 탐구	
탐구 주제	
이름(학번)	

1. 주제 선정의 이유
　① 탐구 주제에 대한 동기
　② 탐구 주제가 가지고 있는 의의

2. 탐구 내용
　① 주제에 대한 수학적 분석 및 탐구
　② 주제에 대한 이론적 내용 정리
　③ 탐구 내용에 대한 간단한 정리

3. 탐구를 통해 느낀 점
　① 유의미한 해석 및 고찰
　② 탐구 내용의 한계점 및 반성

4. 탐구 과정-결과 요약

5. 향후 심화 탐구 계획

6. 참고문헌+보충

6. 자신만의 수학 개념노트 만들기

평소 문제를 풀면서 막혔던 수학 단원에 대해 개념을 정리하고, 그 결과를 정리하는 과정에서 해당 개념이 지닌 역사적 배경이나 수학적 의의에 대해 자료를 조사하고 연구하는 과정을 통해, 자신만이 쉽게 알아볼 수 있는 노트를 만드는 활동이다.

이러한 과정을 통해 자주 출제되는 문제 유형을 파악하고, 관련된 문제들을 함께 정리해 보면서 몰랐던 수학 개념을 확실히 이해할 수 있다. 그뿐만 아니라, 수학적 오개념을 바로잡고 수학에 대한 이해를 넓힐 수 있으며, 당연하다고 생각하던 수학적 사실에 대해 논리적으로 사고한 과정을 정리할 수 있다. 마지막으로 개념노트를 작성하면서 수학의 정의나 정리들이 일상생활에서 어떻게 사용되고 적용되는지를 파악하며, 수학의 실용성과 유용성을 몸소 느낄 수 있다.

이렇듯 자신만의 개념노트 만들기는 수학적 개념을 체계적으로 정리하고, 자신만의 노트를 완성했을 때 학문적 쾌감을 맛볼 수 있는 활동이다.

- **수학 자신만의 개념노트 만들기 과정과 절차**

수학 자신만의 개념노트 쓰기는 수학 교과에서 수행평가로 진행할 수도 있고, 수학에 관심 있는 학생 개인이 스스로 진행할 수도 있다. 이를 확장하여 관련 개념서뿐만 아니라 수학 전공서적, 재미있는 수학 도서 등을 활용하여 심화 학습으로 발전시킬 수 있다. 또한 비슷한 단원의 수학 개념을 잘 모르는 친구들과 내용을 나누고, 협동으로 프로젝트 학습을 진행하는 것도 가능하다.

개인별로 영역을 나누고 자료를 조사·정리하는 과정에서 수학적 의사소통 능력을 향상시킬 수 있으며, 의미 있는 수학 개념 쓰기를 통해 자연스럽게 수학에 흥미를 느낄 수 있다. 익숙한 수학 공식이나 정리에 대한 역사적 발전 과정과 이론적 배경을 알아가면서 보다 깊은 수학적 배경지식을 갖게 되고, 이로 인해 연관된 다른 단원들에 대한 개념 쓰기 활동으로도 자연스럽게 확장 가능하다.

(1) 개념노트를 쓸 단원이나 수학적 개념 선정
 - 평소 자신이 잘 모르거나 자주 틀리는 단원이나 수학적 개념을 선정한다.
 - (예) 너무 자주 접하지만 틀리는 미분계수와 도함수의 개념

(2) 자료조사
 - 수학관련 독서 활동, 개념서, 수학 원서, 수학 관련 동영상(유튜브 등) 강의를 참고하여 자신이 선정한 주제에 대한 자료조사를 실시한다.
 - (예) 미분계수의 기하학적 정의, 다항함수와 초월함수에서의 미분계수를 구하는 방법

(3) 개념노트 쓰기 준비
 - 조사 내용을 토대로 자신의 개념 정리에 도움이 될 만한 부분을 단원별로 정리하여 개념노트를 쓸 준비를 한다.

(4) 최종 개념노트 작성
 - 조사 내용 및 참고 문헌 등을 바탕으로 개념노트를 작성하고 그 아래쪽에는 관련된 기출문제나 자주 출제되는 문제 유형, 심화 문제 및 해결 방법 등을 함께 정리하여 필요할 때마다 찾아볼 수 있도록 한다.

• 자신만의 수학 개념노트 만들기 양식

자신만의 수학 개념노트 만들기		
분야	자율, 동아리, 봉사, 진로, 교과, 기타	
프로그램(주제)		
이름(학번)		모둠 및 동아리명
해당 단원이나 개념 선정 이유(목적 및 배경)		

자료조사 방법 및 과정 요약

정리하려는 수학적 개념의 의의

최종 개념노트 작성

배우고 느낀 점, 향후 계획

7. 전공 분야별 수학의 활용 분야 보고서 쓰기

수학의 활용 분야 보고서 쓰기는 평소 관심을 갖고 있었던 수학의 다른 과목에의 활용 분야에 대해, 수학과 해당 과목 간의 연관성과 관련 수학 단원에 대해 자료를 조사하고 연구하여 정리하는 과정을 거쳐 보고서를 작성하는 활동이다. 이러한 과정을 통해 수학에 대한 이해를 넓히고, 수학이 활용되는 다른 교과 및 현실 생활 속 활용 사례를 탐구함으로써 수학의 실용성과 유용성을 인식할 수 있는 계기를 마련한다. 또한 수학은 그저 어렵기만 한 것이 아니라 우리의 일상을 더욱 풍요롭고 편리하게 만든다는 사실을 깨닫고, 수학에 흥미를 느끼며 자신의 전공 분야와 관련하여 수학을 탐구할 수 있다.

• **수학의 활용 분야 보고서 쓰기 과정과 절차**

수학의 활용 분야 보고서 쓰기는 수학 교과에서 수행평가로 진행할 수도 있고, 수학에 관심이 있는 학생 개인이 스스로 진행하고 이를 확장하여 온라인 대학 강의나 수학 관련 외국 동영상 등과 연계한 심화 탐구 학습으로 전개할 수도 있다. 뿐만 아니라 수학이 활용되는 분야에 대한 관심이 있는 다른 친구들과 동아리를 구성하여 팀으로 프로젝트 학습을 하는 것도 가능하다. 팀원별로 역할을 나누고 자료를 조사하고 정리하는 과정에서 수학적 의사소통 능력을 향상시키고 의미 있는 수학 활용 분야 탐구를 통해 자연스럽게 수학에 흥미를 느낄 수 있다. 또한 익숙한 수학 공식이나 정리들에 대한 수학적 가치를 알아감으로써 보다 깊은 수학적 배경지식을 갖게 되고, 연관된 다른 주제들에 대한 독서 활동으로도 이어질 수 있다.

(1) 연구 주제 선정
- 평소 자신이 관심을 갖고 있던 교과와 그 교과에서 수학적 지식을 필요로 하는 단원에서 주제를 선정한다.
- 예) 물리 – 역학적 에너지 보존법칙과 운동량 보존법칙/ 수학 – 정적분의 치환적분법

(2) 자료조사
- 인터넷, 수학 관련 독서 활동, 논문, 수학 원서, 수학 관련 동영상(유투브 등) 강의를 참고하여 자신이 선정한 주제에 대한 자료조사를 하고 보고서를 쓰는데 필요한 자료를 모은다.
- 예) 운동방정식, 위치 에너지, 운동 에너지, 합성함수의 미분, 미적분학의 기본정리, 정적분의 치환적분법

(3) 보고서 작성 준비
- 조사해서 모은 자료들 중에서 보고서를 쓰는 데 중요하고 필요한 부분(수식, 그림, 표 등의 데이터)을 따로 정리해 놓는다.
- 예) 물체의 운동을 표현하는 다양한 그림(낙하 운동, 용수철 운동), 함수의 그래프

(4) 최종 보고서 작성
- 조사 내용 및 참고 문헌 등을 바탕으로 최종 보고서를 작성하고 수정하여 최종 보고서를 작성한다.

• 수학의 활용 분야 보고서 양식

수학의 활용 분야 보고서 쓰기		
분야	자율, 동아리, 봉사, 진로, 교과, 기타	
프로그램(주제)		
이름(학번)		모둠 및 동아리명
주제 선정 이유(목적 및 배경)		

자료조사 방법 및 과정 요약

탐구 주제의 수학적 의의

최종 보고서 작성

배우고 느낀 점, 향후 계획

영어

1. E-NIE 활용 전공 분야별 주제 탐구 포럼
2. 희망 직업 영어 프레젠테이션
3. 진로-전공 분야별 UN SDGs 주제 탐구 포럼
4. 전공 분야별 영어 단어장 만들기
5. 전공 분야별 UN 보고서 분석 포럼
6. 전공 분야별 영문초록 쓰기
7. 전공 분야별 모의 UN

1. E-NIE 활용 전공 분야별 주제 탐구 포럼

E-NIE 활용 전공 분야별 주제 탐구 포럼은 영어과에서 영자 신문을 활용하여 진행하는 프로그램이다. 학생들은 자신의 희망 진로·전공과 관련된 주제를 다룬 영자 신문 기사, 혹은 자신의 배경지식을 확장할 수 있는 영자 신문 기사를 매주 1~2개씩 선택하여 스크랩한다. 이를 통해 자신이 관심 있는 진로·전공 분야의 최근 동향을 파악하고, 전망을 예상해 보며 심도 있는 탐구를 진행할 수 있다. 학생들은 학기 또는 학년 단위로 스크랩한 영자 신문 기사를 정리하고, 최종적으로는 정리한 내용을 바탕으로 자신의 희망 진로·전공 분야와 관련된 E-NIE 활동을 통해 배운 내용과 지적으로 성장한 부분 등을 발표한다.

- **E-NIE 활용 전공 분야별 주제 탐구 포럼의 과정과 절차**

1. E-NIE 활동을 진행할 희망 진로-전공 주제 정하기
2. 영자 신문 기사 내용 분석 및 기사 내용과 관련한 자신의 의견을 영어로 작성
3. 기사 내용을 바탕으로 포럼 진행 및 프레젠테이션 형식 발표

E-NIE 활용 진로·전공별 주제 탐구 포럼의 가장 주된 목적은 희망 진로·전공 관련 배경지식의 확장과 영자 신문 분석을 통한 영어 독해 능력, 작문 능력의 향상이다. 활동 초기에는 영자 신문 기사 검색 방법, 서로 다른 다양한 논조를 가진 해외 언론사들의 특징 파악, 영문 기사 작성 방식 등 기본적인 내용을 학습한다. 이어서 E-NIE

활동의 기본이 되는 스크랩 샘플을 제시하고, 학생들이 어느 정도 스크랩 활동에 익숙해질 때까지는 교사의 도움을 받는다.

활동 후에는 스크랩한 신문 기사의 내용과 관련된 자신의 생각을 영어로 작성하며, 교사의 첨삭을 통해 표현력을 향상한다. 특히 학생들은 같은 소식이나 사건을 다룬 서로 다른 언론사의 기사를 스크랩하면서 보도 방식의 차이를 파악하고, 그에 대한 자신의 의견도 영어로 작성한다.

학생들은 매주 작성하고 발표한 E-NIE 활동 결과물을 체계적으로 정리하여 보관하고, 그 안에서 자신의 희망 진로·전공 분야의 동향과 전망을 파악한다. 이 과정을 통해 관련 분야의 배경지식을 넓힐 수 있다. 또 매시간 자신이 정리한 내용을 친구들과 주고받으며 포럼을 진행하고, 마지막으로는 포럼 진행 후 작성한 개별 탐구 보고서를 프레젠테이션 형식으로 발표한다.

• E-NIE 활용 전공 분야별 주제 탐구 포럼

E-NIE 활용 전공 분야별 주제 탐구 포럼				
분야	자율, 동아리, 봉사, 진로, 교과, 기타			
프로그램(주제)				
이름(학번)		모둠 및 동아리명		
E-NIE 주제 및 분야의 기사 선정				

모르는 어휘 또는 중요한 표현 정리/핵심 문장 다시 적기

기사 내용 요약 및 자신의 의견 작성

추가 자료조사 (DBPIA, RISS 등을 이용)

배우고 느낀 점, 향후 계획

2. 희망 직업 영어 프레젠테이션

희망 직업 영어 프레젠테이션은 진로·전공 보고서 포럼, 전공 학과 탐색, 전문 직업인과의 만남 등을 통해 구체화된 학생 개개인의 꿈과 목표를 영어로 발표하기 위한 활동이다. 학생들은 발표를 준비하는 과정에서 자신의 꿈과 하고 싶은 일에 대해 더욱 깊이 이해하게 된다. 또한 사람들 앞에서 발표하는 과정을 통해 꿈과 목표에 대한 확신을 갖고, 추진력을 바탕으로 향후 진로 활동에 적극적으로 참여할 수 있게 된다.

• 희망 직업 영어 프레젠테이션 과정과 절차

진로-전공 및 희망 직업 영어 프레젠테이션은 다음과 같은 과정과 절차를 거치는 것이 일반적이다.

1. 자신의 흥미, 관심 분야, 직업에 관한 조사
2. 선택한 진로, 전공, 희망 직업 분야에서 활약하기 위해 필요한 준비과정, 역량에 대해 생각해 보기
3. 희망 진로, 전공 및 직업 분야의 전망과 그 분야에서 자신이 이루고자 하는 것 생각해 보기

우선 자신의 흥미와 관심 분야가 무엇인지, 나중에 어떤 직업군에서 일하고 싶은지를 정확히 파악하는 것이 중요하다. 자신의 흥미와 관심 분야를 바탕으로 어떤 직업이 있는지를 확인하고, 그에 맞춰 확실한 방향을 설정하는 것이 좋다.

진로와 직업을 탐색하는 과정에서 중요한 것은, 어떤 준비 과정과 노력을 통해 꿈을 이룰 것인지에 대한 구체적인 계획을 세우는 일이다. 또한 자신의 적성과 능력, 그리고 환경을 종합적으로 판단하여 계획을 수립하는 것이 바람직하다. 추가적인 정보를 얻기 위해서는 '대입정보포털 어디가', '워크넷' 등의 웹사이트를 활용하여 자료를 습득하면 좋다.

진로·전공 및 희망 직업 영어 프레젠테이션에서 가장 중요한 것은, 자신이 그 분야에서 하고자 하는 역할과 이루고자 하는 목표를 깊이 고민하고 발표하는 일이다. 이러한 과정을 통해 학생들은 보다 성숙한 태도로 자신의 희망 진로와 직업에 대해 생각해 볼 수 있으며, 구체적인 계획을 바탕으로 해당 분야의 전문가가 될 수 있는 기반을 마련할 수 있다.

무엇보다 위의 활동들을 종합한 보고서와 발표 자료를 영어로 만드는 과정에서, 학생들은 자신의 희망 진로·전공 관련 분야의 전문 어휘를 습득하고 영어 작문 실력을 향상시킬 수 있다. 또한 TED 등을 활용하여 영어 스피치 기술과 발표 방법을 익히고, 영어 프레젠테이션 능력을 키울 수 있다.

• 진로-전공 및 희망 직업 영어 프레젠테이션

진로-전공 및 희망 직업 영어 프레젠테이션		
분야	자율, 동아리, 봉사, 진로, 교과, 기타	
희망 전공 및 진로 분야		
이름(학번)		모둠 및 동아리명	
희망 전공 및 진로 분야에 관심을 갖게 된 계기		
희망 전공 및 진로, 직업에 대한 간략한 소개		

희망 전공 및 진로, 직업 분야의 최근 이슈와 향후 전망/추가 자료조사 (DBPIA, RISS, 신문 기사 등을 이용)

자신이 희망 전공 및 진로 분야에서 이루고자 하는 것, 현재 기울이고 있는 노력

배우고 느낀 점, 향후 계획

3. 진로-전공 분야별 UN SDGs 주제 탐구 포럼

UN SDGs(UN Sustainable Development Goals, UN 지속 가능 개발 목표)는 사람, 지구, 그리고 번영을 위해 UN에서 발표한 행동 계획이며, 2016년부터 새로 시행된 UN과 국제사회의 최대 공동 목표다. 이는 인류의 보편적인 사회문제(빈곤, 질병, 교육, 여성, 아동, 난민, 분쟁 등), 지구 환경 및 기후변화 문제(기후변화, 에너지, 환경오염, 물, 생물다양성 등), 그리고 경제 문제(기술, 주거, 노사, 고용, 생산·소비, 사회구조, 법, 인프라 구축, 대내외 경제)를 2030년까지 해결하고자 17가지 주요 목표와 169개 세부 목표를 설정하여 이행하는 내용으로 되어 있다.

Goal 1   모든 형태의 빈곤종결
Goal 2   기아해소, 식량안보와 지속 가능한 농업발전
Goal 3   건강 보장과 모든 연령대 인구의 복지증진
Goal 4   양질의 포괄적인 교육제공과 평생학습기회 제공
Goal 5   양성평등달성과 모든 여성과 여아의 역량강화
Goal 6   물과 위생의 보장 및 지속 가능한 관리
Goal 7   적정가격의 지속 가능한 에너지 제공
Goal 8   지속 가능한 경제성장 및 양질의 일자리와 고용보장
Goal 9   사회기반시설 구축, 지속 가능한 산업화 증진
Goal 10 국가 내, 국가 간의 불평등 해소
Goal 11 안전하고 복원력 있는 지속 가능한 도시와 인간거주
Goal 12 지속 가능한 소비와 생산 패턴 보장
Goal 13 기후변화에 대한 영향방지와 긴급조치
Goal 14 해양, 바다, 해양자원의 지속 가능한 보존노력
Goal 15 육지생태계 보존과 삼림 보존, 사막화 방지, 생물다양성 유지
Goal 16 평화적, 포괄적 사회증진, 모두가 접근 가능한 사법제도 제도와 포괄적 행정제도 확립
Goal 17 이 목표들의 이행 수단 강화와 기업 및 의회, 국가 간의 글로벌 파트너십 활성화

이 목표는 2015년 제70차 UN 총회 및 UN 지속 가능 개발 정상

회의에서 194개국의 만장일치로 채택되었다. 특히 전 세계 산업계에도 큰 영향을 미치고 있으며, 글로벌 주요 기업들이 기업 경영의 핵심 가치로 삼고 있는 '지속 가능 경영', 'ESG 경영', '환경 경영'의 중심이 되는 글로벌 기준이 되고 있다.

UN SDGs에 대해서 더 자세한 정보를 얻을 수 있는 웹사이트는 다음과 같다.

- UN SDGs 공식 웹사이트 https://sustainabledevelopment.un.org/sdgs
- UN지원 SDGs 협회 http://asdun.org

• 활동 과정과 절차

진로-전공 분야별 UN SDGs 주제 탐구 포럼은 각 교과에서 수행평가로 진행할 수도 있고, 다양한 분야나 주제에 관심 있는 학생들을 대상으로 한 학급 특색 활동, 전공 과제 탐구 프로그램 등으로 기획하고 운영할 수 있다. UN SDGs 주제 탐구 포럼은 학년에 관계없이 운영할 수 있지만, 자신의 희망 진로나 전공 분야와 관련된 지속 가능 개발 목표를 탐구하는 것이 바람직하므로, 가급적이면 학생들이 희망 진로나 전공에 대해 탐색하는 시간이나 활동을 먼저 진행한 후 실시하는 것이 좋다.

진로-전공 분야별 UN SDGs 주제 탐구 포럼의 일반적인 절차는 다음과 같다.

1. **희망 진로나 전공 분야, 또는 관심 있는 주제에 따른 분석팀 선정 및 조직**
   - 학생들의 희망 진로, 전공, 관심 있는 주제에 따라서 팀을 조직하고(개인별 진행 가능), 유엔 지속 가능 개발 목표 중 하나를 선정한다. 이때에는 UN SDGs 공식 웹사이트에서 각 목표들의 내용, 목적, 의의 등이 자세하게 설명되어 있는 PDF 자료를 먼저 읽은 후 활동을 진행하는 것이 좋습니다.

2. **선정한 유엔 지속 가능 개발 목표 탐구 및 분석**
   - 팀 또는 개인이 선정한 지속 가능 개발 목표에 대해서 함께 모여 정확하게 이해하는 시간을 가집니다. 이후 선택한 목표와 관련해서 탐구해 볼만한 가치가 있다고 판단되는 주제를 선택하고 자료를 검색합니다. 팀으로 진행할 경우에는 서로 역할을 나누어 영문자료 번역, 내용 요약 등의 활동을 진행합니다.

3. **추가 자료조사 및 주제 발표 자료 만들기**
   - 주제 발표에 도움이 되거나 관련이 있는 자료 또는 최신 뉴스 등을 조사한 자료를 포함하여 주제 발표 내용을 프레젠테이션 형식으로 만듭니다.

4. **UN SDGs 유엔 지속 가능 개발 목표 주제 탐구 포럼 개최**
   - 분석, 주제 탐구, 추가 자료조사 등의 내용을 포함한 최종 발표 자료를 활용하여 발표를 합니다. 이후 서로의 의견을 주고받으며 발표 내용과 관련된 질의응답, 상호 평가 등의 활동이 포함되어있는 포럼을 진행합니다.

• 진로-전공 분야별 UN SDGS 주제 탐구 포럼

진로-전공 분야별 UN SDGS 주제 탐구 포럼		
분야	자율, 동아리, 봉사, 진로, 교과, 기타	
프로그램(주제)			
이름(학번)		모둠 및 동아리명
희망 전공 및 진로 분야 소개 및 관심을 갖게 된 계기		

전공 및 진로 분야와 관련 있는 UN SDGs 선택 및 발표 주제 선정

선택한 UN SDGs 주제 관련 추가 자료조사 진행 (DBPIA, RISS, 신문 기사 등을 이용)

UN SDGs 주제 탐구 보고서 과정 및 결과 요약

배우고 느낀 점, 향후 계획

4. 전공 분야별 영어 단어장 만들기

전공 분야별 영어 단어장 만들기 활동은 학생들이 자신의 희망 진로 및 전공 분야와 관련하여, 영어로 작성된 논문, 칼럼 등을 포함한 다양한 해외 자료의 내용을 정확히 파악하고, 진로·전공 분야에 대한 깊이 있는 이해를 돕기 위한 활동이다. 또한 이 활동은 E-NIE 활용 주제 탐구 포럼, 전공 분야별 UN SDGs 주제 탐구 포럼, 전공 및 진로 분야 영어 3분 스피치 등 해외 자료의 검색과 분석을 바탕으로 한 다양한 활동과 연계된다.

• **전공 분야별 영어 단어장 만들기의 과정과 절차**

전공 분야별 영어 단어장 만들기 활동에 선행되어야 할 것은 자신의 관심 또는 희망 진로와 전공의 방향이 어느 정도 정해져 있어야 한다는 점이다. 자세한 과정과 절차는 다음과 같다.

1. 희망 진로-전공 관련 해외 자료조사 (논문, 칼럼, 신문 기사 등)
2. 자료조사 과정에서 의미를 몰랐거나, 중요한 의미를 가진 어휘를 정리
3. 어휘가 쓰인 새로운 예문을 찾아서 함께 정리

전공 분야별 영어 단어장을 효과적으로 만들기 위해서는, 먼저 자신이 정리하고자 하는 분야를 확실히 정한 후, 그 분야와 관련된 정확한 정보를 확인해야 한다. 자료를 조사하는 과정에서는 영어로 된 글을 읽으며 각 문장을 정확히 번역하고, 의미를 전혀 모르거나 애매하게 알고 있던 어휘들을 표시한다. 자료의 내용을 전체적으로

파악한 후, 읽으면서 표시해 둔 몰랐던 어휘의 의미를 영영사전을 활용하여 이해한다. 의미를 이해한 다음에는, 그 어휘가 쓰인 다른 예문을 찾아보며 실제로 어떤 문장에서 자주 쓰이는지를 파악한다.

어휘를 정리하는 방법으로는 스마트폰이나 패드에서 Google Docs, Quizlet, 클래스 카드 등의 어플을 사용하여 어휘와 예문을 정리하는 방법이 있다. 하지만 어휘와 예문을 직접 손으로 써 보면서 단어장에 정리하는 방법이 훨씬 오래 기억에 남는다.

다음은 어휘의 의미를 이해하는 데 도움이 되는 영영사전 웹사이트의 목록이다.

[어휘 의미 파악(영영사전)]
- Oxford English Dictionary (https://www.oed.com)
- Dictionary.com (https://www.dictionary.com)
- Longman Dictionary of Contemporary English Online (https://www.ldoceonline.com)
- Cambridge English Dictionary (https://dictionary.cambridge.org)

[예문 검색]
- 영어학습사전 (http://dic.impact.pe.kr/)
- Stack Exchange (https://english.stackexchange.com/)
- English-corpora (https://www.english-corpora.org/coca/)

• 진로-전공 분야별 영어 단어장

진로-전공 분야별 영어 단어장 만들기			
분야	자율, 동아리, 봉사, 진로, 교과, 기타		
희망 전공 및 진로 분야			
이름(학번)		모둠 및 동아리명	
어휘 정리			
distort	1.(형체를)비틀다 2.(사실 등을)왜곡하다		
When an underwater object is seen from outside water, it appears **distorted**.			

전공 및 진로 분야와 관련 있는 UN SDGs 선택 및 발표 주제 선정

5. 전공 분야별 UN 보고서 분석 포럼

UN 보고서 분석 포럼은 UN 사무국에서 발행하는 연례 보고서를 비롯하여, UN 산하 기관인 세계보건기구(WHO), 국제노동기구(ILO), 세계기상기구(WMO), 세계지적재산기구(WIPO), UN개발계획(UNDP), 국제통화기금(IMF), 국제사법재판소, 세계식량계획(WFP) 등에서 발간하는 보고서를 번역하고, 관련 현안에 대한 추가 자료 조사 내용을 포함한 분석 보고서를 작성·발표하며 상호 평가하는 활동이다.

이 활동을 통해 오늘날의 세계 사회에 대한 이해의 폭을 넓히고, 국제적 현안에 대한 감각을 기를 수 있다. 또한 글로벌 리더십 역량이라 할 수 있는 영어 글쓰기 능력과 말하기 능력을 함께 향상시킬 수 있다.

• 활동 과정과 절차

UN 보고서 분석 포럼은 영어 교과에서 수행평가로 진행할 수도 있고, 다양한 분야나 주제에 관심 있는 학생들을 대상으로 한 방과 후 수업이나 전공 과제 탐구 프로그램으로 운영할 수도 있다. UN 보고서 분석 포럼은 본격적인 모의 UN 활동에 앞서 1학년 과정에서 먼저 실시하는 것이 좋다. 이때 선택하는 보고서는 자신의 진로 분야와 관련된 것이어야 한다. UN에서 다루는 주제의 범위는 매우 광범위하기 때문에, 156쪽에 제시된 UN 산하 기관들을 검색하면 자신의 진로 분야와 관련된 다양한 보고서를 찾을 수 있을 것이다.

UN 보고서 분석 포럼의 일반적인 절차는 다음과 같다.

---

1. 관심 분야나 주제에 따른 보고서 분석팀 선정 및 조직: 아래 제시된 UN 기구 중 관심 있는 분야를 선택하고 보고서 분석팀을 조직합니다.

2. UN 보고서 분석: 자신의 팀이 선택한 UN 사무국 또는 산하 기관 사이트에 들어가 분석할 보고서와 현안(주제)을 선택하고 역할을 나누어 영어 번역 작업을 진행하고, 보고서 내용을 요약하는 활동을 진행합니다.(구글, 네이버 번역기 활용)

3. 추가 자료조사 및 보고서 분석 자료 만들기: 보고서 주제에 대한 추가 자료나 최신 뉴스 등을 조사하여 보고서 분석 내용과 결합하여 발표하기 위한 보고서 분석 자료를 영어, 또는 한글로 정리합니다.

4. UN 보고서 분석 자료 발표 및 상호 평가: 보고서 분석, 추가 자료조사 등을 통한 분석 자료를 프레젠테이션 자료로 만들어 영어(또는 국어)로 발표하고 보고서 분석 내용에 대한 질의응답과 상호평가 과정을 진행합니다.

• 보고서 분석할 유엔 산하 기구(예시)

유엔 기구 (Commitee)	유엔 기구에 대한 소개	선택
① 유엔 한국 대표부	유엔 한국 대표부 사이트를 통해 유엔 사무국에서 발간하는 연례 보고서, 유엔 총회 의제 등 탐색	(　)
② 세계보건기구(WHO)	질병 예방과 치료, 퇴치 사업, 보건, 위생의 개선 목적으로 의제 설정, 정책	(　)
③ 국제노동기구(ILO)	노동자의 근로 환경 및 복지 개선, 아동의 노동력 착취 금지 등의 문제 해결	(　)
④ 국제민간항공기구(ICAO)	항공기의 노선 및 안전 관련 사항, 항공사고 조사 및 해결, 무인항공기 및 드론	(　)
⑤ 국제전기통신연합(ITU)	전기전자제품, 통신 관련 표준 설정, 스마트폰, IoT, 무선, 인공위성 등	(　)
⑥ 세계기상기구(WMO)	기상, 기후 현상 연구 및 관련 사항 기준 마련, 지구온난화 및 탄소배출 규제	(　)
⑦ 세계지적재산기구(WIPO)	학문, 문화, 예술, 과학기술 등 지적재산권 기준 및 보호 대책 마련	(　)
⑧ 유엔개발계획(UNDP)	전세계의 균형 발전 및 남북문제 해소 위한 방안, 저개발국의 경제 성장 방안	(　)
⑨ 국제통화기금(IMF)	세계 경제, 금융, 통화, 환율 등의 기준 마련, 경제문제 및 금융위기 대안 제시	(　)
⑩ 국제사법재판소	국가 간 분쟁 및 사건을 사법적으로 해결하는 기구, 전쟁범죄 처리 및 재판	(　)
⑪ 세계식량계획(WFP)	자연재해, 전쟁 피해로 인한 피난민 구호지원, 저개발국의 식량부족 지원	(　)
⑫ 유엔환경계획(UNEP)	지구환경 감시 및 오염문제 해결, 기후변화, 생물다양성 보존, 지구온난화 문제	(　)
⑬ 경제사회이사회(ECOSOC)	경제개발, 사회, 인권 등의 제문제를 다루고 인류 전반의 생활수준 향상을 목표	(　)
⑭ 안전보장이사회(SC)	국제평화 및 안전유지에 제1차적 책임지는 국제연합 주요기관, 미,영,프,러, 중	(　)
⑮ 유네스코	교육·과학·기술·문화 등의 국제적 협력을 위하여 설립된 국제연합전문기구	(　)
그 외 UNAIDS(유엔에이즈), UNICEF, IAEA(국제원자력기구), UNFCCC(기후변화협약), UNDP, UNODA 등 다수		(　)

• 전공 분야별 UN 보고서 양식

	UN REPORT ANALYSIS ESSAY		
보고서 분석팀:			
분야	자율, 동아리, 봉사, 진로, 교과, 기타		
프로그램(주제)			
이름(학번)		모둠 및 동아리명	
보고서를 분석한 유엔 산하 기관(기구)			
위 기구를 선택한 이유 / 자신의 진로-전공과의 관련성			
분석할 보고서 주제(Agenda)			
위 주제 선택한 이유			
보고서 분석 내용 정리 및 요약(영어/한글)			

분석 보고서 내용에 대한 추가 자료조사(Reference article)

UN REPORT ANALYSIS ESSAY 보고서의 과정-결과 요약

배우고 느낀 점, 향후 계획

6. 전공 분야별 영문초록 쓰기

초록은 각종 서적이나 기록 등에서 필요한 부분만을 뽑아 기록하는 것을 의미한다. 또한 학술적으로는 전문적인 학술 자료나 논문의 모든 구성 내용을 요약한 것으로, 논문 전체를 읽을지를 고려하는 사람들을 대상으로 한다. 따라서 전공 분야별 영문초록 쓰기는 자신이 관심 있는 진로·전공 분야의 학술 자료를 읽고, 그 핵심 내용을 챕터별로 정리하여 한눈에 알아볼 수 있도록 요약한다는 점에서 국문 초록 쓰기와 같은 활동이라 할 수 있다. 하지만 단순히 관심 분야의 지식을 쌓는 것을 넘어서, 초록을 영어로 번역하고 발표하는 과정을 통해 영어로 쓰고 말하는 능력을 함께 키운다는 점에서 차이가 있다.

- **전공 분야별 영문초록 쓰기의 과정 및 절차**

수업에서 이루어지는 전공 분야별 영문 초록 쓰기는 다양한 측면에서 진행될 수 있다. 기본적으로는 쓰기 활동이지만, 독서와 토론, 말하기 활동과 연계하여 운영할 수도 있다. 또한 영어과의 다양한 선택 과목에서 수행평가로 이루어질 수도 있고, 전공 관련 동아리 활동을 통해서도 운영할 수 있다. 뿐만 아니라 국어과의 국문 초록 쓰기 수행 평가와 연계하여 진행할 수 있으며, 영어 단어장 만들기 활동과 병행할 수도 있다. 전공 분야별 학술 자료를 찾을 때에는 한국교육학술정보원에서 운영하는 RISS와 같은 사이트를 활용하면 좋다.

RISS에서는 주제별 최신 인기 논문을 세부 전공 분야별로 제공하고 있다. 이를 활용하여 자료를 탐색하면 자신의 희망 전공 분야에서 가장 이슈가 되고 있는 연구가 어떠한 것들인지 쉽게 확인 가능하다. 학술 자료를 탐색한 후에는 내용을 읽으면서 이해하고, 챕터별로 요약한 후, 초록을 쓰고 발표하면서 활동을 마무리할 수 있다. 개인별로 진행할 수도 있지만 전공 분야가 같은 친구들이 함께 모여 활동을 진행하는 것이 전공 분야에 대한 보다 깊은 이해를 하기에 더 적합하다. 이 과정에서 초록을 쓴 후, 기존 학술 자료와 비교·대조하면서 초록을 수정하며 요약하기 능력을 키우고, 핵심 정보를 이해하는 것이 가장 중요하다.

전공 분야별 영문초록 쓰기의 과정과 절차는 다음과 같다.

---

(1) 모둠별 학술 자료 탐색(riss.kr 이용) 및 선정
- 4~5인이 한 1모둠이 되어 관심 있는 주제 및 학술 자료를 탐색한 후 선정한다.

(2) 챕터별 요약 및 초록 작성
- 논문을 챕터별로 요약 및 국문으로 초록 작성 후 영문으로 초록을 작성한다.

(3) 논문의 영문 초록과 비교·대조하여 초록 수정

(4) 최종 보고서 작성 및 발표

• 전공 분야별 영문초록 쓰기 양식

전공 분야별 영문초록 쓰기		
분야	자율, 동아리, 봉사, 진로, 교과, 기타	
프로그램(주제)		
이름(학번)		모둠 및 동아리명	

제목 및 저자, 자료 선정의 동기

핵심 내용 챕터별 요약

국문초록 쓰기

추가 자료조사 및 배우고 느낀 점 정리

7. 전공 분야별 모의 UN

모의 UN은 주어진 주제에 따라 토론하고 협의하여 결의안을 작성해 제출하는 가상의 UN 회의다. 이 과정에서 학생들은 자료조사를 통해 국제적 안목을 기르고, 토의를 통해 협상 능력을 배우며, 단상 위에서 입장을 표명하는 발표 능력을 습득한다. 학생 교육에 많은 비중을 두는 모의 UN은 이러한 활동을 통해 학생들을 글로벌 리더로 성장시키는 것을 목적으로 한다.

모의 UN은 회의를 직접 준비하고 운영하는 사무국, 회의를 진행하고 결의안을 검토하는 의장단, 원활한 회의 진행을 돕는 스태프, 마지막으로 토의와 협의를 통해 결의안을 제출하는 대사단으로 구성된다. 대회의 규모에 따라 의장단, 사무국, 스태프, 대사단의 수는 달라지지만 역할에는 차이가 없다. 일반적으로 한 위원회당 의장단은 23명, 스태프도 23명, 대사단은 약 30명 내외이며, 한 대회당 다섯 개 정도의 위원회가 운영된다. 모의 UN에는 UN 총회(General Assembly), UN 안전보장이사회(Security Council), 국제연합개발계획 총회(UNDP), 경제사회이사회(ECOSOC) 등 실제 UN의 위원회를 모델링한 가상의 위원회가 평균 네 개 정도 존재한다.

전공 분야별 모의 UN은 일반적인 모의 UN의 절차와 동일하게 진행된다. 차이가 있다면, 일반적인 모의 UN은 하나의 논제를 중심으로 여러 국가 대표의 의견을 듣고 토의·토론을 통해 하나의 결의안을 작성하는 방식인 반면, 전공 분야별 모의 UN은 각자의 전공 분야 이슈에 대한 의견을 검토하고, 전공별 결의안을 작성한다는 점이다. 즉, 전공 분야별 모의 UN은 전공별 이슈를 다양한 국가의 관점에서 바라보고, 서로 다른 전공의 쟁점을 교차적으로 이해해 가는 활동이라는 점에서, 하나의 논제에 국한된 기존 방식보다 폭넓은 식견을 기를 수 있는 프로그램이라 할 수 있다.

• 활동 과정과 절차

전공 분야별 모의 UN은 영어 교과 수업 과정이나 교내 대회의 형태로 실시될 수 있으며 일반적인 절차는 다음과 같다.

모의 UN 준비 단계

대회 전, 학생들은 각 위원회에서 자신이 대표하게 될 전공 분야의 이슈와 대표할 나라를 선정한다. 위원회의 안건에 따라 학생들은 자신이 맡은 이슈에 대한 국가의 입장을 표명하는 기조연설(opening speech)을 준비한다. 기조연설은 UN 공식 사이트, 각 위원회별 보고서, 지도 교사가 배부한 모의 UN 자료를 참고하여 작성한다. 이와 함께 자신의 입장을 뒷받침하고 지지해 줄 수 있는 추가 자료와 함께, 해당 의장에게 이를 증명하는 성명서(position paper)를 대회 전에 제출한다.

모의 UN 회의 진행 (기조연설)

(1) 입장 표명: 준비해 온 기조연설을 발표한다. 학생들은 한 명

씩 단상에 올라가 주제에 대한 자신의 입장을 밝히고, 어떤 결의 안을 도출하고 싶은지를 설명한다. 기조연설 시간은 2~3분이며, 시간이 초과되면 의장의 지시에 따라 연설을 중단하고 자리로 돌아간다.

(2) 토론(각 나라의 기조연설에 대한 상호 토론과 반박): 공식 토론(moderated caucus)을 먼저 진행한다. 공식 토론은 보다 편안한 분위기에서 토의가 이루어지는 자유 토론 시간이다. 질의응답이 필요하거나 해결 방안에 대해 더 구체적인 발표를 원하는 학생이 요청하면, 정해진 시간 동안 공식 토론이 진행된다.

비공식 토론(unmoderated caucus)은 충분한 공식 토론이 진행된 후, 직접적인 대화가 필요하거나 결의안 작성을 위해 비공식 토론으로 전환된다. 학생들은 자리를 이동하며 자유롭게 토의할 수 있고, 발언권이 없어도 제한 없이 대화를 나눌 수 있다. 이후 정리된 내용을 위원회 전체에 공유하고 싶을 경우, 다시 공식 토론을 요청해 발표할 수 있다.

(3) 결의안 작성: 같은 의견을 가진 학생들이 비공식 토론을 진행하는 동안 결의안을 공동으로 작성한다. 결의안은 반드시 지정된 형식에 맞추어야 하며, 해결 방안을 구체적이고 명확하게 기술해야 한다. 결의안은 주어진 시간 내에 작성하여 완료한다.

(4) 결의안 수정: 완성된 결의안은 의장에게 제출된다. 제출된 결

의안은 수정 작업을 거쳐 위원회 전체에 배부된다. 결의안의 대표 제출자는 단상 위에 올라가 결의안을 설명한다. 학생들은 결의안을 살펴본 후 수정해야 할 내용을 의장에게 제출한다. 의장은 해당 내용을 게시하며 학생들은 해당 수정 내용을 수용할지 말지에 대해 토의한다. 수용 여부는 토의 후 학생들의 투표에 의해 결정된다.

(5) 결의안 최종 완성/통과: 여러 차례의 토의와 수정 과정을 거친 결의안이 과반수의 찬성을 얻으면 통과된다. 과반수 찬성을 얻지 못한 결의안은 무효 처리되며 삭제된다. 한 위원회당 평균 2~3개의 결의안이 통과되며, 이후 회의는 종료된다.

• 전공 분야별 모의 UN

전공 분야별 모의 UN			
분야	자율, 동아리, 봉사, 진로, 교과, 기타		
프로그램(주제)			
이름(학번)		모둠 및 동아리명	
전공 분야와 관련 있는 모의UN 위원회 안건과 나라 선택			

기조 연설 내용 요약

선택한 모의 UN 안건 관련 추가 자료조사 진행 (DBPIA, RISS, 신문 기사 등을 이용)

모의 UN 과정 및 결과 요약 (최종 결의안 작성)

모의 UN 회의 진행, 결의안 작성 후 배우고 느낀 점, 향후 계획

사회

1. 사회 연구 방법론
2. 전문가 인터뷰 포럼
3. '국민청원'을 통한 사회 참여 포럼
4. 사회학적 상상력 포럼
5. 체인지 메이커 포럼
6. 2030 지속 가능 발전 포럼
7. NIE 활용 주제 탐구 포럼
8. 전공분야별 법률 제·개정 제안 포럼
9. 지역 사회 문제 인식 및 정책 제안 포럼
10. 어반 리젠 포럼
11. 문화 다양성 포럼
12. 모의 국제투자 포럼

1. 사회 연구 방법론

연구는 특정한 주제에 대하여 새롭고 유용한 지식을 논리적이고 체계적인 방식으로 탐색하는 과정을 말한다. 이는 숨겨진 진실, 즉 새로운 '지식'을 공부하는 과정이다. 이때 지식이란 사물, 혹은 사회 현상에 대한 정보를 의미한다. 정보는 다양한 경로를 통해 얻을 수 있는데, 예를 들어 개인 혹은 타인의 경험, 책, 논문, 현상에 대한 관찰, 실험 등을 들 수 있다. 연구를 통해서 얻은 결론은 삶의 문제에 대한 새로운 관점을 제공하고 해당 분야의 진보를 이끌어 낼 수 있으며 결과적으로 나와 우리의 삶을 개선하는 데 기여한다. 따라서 사회 연구 방법론은 전공 분야의 주제를 선택해 깊이 있게 탐구하는 과정이라 할 수 있다.

사회 연구 방법의 목적은 다음과 같다.

- 새로운 사실의 발견
- 주요 사실에 대한 시험과 확정
- 현상이나 특정 사실에 대한 분석을 통해 인과관계 규명
- 과학적 혹은 비과학적 문제를 해결하기 위한 과학적 도구, 개념 및 이론 개발
- 과학적, 비과학적, 그리고 사회적 문제의 해결책 발견
- 일상생활에서 발생하는 문제 해결 및 극복

- **사회 현상의 연구 방법**

  1) 양적 연구(Quantitative research)

연구 목적	현상을 수치화, 계량화하여 법칙을 발견하고 미래를 예측함
주요 내용	계량화, 수치화된 양적 자료(설문조사 및 실험 등)를 수집하여 분석을 진행함
장점	• 계량화, 통계 분석을 통해 객관적이며 정확한 연구가 가능함 • 일반화나 법칙 발견에 유리함
단점	• 계량화하여 측정하기 곤란한 사회 문화 현상에는 적용이 어려움 • 사회 문화 현상의 심층적 이해 어려움
예시	• 소득과 수능 성적의 상관관계 연구 • 게임이 개인의 사회성에 미치는 인과관계 연구

  2) 질적 연구(Qualitative research)

연구 목적	행위자의 주관적 가치 및 행위 동기 등에 대하여 심층적으로 이해하고자 함
주요 내용	• 통계적 분석으로는 이해하기 곤란한 사회·문화 현상의 내면을 이해하고자 함 • 질적 자료(면접, 참여 관찰법)를 수집하여 행위자의 심층적인 내면을 분석함
장점	사회·문화 현상 이면에 담긴 심층적인 의미를 이해하는 데 유리함
단점	• 연구 결과의 일반화나 법칙 발견이 어려움 • 연구자의 주관이 개입될 우려가 큼
예시	• 아프리카 부족민의 결혼 문화에 대한 문화 기술지 연구 • 은퇴한 교사들의 재취업 과정과 인생관 변화에 대한 생애사 연구

- **사회 현상에 대한 자료 수집 방법**

  1) 문헌 연구

의미	이미 존재하는 자료(서적, 논문 등)를 활용하여 자료를 수집하는 방법
특징	일반적으로 양적 연구와 질적 연구 모두에서 선행 연구를 파악하기 위해 시행함
장점	• 시간과 비용의 측면에서 효율적 • 기존 연구(선행 연구) 동향과 성과를 파악할 수 있음
단점	• 문헌의 신뢰성이 떨어진다면 연구 결과의 신뢰도에 악영향을 줌 • 문헌 해석 시 연구자의 주관이나 편견이 개입될 수 있음

  2) 양적 자료 수집 방법

  (1) 질문지법

의미	미리 작성해 둔 질문지를 대상자에게 제시하여 자료를 수집하고 그 결과를 수치화, 계량화하여 통계를 산출하는 자료 수집 방법(설문조사)
특징	• 모집단을 대상으로 하는 전수조사와 표본을 추출하여 진행하는 표본 조사로 나눌 수 있고, 일반적으로 표본 조사를 진행함 • 주로 양적 자료를 수집하는 방법
장점	• 대량의 자료 수집 및 집단 간 비교 연구에 용이함 • 시간, 비용이 비교적 적게 들어 효율적임 • 정확성과 객관성이 높음
단점	• 낮은 회수율과 무성의한 답변의 우려가 있음 • 표본의 대표성이 낮을 경우 일반화가 어려움

(2) 실험법

의미	인위적인 실험 상황에서 독립변인이 종속변인에 미치는 영향을 측정하는 방법으로 자연과학의 '실험법'을 사회 현상에 시행함
특징	• 주로 양적 자료를 수집하는 방법 • 가장 엄격한 통제, 구조화, 표준화된 방법 • 자연 과학과 달리 사회 과학에서는 윤리적 문제로 인한 제약이 발생
장점	• 인과관계를 밝혀 법칙 발견 및 일반화에 유리함 • 정확성과 객관성이 높은 자료 수집 가능함 • 집단 간 비교 분석 용이함
단점	• 사회 현상에 대한 엄격한 통제가 어려움 • 인간을 대상으로 한 실험이므로 윤리적 문제 발생 가능 • 통제된 상황에서 나타난 결과이므로 실제 사회 적용에 한계가 있음

3) 질적 자료 수집

(1) 면접법

의미	연구자가 대상자에게 질문하여 얻은 답변을 정리하여 자료를 수집하는 방법
특징	• 주로 질적 자료를 수집하는 방법 • 언어적 도구를 활용하여 진행함 • 질문의 형식이나 내용의 측면에서 비교적 유연함
장점	• 심층적 자료 수집이 가능함 • 문맹자에게도 실시할 수 있음 • 신뢰관계(Rapport) 형성을 통해 악의적이거나 무성의한 답변을 방지할 수 있음 • 자료 수집 과정을 대상자의 상황에 따라 유연하게 이끌어갈 수 있음
단점	• 시간과 비용의 문제로 대량의 자료 수집에는 한계가 있음 • 주제에 부합하는 대상자 선정이 어려움 • 조사자의 편견이나 주관 개입 가능

(2) 참여 관찰법

의미	대상자의 일상에 참여하여 관찰함으로써 자료를 수집하는 방법
특징	• 주로 질적 자료를 수집하는 방법 • 대상자의 생활에 조작을 가하지 않으므로 가장 비구조화, 비표준화된 자료 수집
장점	• 자료의 실제성 확보 가능 • 심층적 자료 수집 가능 • 의사소통이 곤란한 집단에 대한 연구 가능
단점	• 시간과 비용이 많이 들어 효율성이 떨어짐 • 예상하지 못한 상황이 발생 가능 • 조사자의 편견이나 주관 개입이 가능함

• 사회 현상 연구의 절차

	양적 연구 절차		질적 연구 절차
문제 인식 및 주제 선정	• 법칙 발견이 필요한 사회 문제 선정 후 구체적인 연구 문제 선정	문제 인식 및 주제 선정	• 심층적 이해가 필요한 사회 문제 선정 후 구체적인 연구 문제 선정
가설 설정	• 연구 주제에 대한 잠정적인 결론 도출		없음
연구의 설계	• 개념을 수치화할 수 있도록 재정의 • 연구 대상, 자료 수집 및 분석 방법, 연구 기간 등 계획	연구의 설계	• 연구 대상, 자료 수집 및 해석 방법, 연구 기간 등 계획
자료 수집	• 문헌 연구 이후 주로 질문지법이나 실험법 사용	자료 수집	• 문헌 연구 이후 주로 면접법이나 참여 관찰법 사용
자료 분석	• 주로 통계적 기법을 활용해 수집된 자료 분석	자료 해석	• 직관적 통찰과 이해를 통해 자료 해석
가설 검증	• 가설의 수용, 기각 여부를 결정		없음
결론 도출 및 일반화	• 결론을 도출하고 다른 상황에의 적용을 위한 일반화 과정을 거침	결론 도출	• 행위자의 주관적 상황 정의와 의미부여 과정에 대한 결론을 도출함

'연구 주제'는 연구하고자 하는 사회 문제의 넓은 분야를 말하는 것이고, '연구 문제'란 구체적으로 내가 알고자 하는 문제를 말한다. 예를 들어, '학교 폭력의 해결책 강구'는 연구 주제에 해당하며 '청소년들의 학교 폭력 대책에 대한 인식 및 개선 방안'은 구체적인 연구 문제에 해당한다. 연구 절차에 들어갈 때 가장 중요한 것 중 하나는 연구 주제를 연구 문제로 구체화시키는 과정이다.

- **사회 현상 연구 윤리**

1) 연구자의 가치 개입

양적 연구 절차	질적 연구 절차	연구자의 가치 개입
문제 인식 및 주제 선정	문제 인식 및 주제 선정	가치 개입: 연구자의 의도가 반영되어 진행됨
가설 설정		
연구의 설계	연구의 설계	
자료 수집	자료 수집	가치 중립: 연구자의 가치가 개입되면 자료의 왜곡이 일어날 수 있으므로 엄격한 가치 중립이 요구됨
자료 분석	자료 해석	
가설 검증		
결론 도출	결론 도출	
일반화		가치 개입: 인류 보편의 가치를 존중함

2) 연구 윤리

연구 대상자	• 사전 동의를 얻어야 하며, 불가피한 경우 연구 진행 후, 결과 발표 전에 동의 획득 • 연구 대상자에 대한 피해 방지, 익명성 보호 등 인권 보호
연구 과정	• 연구의 과정에 자료의 조작, 표절 금지
연구 결과	• 연구 결과에 대한 왜곡, 축소, 과장 금지 및 사회적 영향에 대한 책임 있는 자세
단점	• 시간과 비용이 많이 들어 효율성이 떨어짐 • 예상하지 못한 상황이 발생 가능조사자의 편견이나 주관 개입이 가능함

3) 인용 및 참고 문헌 작성법

구분	본문 내 인용 (예시)	참고 문헌 표시 방법 (예시)
설명	(저자, 연도)	저자명. (발행년). 서명 (역할 다른 저자) (판차). 발행지: 발행사.
1인 저자	(Shotton, 1989)	Shotton, M. A. (1989). Computer addiction? A study of computer dependency. London, England: Taylor &Francis.
2~6인 공저자,국내서	(김선양 등, 1984, p. 17)	김선양, 김신일, 김지자, 손직수, 이돈희(편). (1984). 韓國社會와 敎育. 서울: 교육과학사.
단체 저자	(IMF, 1977, p. 23)	International Monetary Fund [IMF]. (1977). Surveys of African economies: Vol. 7, Algeria, Mali, Morocco, and Tunisia. Washington DC.: Author.
번역서	(Hemingway, 1956/1959)	Hemingway, E. (1959). 누구를 위하여 종은 울리나 (김형일, 옮김). 서울: 동학사. (원서 출판 1956).
단행본 일부분	(Haybron, 2008, p. 37)	Haybron, D. M. (2008). Philosophy and the science of subjective well-being. In M. Eid &R. J. Larsen (Eds.), The science of subjective well-being (pp. 17-43). New York, NY: Guilford Press.

※ 출처: 부산대학교 도서관

• 사회 연구 방법론의 과정과 절차

프로그램	과정과 절차
키워드 선정	자신이 관심 있는 키워드를 작성하는 단계입니다.
연구 주제 선정	자신이 선정한 키워드에 맞는 연구 주제를 선정하는 단계입니다.
주제 선정의 이유	주제 선정의 배경을 서술하는 단계입니다.
연구 문제 선정	자신이 선정한 주제 안에서 구체적인 연구 문제를 서술하는 단계입니다.
연구 설계	연구 대상/연구 방법/자료 수집 방법/연구 기간/연구 유의점을 서술합니다.
연구 방법 및 자료 수집 방법 결정 이유	연구 설계 단계에서 연구 방법과 자료 수집 방법을 위와 같이 선택한 이유를 서술하세요.
문헌 연구	자신의 연구 문제와 관련한 배경 지식 및 선행 연구 결과로 활용하고자 하는 문헌(5개 이상)을 쓰세요.
예상 결론 도출	연구를 통해 얻게될 것으로 예상되는 가설 혹은 잠정적 결론을 서술하세요.

• 사회 연구 방법론을 활용한 연구 보고서 양식

사회 연구 방법론			
분야	자율, 동아리, 봉사, 진로, 교과, 기타		
프로그램(주제)			
이름(학번)		모둠 및 동아리명	

키워드 선정

자신이 관심 있는 키워드를 써 주세요. 생각나지 않는다면 아래의 키워드 중 관심 있는 것에 'O'를 표시하세요.
(   )

키워드 선정

4차 산업혁명, AI, 저출산, 고령화, 자살, 양극화, 지역 격차, 통일, 실업, 헌법, 선거제도, 군, 경찰, 인권, 기업, 정부, 시장, 정의, 분배, 복지, 평화, 가족, 행복, 사랑, 이념, 장애인, 여성, 사회적 소수자, 한류, 국제사회, 국제기구, 다국적 기업, 일본, 미국, 중국, 아프리카, 동남아시아, 지구촌, 청소년, 어린이, 교육, 학교, 종교, 미술, 음악, 영화, 소설, 체육, 게임, 질병 등

연구 주제 선정

자신이 선정한 키워드에 맞는 연구 주제를 선정하세요.

주제 선정의 이유

주제 선정의 배경이 된 정보를 쓰세요.

연구 문제 선정

자신이 선정한 주제 안에서 구체적인 연구 문제를 서술하세요.

연구 설계

연구 대상	양적 연구 또는 질적 연구
연구 방법	문헌연구/질문지법/실험법/면접법/참여 관찰법
자료 수집 방법	
연구 기간	
연구에서의 유의점	

연구 방법 및 자료 수집 방법 결정 이유

연구 설계 단계에서 연구 방법과 자료 수집 방법을 위와 같이 선택한 이유를 서술하세요.

문헌 연구

자신의 연구 문제와 관련한 배경 지식 및 선행 연구 결과로 활용하고자 하는 문헌(다섯 개 이상)을 쓰세요.

예상 결론 도출

연구를 통해 얻게될 것으로 예상되는 가설 혹은 잠정적 결론을 서술하세요.

2. 전문가 인터뷰 포럼

전문가란 사전적 의미로, '어떤 분야를 연구하거나 그 일에 종사하여 그 분야에 상당한 지식과 경험을 가진 사람'을 지칭하는 단어다. 즉, 전문가는 연구 주제와 관련된 직종이나 경험을 지닌 사람으로서, 연구 문제에 해답을 찾아가는 데 필요한 누구라도 될 수 있다. 예를 들어, 대학 교수나 학술 서적의 저자는 물론, 옆자리 친구, 과외 선생님, 편의점 사장님, PC방 아르바이트생 등도 연구 주제에 부합하는 경험을 지닌 사람이라면 모두 '전문가'로 간주하고 인터뷰를 진행할 수 있다.

인터뷰는 직접 얼굴을 마주 보고 진행하는 면접 인터뷰(Face to Face)가 대부분이다. 하지만 고등학생들의 경우 전문가를 직접 찾아가기 쉽지 않은 여건상 전화나 이메일 등을 활용하여 인터뷰를 진행할 수도 있다. 이메일이나 SNS를 통해서는 서면 인터뷰도 진행할 수 있다.

따라서 전문가 인터뷰 포럼은 자신의 연구 주제나 진로 분야의 전문가를 인터뷰하며, 관련 분야에 대해 깊이 있게 이해해 나가는 활동이라 할 수 있다.

• **전문가 탐색**
1) 문헌 연구: 연구 주제에 대한 문헌 연구 과정에서 탐독한 서

적이나 논문의 저자는, 자신의 연구 문제를 해결하는 데 있어 가장 적합한 인터뷰 대상이 될 수 있다. 이들에게 전화를 걸거나 이메일을 보내 정중하게 인터뷰를 요청하는 것이 좋다.

  2) 구글 탐색 및 전화: 연구 주제를 전공한 교수, 관련 직종 종사자, 관련 경험 보유자의 이메일이나 전화번호가 인터넷 또는 SNS에 공개되어 있는 경우, 직접 연락을 시도해 볼 수 있다.

  3) 직접 방문: 특정 직업군의 전문가를 인터뷰하고자 할 때에는, 관련 기업에 직접 방문하거나 전화로 인터뷰 가능 여부를 확인한 후 진행하는 것이 바람직하다.

어떤 자료 수집 과정도 쉽게 이루어지지는 않는다. 인터뷰 요청 이메일의 경우, 수십 차례 거절당하거나 아무런 답장을 받지 못할 수도 있다. 그렇더라도 실망하지 않고 끝까지 시도하는 것이 바로 연구의 시작이다.

- **인터뷰 준비**

1) 연구 주제 및 인터뷰이에 대한 사전 조사

  연구 주제와 인터뷰 대상(인터뷰이, interviewee)에 대한 사전 조사는, 인터뷰의 내용적인 측면에서 심도 깊은 질문을 이어가는 데 필수적인 요소다. 또한 인터뷰 시작 단계에서 라포(rapport)를 형성하여 인터뷰이가 보다 열린 마음으로 인터뷰에 참여하는 데에도 도움이 된다.

2) 시나리오 구성

인터뷰 진행 과정에서 발생할 수 있는 돌발 상황에 적절히 대처하기 위해서는, 다양한 버전의 시나리오를 마련해야 한다. 질문지를 구성하는 기초적인 단계를 넘어서, 예상 답변을 미리 정리하고 그에 따른 꼬리 질문을 준비하여, 궁극적으로 본인이 원하는 질문과 답변으로 자연스럽게 이어지도록 준비해야 한다.

• 인터뷰의 실제

1) 라포 형성

본격적인 질문에 들어가기에 앞서, 인터뷰이와 사전 담소를 나눔으로써 열린 마음으로 인터뷰에 임할 수 있도록 돕는다. 이를 위해서는 인터뷰를 진행하는 본인에 대한 이야기, 인터뷰 진행 과정에 대한 안내, 인터뷰 주제의 배경 지식 등에 관한 설명을 활용할 수 있다.

2) 주요한 질문

인터뷰 진행의 시작부터 끝까지 인터뷰어는 인터뷰의 목적과 자신의 연구 문제를 염두에 두어야 한다. 인터뷰이와의 흥미로운 대화에 빠져들어 주요 내용을 잊게 된다면 인터뷰의 의미가 없기 때문이다.

3) 듣기

인터뷰의 가장 주요한 단계 중 하나는 듣기 단계다. 인터뷰이의 말을 경청하고 명확히 이해하는 것이 인터뷰의 기본이다. 이를 돕기 위해 인터뷰이에게 허락을 구한 후 녹음, 녹화 등의 방법을 활용하는 것이 좋다.

4) 질문하기

질문의 내용은 가능한 한 뻔한 답변이 나오지 않도록 독특하고 구체적으로 구성하기 위해 노력해야 한다. 필요에 따라 '예, 아니오'의 답변을 요구할 수 있으며 복합적인 내용의 경우 꼬리 질문을 통해 답변을 명확히 이해하도록 노력해야 한다. 또한 결코 인터뷰이의 답변보다 질문이 더 길어서는 안 된다. 인터뷰는 듣기 위해 진행한다는 걸 기억해야 한다.

• 유의 사항

인터뷰는 사람과의 대화를 통해 자료를 수집하는 방법이다. 따라서 언제나 상대를 배려하고 존중하는 마음으로 인터뷰에 임하는 것이 중요하다. 인터뷰이를 압박하거나, 공손하지 못하거나, 자신의 생각을 강요하는 인터뷰는 연구 윤리에 어긋난다.

• 전문가 인터뷰 포럼의 과정과 절차

프로그램	과정과 절차
전공별 주제 선정	알고 싶은 주제 선정 및 주제 선정의 이유를 서술하는 단계입니다.
주제 관련 궁금한 점	해당 주제에 관련한 서적, 논문, 기사 등을 분석하여 사회 현상, 원인, 해결 방안 등의 과정에서 궁금한 부분을 서술하세요.
궁금한 부분에 대한 문헌 연구	궁금함에 대한 해답을 줄 수 있는 문헌을 탐색하고 내용을 요약, 정리하는 단계입니다.(5건 이상)
남아있는 궁금증	문헌 연구로도 알 수 없었던 부분을 질문의 형태로 서술하는 단계입니다.(3가지 이상)
전문가 모색	남아있는 궁금증을 해소해줄 수 있는 전문가는 누구인지 찾는 단계입니다.
전문가 연결 시도	이메일, 전화, SNS, 직접 방문, 문자 등 전문가 연결을 시도한 과정과 결과를 서술하는 단계입니다.
인터뷰 시나리오	인터뷰 질문 및 상황 시나리오를 3가지 이상의 다양한 버전으로 만드는 단계입니다.
인터뷰 진행 결과	녹음, 녹화, 받아쓰기 등의 자료를 근거로 인터뷰 진행 결과를 정리하는 단계입니다.
결론 도출	인터뷰 내용을 근거로 내 궁금증에 대한 해결 방안을 서술하는 단계입니다.
소감	마지막으로 소감을 작성하면 됩니다.

• 전문가 인터뷰 포럼 양식

전문가 인터뷰 포럼				
분야	자율, 동아리, 봉사, 진로, 교과, 기타			
프로그램(주제)				
이름(학번)		모둠 및 동아리명		

전공별 주제 선정

알고 싶은 주제 선정 및 주제 선정의 이유를 서술하세요.

주제 관련 궁금한 점

해당 주제에 관련된 서적, 논문, 기사 등을 분석하여 현상, 원인, 해결 방안 등의 과정에서 궁금한 부분을 서술하세요.

궁금한 부분에 대한 문헌 연구

궁금함에 대한 해답을 줄 수 있는 문헌을 탐색하고 내용을 요약, 정리하세요.(5건 이상)

남아있는 궁금증

문헌 연구로도 알 수 없었던 부분을 질문의 형태로 서술하세요.(3가지 이상)

전문가 모색

남아있는 궁금증을 해소해 줄 수 있는 전문가는 누구인지 서술하세요.

전문가 연결 시도

이메일, 전화, SNS, 직접 방문, 문자 내용 등 전문가 연결을 시도한 과정과 결과를 서술하세요.

인터뷰 시나리오

인터뷰 질문 및 상황 시나리오를 3가지 이상의 버전으로 만드세요.

인터뷰 진행 결과

녹음, 녹화, 받아쓰기 등의 자료를 정리하세요.

결론 도출

인터뷰 내용을 근거로 내 궁금증에 대한 해결 방안을 서술하세요.

소감

3. '국민청원'을 통한 사회 참여 포럼

사회에 참여하는 방법은 무수히 많다. 길을 걷다 쓰레기를 줍는 행위부터 정당을 조직하여 정권 획득에 도전하는 일까지, 모두 우리 사회에 참여하는 방식이다. 사회 참여 포럼의 목적은 드넓은 사회의 한켠에서 우리 학생들의 목소리를 내는 것에 있다. SNS에 공익적인 글을 게시하거나, 1인 시위를 하거나, 번화가에서 캠페인을 여는 등 다양한 형태로 자신의 고민과 생각을 사회를 위해 발표할 수 있다. 이를 통해 궁극적으로 사회 변화의 가능성에 대한 긍정적인 마인드 형성이 이번 포럼의 목표다.

• 사회 참여 방법
1) 개인적: 선거를 통한 사회 참여는 가장 강력한 개인적 사회 참여 방법이지만, 고등학생의 경우 선거일에 만 18세가 된 일부만이 투표에 참여할 수 있다. 하지만 그 외에도 사회에 참여할 수 있는 방법은 많다. 지역 사회 봉사, 1인 시위, 정부 부처에 의견을 투고하는 등의 방법이 대표적인 예다. 사회 참여 포럼을 통해 다양한 사회 참여 방법을 익히고, 참여에 대한 의지와 실천력을 기를 수 있을 것이다.

2) 집단적: 정부의 정책 결정에 영향력을 미치는 집단은 다양하지만, 정치학적으로는 크게 세 가지 집단을 꼽는다. 정당, 이익집단, 시민단체다. 청소년 역시 이러한 집단을 포함한 다양한 단체에

가입하여 활동함으로써 사회에 참여할 수 있다.

- **국민청원**(청원24, https://www.cheongwon.go.kr/portal)

청와대는 국민들이 국정 현안에 대한 자신의 의견을 직접 청와대 및 정부 관계자에게 전달할 수 있도록 '국민청원' 웹페이지를 개설했다. 국민청원에는 이런 소개글이 적혀 있다. "국정 현안 관련, 국민들 다수의 목소리가 모여 30일 동안 20만 이상 추천 청원에 대해서는 정부 및 청와대 책임자(각 부처 및 기관의 장, 대통령 수석·비서관, 보좌관 등)가 답하겠습니다." 많은 국민들이 이를 활용하여 사회 문제에 대한 개선을 촉구하고 있다. 현 시점에서 가장 민감한 사안들이 솔직한 목소리로 표현되는 이 웹페이지는, 고등학생들이 사회를 배우고 참여하는 데 있어 좋은 교과서가 될 수 있다.

• **사회 참여 포럼**

　이번 포럼의 사회 참여 활동은 고등학생의 프로젝트에 적합하도록 규모를 축소하여, 국민청원 가운데 관심 있는 글을 선정하고 이에 대한 자신의 생각을 정리한 뒤 캠페인을 진행하는 방식으로 이루어진다. 이때 캠페인이란, SNS에 글, 인포그래픽, 그래프, 그림, 영상, 음악 등을 제작해 게시하거나, 1인 시위를 진행하거나, 공익 포스터를 교내외에 게시하는 등의 방법을 말한다. 여기서 인포메이션 그래픽(인포그래픽, 뉴스 그래픽)은 정보를 빠르고 분명하게 전달하기 위해 정보, 자료, 지식을 시각적으로 표현한 그래픽 자료를 의미한다.

• 사회 참여 포럼의 과정과 절차

프로그램	과정과 절차
사회 참여 분야 선택	사회 참여 분야를 '국민청원' 분야 가운데 선택하고 그 이유를 서술하는 단계입니다.
청원 선택	국민청원 가운데 사회 참여를 진행하고 싶은 이슈 하나를 선정하고 그 이유를 서술하는 단계입니다.
청원의 원인	선정한 청원의 사회 문제에 관련된 법과 제도 등을 조사하여 문제의 원인을 서술하는 단계입니다.
청원의 해결책	청원의 대상이 된 사회 문제에 대한 해결책을 문헌 연구, 전문가 인터뷰 등의 방법을 통해 찾아 서술하는 단계입니다.
청원에 대한 나의 의견과 근거	선정한 청원의 내용에 대한 동의 가부를 쓰고, 그 근거를 서술하는 단계입니다.
이슈에 대한 나의 생각	주제에 대해 내가 사회를 향해 하고 싶은 말을 논리적으로 서술하는 단계입니다.
캠페인 구상	선정한 청원에 대한 자신의 생각을 바탕으로 공익 캠페인을 구상(SNS에 인포그래픽, 글, 영상, 그림 게시/1인 시위/포스터 게시 등)하여 서술하는 단계입니다.
캠페인 진행	캠페인 진행과정을 사진을 첨부하여 서술하는 단계입니다.
캠페인 효과 추적	캠페인 진행 후 캠페인 전 후의 변화 양상을 서술하는 단계입니다.
소감	마지막으로 소감을 작성하면 됩니다.

• '국민청원'을 통한 사회 참여 포럼

\multicolumn{3}{c}{'국민청원'을 통한 사회 참여 포럼}		
분야	자율, 동아리, 봉사, 진로, 교과, 기타	
프로그램(주제)		
이름(학번)		모둠 및 동아리명

사회 참여 분야 선택

사회 참여 분야를 아래 '국민청원' 분야 가운데 선택하고 그 이유를 서술하세요.
- 정치개혁, 외교/통일/국방, 일자리, 미래, 성장동력, 농산어촌, 보건복지, 육아/교육, 안전/환경, 저출산/고령화대책, 행정, 반려동물, 교통/건축/국토, 경제민주화, 인권/성평등, 문화/예술/체육/언론, 기타

청원 선택

국민청원 가운데 사회 참여를 진행하고 싶은 이슈 하나를 선정하고 그 이유를 서술하세요.

청원의 원인

선정한 청원의 사회 문제에 관련된 법과 제도 등을 조사하여 문제의 원인을 서술하세요.

청원의 해결책

청원의 대상이 된 사회 문제에 대한 해결책을 문헌 연구, 전문가 인터뷰 등의 방법을 통해 찾아 서술하세요.

청원에 대한 나의 의견과 근거

선정한 청원의 내용에 대해 동의하는지, 부동의하는지 쓰고, 그 근거를 서술하세요.

이슈에 대한 나의 생각

주제에 대해 내가 사회를 향해 하고 싶은 말을 이유와 함께 서술하세요.

캠페인 구상

선정한 청원에 대한 자신의 생각을 바탕으로 공익 캠페인을 구상(SNS에 인포그래픽, 글, 영상, 그림 게시/1인 시위/포스터 게시 등)하여 서술하세요.

캠페인 진행

캠페인 진행 과정을 사진을 첨부하여 서술하세요.

캠페인 효과 추적

캠페인 진행 후 캠페인 전 후의 변화 양상을 서술하세요.

소감

4. 사회학적 상상력 포럼

• 사회학적 상상력 포럼이란?

사회학적 상상력(Sociological Imagination)이란 우리에게 일어난 현상을 개인의 측면에서만 바라보기보다는 거시적인 관점에서 사회적 영향을 고려하여 바라보는 힘을 말한다. 미국의 사회학자 밀스(Mills, C. W.)는 《사회학적 상상력》에서 이 개념을 제시하며, 일상의 타성에서 벗어나 사회적 맥락을 통찰하는 힘의 중요성을 강조했다.

축구를 예로 든다면, 축구는 대중에게 국가주의와 민족주의를 고취하는 수단이 되어 왔으며 자본주의의 진전과 관련이 있고, 축구공을 제작하는 노동자의 인권과 공정 무역에 대한 논쟁의 중심에 있었다. 축구를 기능적인 측면으로만 보지 않고 이를 둘러싼 사회 구조적 양상을 함께 고려하며 바라보는 것이 사회학적 상상력의 출발점이다.

따라서 사회학적 상상력 포럼에서는 언론 기사를 참고하여 해당 사회 문제, 또는 사건 사고가 어떠한 사회적 영향 아래 발생했는지 생각하며 사회학적 상상력을 기르기 위해 노력해 보자.

• 사회학적 상상력의 유형
1) 역사적 상상력: 과거와의 비교를 통해 현재 사회의 역사적 특성을 이해하려는 사고

2) 인류학적 상상력(비교사회학적 상상력): 다양한 문화와의 비교를 통해 해당 사회 현상을 이해하려는 사고

4) 정치, 경제적 상상력: 법과 제도, 그리고 경제적 관점에서 해당 사회의 특성을 이해하려는 사고

3) 비판적 상상력: 사회 현상의 이면을 발견하고 대안을 모색하려는 사고

• **사회학적 상상력 기르기**

사회학적 상상력 포럼은 사회학적 상상력의 유형별 역량을 기르고 결과적으로 사회 현상의 구조적인 원인과 해결책을 찾는 것을 목표로 하고 있다. 이를 위해 언론 기사의 사회 뉴스를 통해 현상을 파악한 후 역사적, 인류학적, 정치경제적, 비판적 상상력을 발휘해 현상을 분석하고 마지막으로 현상에 대한 자신의 생각을 정리해 본다.

• 사회적 상상력 포럼의 과정과 절차

과정	절차
언론기사 선정	사회면 기사 가운데 사회적 분석이 가능할 것으로 생각되는 기사를 선정하고 선정 이유를 서술하는 단계입니다.
기사 내용 요약	기사 내용을 요약, 정리하는 단계입니다.
역사적 상상력	해당 현상의 과거와 현재를 과거 기사, 통계자료, 논문 등을 통해 비교하는 단계입니다.
인류학적(비교사회학적) 상상력	해당 현상을 다른 나라, 지역과 비교하여 분석하는 단계입니다.
정치적 상상력	해당 현상에 관련된 법과 제도, 권력과 인권 등의 배경을 찾아 서술하는 단계입니다.
경제적 상상력	해당 현상에 관련된 경제적 배경, 예를 들어 돈에 관한 배경을 찾아 서술하는 단계입니다.
비판적 상상력	위 배경을 종합하여 신문 기사를 비판하거나 신문 기사가 다 드러내지 못한 이면을 서술하는 단계입니다.
다시 쓰는 신문 기사	본인이 기자라면 해당 기사를 어떻게 쓸지 중심 내용을 서술하는 단계입니다.
소감	마지막으로 소감을 작성하면 됩니다.

• 사회학적 상상력 포럼 양식

사회학적 상상력 포럼				
분야	자율, 동아리, 봉사, 진로, 교과, 기타			
프로그램(주제)				
이름(학번)		모둠 및 동아리명		

언론기사 선정

사회면 기사 가운데 사회적 분석이 가능할 것으로 생각되는 기사를 선정하고 선정 이유를 쓰세요.

기사 내용 요약

역사적 상상력

해당 현상의 과거와 현재를 과거 기사, 통계자료, 논문 등을 통해 비교하세요.

인류학적(비교사회학적) 상상력

해당 현상을 다른 나라, 지역과 비교하여 분석하세요.

정치적 상상력

해당 현상에 관련된 법과 제도, 권력과 인권 등의 배경을 찾아 서술하세요.

경제적 상상력

해당 현상에 관련된 경제적 배경, 예를 들어 돈에 관한 배경을 찾아 서술하세요.

비판적 상상력

위 배경을 종합하여 신문 기사를 비판하거나 신문 기사가 다 드러내지 못한 이면을 서술하세요.

다시 쓰는 신문 기사

본인이 기자라면 해당 기사를 어떻게 쓸지 중심 내용을 서술하세요.

소감

5. Change Maker 포럼

• 체인지 메이커 포럼이란?

'사회적 기업가(social entrepreneur)'라는 개념을 만든 빌 드레이튼(Bill Drayton)에 따르면, 어떤 분야의 시스템 자체를 바꾸는 기업가는 '소수'지만 체인지 메이커(change maker)는 모두에게 요구되는 시대 정신이라고 말한다. 건강하고 행복한 개인이 되기 위해서는 각자가 체인지 메이커가 되어야 하고, 어떤 조직이든 살아남기 위해서는 구성원 모두가 체인지 메이커가 되어야 한다는 것이다. 체인지 메이커 포럼은 변화를 만드는 사람이라는 뜻의 '체인지 메이커'가 될 수 있는 다양한 방법 가운데 하나를 함께 연습하고, 내 주변의 작은 변화를 만들어 보는 시도라고 할 수 있다.

• 포럼 진행 방법

1) 범위

개인	사상, 이념, 철학의 변화
지역 사회	지역 사회 문제 해결과 지역 사회 변화
국가	국가 문제 해결과 사회 변화
국제 사회	국제 사회 문제 해결과 사회 변화

2) 분야 선정

서울 NPO 지원센터는 매년 공익 관련 비영리 민간단체를 모집하여 지원한다. 지원 가능 분야 12가지는 현대사회에서 '변화'가 필요한 영역들로 구성되어 있다. 이번 포럼의 '변화'는 이들을 기준으로 삼아, 학생들이 원하는 분야를 선정하는 것에서 시작한다.

1	문화·관광 도시	• 지역 관광자원 발굴, 남산 및 한강 관광 코스 탐방 활동 • 문화유산·문화재 보존 활동, 전통문화 계승·발전, 찾아가는 문화 예술 공연 • 차(茶) 문화체험, 궁궐 순례 프로그램 운영, 생활 공간 문화화 등
2	장애인 복지·인권 신장	• 장애인에 대한 인식개선 및 복지증진, 장애인 존중 문화 만들기 • 장애인 자립 및 재활 지원 • 장애인이동권보장
3	여성 인권 및 성평등 의식 함양	• 젠더 폭력(가정 폭력·성희롱·디지털 성범죄 등) 피해자 지원 • 사회적 약자 존중 및 성평등 문화 만들기 • 저소득 비혼모 및 한부모 가정, 결혼 이주 여성 지원
4	어르신 및 취약계층 등 지원	• 어르신 및 취약 계층 등 지원, 인생 이모작 지원 프로그램 운영 • 어르신 무료 급식 제공 및 봉사 활동 • 무연고자 장례 지원
5	아동·청소년 지원	• 아동·청소년에게 글로벌 문화 경험 및 외국어 교육 기회 제공 • 청소년 자율 봉사조직 구성 지원 • 저소득 가정의 아동·청소년에게 무료 의료서비스 지원사업 등
6	시민의식 개선	• 기초질서 지키기, 공동체 의식함양, 계층간 갈등해소 및 세대간 이해증진 • 건전한 사이버문화 조성 및 도덕성 함양, 세대통합을 위한 예절교육 • 부정부패 감시 등 반부패문화 정착운동 등 • 예산낭비 신고 등 재정운영의 효율성 제고 등
7	외국인 노동자·이주민 지원	• 외국인 근로자 무료 진료 및 검사,투약 • 이주민 대상 무료 법률상담 및 소송지원 • 이주노동자 보호 및 다문화 사회 프로젝트 추진 등
8	교통·안전	• 재해·재난 예방활동, 재난구조 활동, 심폐소생술 교육 • 안전사고 예방 활동(학교·성·가정 및 식품), 안전 불감증 해소 • 안전문화 교육·홍보, 청소년 유해환경 정화사업 등
9	통일·안보	• 평화통일 기반 구축 활동, 남북 사회통합 교육활동 • 국가안보 및 나라사랑 활동, 통일·안보 체험 교육 및 캠페인 등
10	북한이탈주민 지원	• 탈북청소년 맞춤형 교육활동, 탈북자 정착 대안학교 및 역사 문화 체험 활동 • 탈북자 맞춤형 심리치료 및 사회적응 프로그램 운영, 탈북자 진로 교육 등

11	환경보전·자원절약	• 자원 재활용, 자연 생태 체험 학습, 도시 농업 프로그램, 도시 재생 사업 운영 • 자전거 등 친환경 교통수단 이용 활성화 • 에너지·자원 절약 생활화, 생활 쓰레기 줄이기 등
12	기타 공익사업	• 시민 참여 정책 제안 활동 등 위 사업 유형에 포함되지 않는 사업

출처: 서울시 NPO지원센터 '2020년 비영리민간단체 공익활동 지원사업 공모

- **과정과 절차**

(1) 자신의 변화

- 자신이 속한 공동체에서 변화를 만들어 본 경험, 도전과 실패의 경험, 변화를 위한 자신의 역량에 대해 서술한다.

(2) 변화를 만들어 내고 싶은 분야

- 서울시 NPO 지원센터의 공모 분야를 기준으로 변화를 만들고 싶은 분야를 정하고 그 이유를 서술하는 단계이다.

(3) 해당 분야의 변화된 모습 상상

- 문제가 해결된 후의 모습을 상상하여 서술한다.

(4) 변화를 위한 나의 역할

- 변화를 만들어 내기 위한 해결 방안과 함께 청소년인 자신의 역할에 대해 서술한다. 해결 방안은 기간, 비용, 필요 인원 등을 포함하여 구체적으로 단계이다.

(5) 활동 계획 및 팀 조직

- 구체적인 활동 계획을 세우고 공동체가 필요하다면 조직 과정을 서술하는 단계입니다.

(6) 체인지 메이킹

- 일별, 월별, 연도별 활동 진행 과정을 기록한다.

⑺ 결과 분석
- 활동 목표 달성 여부와 함께 현상의 변화 모습도 함께 기록한다.
⑻ 소감 및 제언
- 활동 과정과 결과의 측면에서 아쉬운 점과 해당 활동을 지속할 친구들을 위해 도움이 될 말을 남긴다.

• 체인지 메이커 포럼 양식

체인지 메이커 포럼				
분야	자율, 동아리, 봉사, 진로, 교과, 기타			
프로그램(주제)				
이름(학번)		모둠 및 동아리명		
자신의 변화				

자신이 속한 공동체의 변화를 만들어본 경험, 도전과 실패의 경험, 변화를 위한 자신의 역량에 대해 서술하세요.

변화를 만들고 싶은 분야

서울시 NPO 지원센터의 공모 분야를 기준으로 변화를 만들고 싶은 분야를 정하고 그 이유를 서술하세요.

해당 분야의 변화된 모습 상상

문제가 해결된 후의 모습을 상상하여 서술하세요.

변화를 위한 나의 역할

변화를 만들기 위한 해결 방안과 청소년인 자신의 역할을 서술하세요. 이때, 해결 방안은 기간, 비용, 필요 인원 등을 포함하여 구체적으로 서술하세요.

활동 계획 및 팀 조직

구체적인 활동 계획을 세우고 공동체가 필요하다면 조직 과정을 서술하세요.

Change Making

일별, 월별, 년별 활동 진행과정을 기록하세요.

결과 분석

활동 목표 달성 여부와 함께 현상의 변화 모습도 함께 기록하세요.

소감 및 제언

활동 과정과 결과의 측면에서 아쉬운 점과 해당 활동을 지속할 친구들을 위해 도움이 될 말을 남겨 주세요.

6. 2030 지속 가능 발전 포럼

외교부에서 발표한 'UN 개발정상회의 결과문서'에 따르면 UN은 2030년까지 다음과 같은 17개 지속 가능개발목표(Sustainable Development Goals)와 169개 세부 목표를 설정하고 글로벌 도전 과제로 명명하며 이를 달성하기 위한 국제 사회의 노력을 촉구하고 있다. 따라서 2030 지속 가능 발전 포럼은 지속 가능 개발 목표를 이해하는 것은 물론 국제 사회로 시야를 넓혀 목표를 달성하기 위해 필요한 조건을 고민해 보는 시간이라 할 수 있다.

지속 가능 개발 목표(SDGs)

목표 1. 모든 곳에서 모든 형태의 빈곤 종식
목표 2. 기아 종식, 식량안보와 영양 개선 달성 및 지속 가능한 농업 진흥
목표 3. 모든 연령층의 모든 사람을 위한 건강한 삶 보장 및 복리 증진
목표 4. 포용적이고 공평한 양질의 교육 보장 및 모두를 위한 평생학습 기회 증진
목표 5. 양성평등 달성 및 모든 여성과 소녀의 권익 신장
목표 6. 모두를 위한 물과 위생의 이용 가능성 및 지속 가능한 관리 보장
목표 7. 모두를 위한 저렴하고 신뢰성 있으며 지속 가능하고 현대적인 에너지에 대한 접근 보장
목표 8. 모두를 위한 지속적이고 포용적이며 지속 가능한 경제성장 및 완전하고 생산적인 고용과 양질의 일자리 증진
목표 9. 회복력 있는 사회 기반 시설 구축, 포용적이고 지속 가능한 산업화 증진 및 혁신 촉진
목표 10. 국가 내 및 국가 간 불평등 완화
목표 11. 포용적이고 안전하며 회복력 있고 지속 가능한 도시와 정주지 조성
목표 12. 지속 가능한 소비 및 생산 양식 보장
목표 13. 기후변화와 그 영향을 방지하기 위한 긴급한 행동의 실시*
목표 14. 지속 가능개발을 위한 대양, 바다 및 해양 자원 보존 및 지속 가능한 사용
목표 15. 육상 생태계의 보호, 복원 및 지속 가능한 이용 증진, 산림의 지속 가능한 관리, 사막화 방지, 토지 황폐화 중지 역전 및 생물다양성 손실 중지
목표 16. 모든 수준에서 지속 가능개발을 위한 평화롭고 포용적인 사회 증진, 모두에게 정의에 대한 접근 제공 및 효과적이고 책임 있으며 포용적인 제도 구축
목표 17. 이행 수단 강화 및 지속 가능개발을 위한 글로벌 파트너십 활성화

출처: 외교부 유엔 개발정상회의 결과문서

또한 지속 가능 발전 포럼을 진행하는 데 있어 참고가 될 수 있는 자료는 다음과 같다. 세계 인권 선언, 국제 인권 조약, 새천년 개발목표(MDGs), 2005 세계 정상 회담, 개발권에 관한 선언 등이 그 예다. 이를 기준으로 '미래세대를 위한 경제성장'과 '인권'이라는 인류 보편의 가치를 파악할 수 있다.

• 다가오는 변화

UN과 국제사회는 현대 사회의 변화를 4가지로 크게 정리하고 있다. 자동화, 새로운 기술 혁신, 생물학적 디지털 존재의 융합, 그리고 유비쿼터스 연결성이 그것이다. 인류 보편의 가치와 함께 미래의 변화 양상을 고려하여 지속 가능개발목표를 달성할 수 있는 방안을 고민해야 할 것이다.

• 과정과 절차

(1) 지속 가능 목표 선택

- 2030 SDGs 가운데 가장 시급하다고 생각하는 문제 하나를 선택하고 그 이유를 서술한다.

(2) 지속 가능 목표와 세부 목표 이해

- '유엔 개발정상회의 결과문서'를 통해 지속 가능 목표 및 세부 목표의 내용을 요약, 정리한다.

(3) 목표 달성 지역 선정

- 문헌 및 논문 분석을 통해 해당 목표가 달성되지 않는 국가 또는 지역 가운데 한 곳을 선정하고 현재 상황을 서술한다.

⑷ 문제의 원인 분석
- 해당 지역에서 목표 달성이 어려운 이유를 분석한다.

⑸ 문제 해결책 모색
- 문제의 해결책을 개인적/국가적/국제 사회적 측면에서 각각 강구하여 제시한다.

⑹ 나와 우리 나라가 할 수 있는 일
- 해당 지역의 목표를 달성하기 위해 구체적으로 나와 우리 나라가 할 수 있는 일을 서술한다.

⑺ 소감
- 마지막으로 소감을 작성한다.

• 2030 지속 가능 발전 포럼 양식

2030 지속 가능 발전 포럼		
분야	자율, 동아리, 봉사, 진로, 교과, 기타	
프로그램(주제)		
이름(학번)		모둠 및 동아리명

지속 가능 목표 선택

2030 SDGs 가운데 가장 시급하다고 생각하는 문제 하나를 선택하고 그 이유를 서술하세요.

지속 가능 목표와 세부 목표 이해

'유엔 개발정상회의 결과문서'를 통해 지속 가능목표 및 세부 목표의 내용을 요약, 정리하세요.

목표 달성 지역 선정

문헌 및 논문 분석을 통해 해당 목표가 달성되지 않는 국가 또는 지역 가운데 한 곳을 선정하고 현재 상황에 대해 서술하세요.

문제의 원인 분석

해당 지역에서 목표 달성이 어려운 이유를 분석하세요.

문제 해결책 모색

문제의 해결책을 개인적/국가적/국제 사회적 측면에서 각각 강구하여 제시하세요.

나와 우리 나라가 할 수 있는 일

해당 지역의 목표를 달성하기 위해 구체적으로 나와 우리 나라가 할 수 있는 일을 서술하세요.

해결 과정 상상

2030년까지 시기별 해결의 모습을 상상하여 서술하세요.

소감

7. NIE 활용 주제 탐구 포럼

NIE 활용 주제 탐구 포럼은 1년간 사회과 수업 중에 진행하는 프로그램이다. 매주 1개의 NIE 자료를 학년별로 준비하여, 사회과 수업 시간에 이를 배포하고 관련 내용을 탐구하도록 한다. 수업 시간을 효과적으로 활용하기 위해서는 담당 교사와의 협의가 필수적이다. NIE 자료는 다양한 사회적 이슈로 구성하거나, 학문적으로 의미가 있다고 판단되는 주제를 중심으로 구성하면 된다. 학생은 학기별로 NIE 주제 중 하나를 선정하여 탐구 보고서를 작성한다. 이를 통해 학생들이 우리 사회의 문제점에 관심을 갖고, 자신만의 주제에 대해 심화된 탐구를 진행할 수 있도록 돕는다. 학생들은 '지적 호기심'을 가지고 다양한 사회 현상을 분석하고, 대안에 대한 탐구를 통해 성장을 경험하게 된다.

• **NIE 활용 주제 탐구 포럼의 과정과 절차**

성공적인 NIE를 활용한 주제 탐구가 이루어지기 위해서는 주제 선정이 매우 중요하다. 주제 선정의 방향에 대한 깊은 논의가 필수적이며, 특히 사회과(혹은 보다 다양한 과목) 간의 유기적인 통합이 핵심이다. 하나의 주제에 대해 역사, 지리, 사회, 윤리 등 각 과목의 시각과 배경 지식을 바탕으로 설명하는 방식은 매우 훌륭한 결과를 도출할 수 있다. 학기 초에는 교사가 중심이 되어 주제를 선정하고, 의미 있는 샘플을 제시하는 것이 좋다.

학생들이 어느 정도 익숙해지면 팀을 구성하여 주제에 맞는 자료를 직접 제작하도록 한다. 실제로 팀을 구성해 자료를 작성한 학생들이 가장 많은 성장을 보인다. 자료 제작을 맡은 팀은 2주 전에 자료 작성을 완료하고, 교사의 검수를 거쳐 완성도를 높이는 과정을 거친다. 2학년 학생들의 경우, 1학년을 위한 자료 준비 팀을 공모하는 것도 좋은 방법이다.

학생들은 매주 진행되는 NIE 주제들을 모아 개별적으로 주제를 선정하고, 심층적으로 조사·탐구하여 탐구 보고서를 작성한다. 수업 중에는 관련 내용을 지속적으로 발표할 수 있는 기회를 제공하고, 발표된 내용 중 우수한 보고서를 선정한다. 이후 학급별로 선정된 보고서를 취합하여 포럼을 진행하면 된다.

(1) 주제 선정 세미나
- 교사 세미나 팀 구성 혹은 학생 세미나 팀을 구성한다.

(2) 자료 제작 및 교과별 주제 확장과 융합
- NIE 자료를 제작하고, 교과별 확장 및 융합 자료들을 함께 제작한다.

(3) NIE 자료 배포 및 포럼 진행
- 학생들 전체에게 NIE 자료를 배포하고, 자료조사를 거친 후 반별 혹은 그룹별 포럼을 진행한다.

(4) 탐구 보고서 작성 및 발표
- 포럼 진행 후 개별 탐구 보고서를 작성하고, 우수 보고서에 대한 프레젠테이션 발표를 진행한다.

(5) 주제 선정 팀 구성 및 활동
- 일정 수준이 이뤄진 이후 학생 팀별로 NIE 자료 구성을 하도록 유도한다.

• NIE 활용 주제 탐구 포럼 양식

	NIE 활용 주제 탐구 포럼		
분야	자율, 동아리, 봉사, 진로, 교과, 기타		
프로그램(주제)			
이름(학번)		모둠 및 동아리명	
NIE 중 선정한 주제에 대한 진술			

주제:

주제 선정 동기 / 자신의 진로-전공과의 관련성:

주제의 확장성:

심화 탐구 보고서 작성 내용 요약

주제 탐구의 방향:

관련된 법과 제도에 대한 분석:

주제에 대한 사회적 인식 혹은 인식의 문제점:

탐구를 위한 독서 계획:

탐구 주제를 위해 도움을 받을 사람, 단체:

발표를 위한 ppt 준비 계획

포럼 진행 및 질의응답 내용

NIE 활용 주제 탐구 보고서 작성의 과정-결과 요약

배우고 느낀 점, 향후 계획

8. 전공 분야별 법률 제·개정 제안 포럼

전공 분야별 법률 제·개정 제안 포럼은 배운 지식을 실천으로 연결하고, 더불어 사는 세상에 대한 관심을 유도하며, 실질적으로 우리 사회를 변화시키기 위해 사회의 문제점을 분석하고 합리적이고 타당한 대안을 모색하는 것을 목표로 하는 포럼이다. 우리 사회의 다양한 법률들은 매우 많은 제정 혹은 개정의 절차를 밟고 있다. 예를 들어, 19대 국회(2012~2016년)에서 발의된 법안 건수는 1만 7,822건이며, 이 가운데 실제로 본회의를 통과한 법안은 7,429건이다. 연간 약 1,850건, 월 기준으로는 약 154건의 법률이 통과된 셈이다. 이러한 법률은 당연히 우리 생활에 지대한 영향을 미친다. 전공 분야별 법률 제·개정 포럼은 이러한 문제의식을 바탕으로, 우리 사회의 다양한 분야에서 벌어지는 치열한 법률 논쟁과 더불어 정책적 대안을 고민하고 제시하는 과정을 담아내는 포럼이다.

• 전공 분야별 법률 제·개정 제안 포럼의 과정과 절차

전공 분야별 법률 제·개정 포럼은 자신의 진로와 관련된 모든 전공 분야를 대상으로 진행된다. 각자의 전공 분야에서 필요한 법률에 대한 고민을 담아내는 것이 핵심이다. 포럼 운영을 위해서는 교과 담당 교사의 동의와 협조가 필수적이다. 학생들이 자신의 전공 분야에서 제·개정이 필요하다고 생각하는 법률에 대해 탐구하고, 수업 시간을 통해 발표하며, 대안에 대해 함께 고민을 나누는 과정이 중요하다.

수준 있는 제안을 위해서는 사전 교육이 필요하다. 전교생 또는 1·2학년을 대상으로 할 경우, 법률 제·개정 절차에 대한 이해, 개별 전공 분야에서 논란이 되고 있는 법률 조사 등을 포함한 탐구 보고서 작성 과정이 반드시 선행되어야 한다. 원활한 포럼 운영을 위해서는 팀별 제안을 기본으로 하는 것이 좋다. 각 팀은 내부에서 치열한 논의와 자료조사, 대안 제시의 과정을 거친다. 법률 제·개정 제안 활동은 학기당 1회로 제한하여, 보다 심층적이고 실현 가능한 대안에 대한 고민이 이루어지도록 유도한다.

학급별 자율 시간 또는 수업 시간을 활용하여, 학급별로 제안 내용을 발표하거나 토론을 진행하고, 학급 대표 제안자를 선정하여 전체 포럼에서 발표하도록 한다. 포럼은 약 40명 정도의 학생으로 구성하면 원활하게 운영된다. 포럼을 통해 나온 우수한 제안 사례는 실제 정책 제안으로 이어질 수 있도록 교육하고 지원하는 것이 중요하다.

(1) 전공 분야 정하기
  - 학기 초 학생들의 전공 분야를 정한다.

(2) 법률 제·개정 관련 학습
  - 법률 제·개정 절차 및 관련 내용을 수강한다.

(3) 전공 분야별 법률 제·개정 내용 조사 및 개별 탐구 보고서 작성

(4) 포럼 진행
  - 조사하고 연구한 내용을 바탕으로 대안을 탐색하는 작업을 중심으로 진행한다.

(5) 발표 및 제안
  - 우수 포럼을 선발하여 발표를 진행하도록 하고, 실제 학생들을 중심으로 개정안에 대한 제안을 진행한다.

• 전공 분야별 법률 제·개정 제안 포럼 양식

전공 분야별 법률 제·개정 제안 포럼				
분야	자율, 동아리, 봉사, 진로, 교과, 기타			
프로그램(주제)					
이름(학번)		모둠 및 동아리명		
전공 분야별 법률 제·개정 사례				

해당 전공 분야:

해당 분야에서 가장 최근에 개정된 법률:

해당 분야에서 가장 최근에 제정된 법률:

해당 분야에서 사회적 이슈가 되고 있는 법률:

전공 분야별 법률 제·개정을 위한 논의

해당 전공 분야에서 법률 제·개정이 필요한 이유:

법률 제·개정에 찬성하는 사람, 단체:

법률 제·개정에 반대하는 사람, 단체:

해당 전공 분야의 법률 제·개정을 위한 독서 계획:

전공 분야별 법률 제·개정 탐구 보고서 내용 요약 및 발표 계획

포럼 진행 및 질의응답 내용

전공 분야별 법률 제·개정 보고서 작성의 과정-결과 요약

배우고 느낀 점, 향후 계획

9. 지역 사회 문제 인식 및 정책 제안 포럼

지역 사회 문제 인식 및 정책 제안 포럼은 전공 분야별 법률 제 개정 포럼과 유사한 형태로 진행된다. 다만, 범위는 국가 단위의 법률이 아니라, 지역 단위의 정책 혹은 규칙 등으로 제한한다. 운영의 묘를 살리기 위해서 혹은 전체적인 활동의 전략을 세운다면 전공 분야별 법률 제 개정 포럼은 1학기, 지역 사회 문제 인식 및 정책 제안 포럼은 2학기로 운영하는 것이 보다 명확한 효과로 이어질 수 있다.

지역 사회 문제 인식 및 정책 제안 포럼은 학생들이 생활하고 있는 삶의 공간에 대한 분석을 중심으로 한다. 그렇기 때문에 보다 구체적인 이야기들이 나올 수 있고, 현실적인 대안에 대한 고민을 공유할 수 있는 장점이 있다. 거시적이고 추상적인 이야기에서 보다 구체적이고 미시적이지만 학생들에게 직접적인 영향을 미칠 수 있는 사안들을 다룰 수 있다는 점에서 매우 매력적인 활동이다.

• 지역 사회 문제 인식 및 정책 제안 포럼의 과정과 절차

지역 사회 문제 인식 및 정책 제안 포럼은 사회과 혹은 창체 시간을 활용하여 진행하면 된다. 학생들이 살고 있는 지역 사회에 대한 이해를 돕기 위한 특강이 운영되면 성과를 크게 높일 수 있다. 지역구 출신 국회의원, 구청장, 시 의원 등을 섭외하거나 혹은 보좌관을 섭외하는 방법으로 지역 사회의 이해에 대한 특강을 진행

한다. 이를 바탕으로 학생들은 지역 사회에 대한 문제의식을 가질 수 있는 기회를 얻는다.

생활에서 불편한 점, 개선되길 원하는 점을 조사하고 이를 바탕으로 개인별 탐구 보고서를 작성하게 되면 유사한 문제들로 그룹이 만들어진다. 이를 묶어서 팀 프로젝트로 진행하면 보다 효율적이다. 팀별 프로젝트를 통해 개별 학생이 가진 문제의식을 공론화하고, 이를 함께 다듬어가면서 학급 내 발표를 진행한다. 발표를 통해 학급에서 하나의 핵심 문제의식을 선정하고, 그에 대한 정책적 대안에 대해 토론을 진행하도록 한다. 이때 학급 자치 시간을 활용하면 효과가 극대화된다. 진정한 의미에서의 '자치와 자율'이 실행되는 셈이다. 최종적으로는 학급 대표 팀을 선정하고, 대표 팀들을 모아서 전체 포럼을 진행하면 된다. 전체 포럼에서는 학급 내에서 이뤄진 과정을 다시 반복한다.

포럼의 결과를 실질적인 '행동'으로 이끌어 가는 것도 매우 중요하다. 학생들의 활동을 통해 사회의 일정 부분이 바뀔 수 있다는 점을 경험하는 건 커다란 교육적 효과가 있다. 지속적인 캠페인 활동과 온라인 활동 등을 통해 자신의 의견을 표출하고 사회를 바꿀 수 있다는 경험을 제공하는 셈이다. 예를 들어 '평화의 소녀상' 건립을 위한 정책 제안과 같은 경우가 대표적이다. 이 포럼의 과정과 절차는 다음과 같다.

1. 포럼 참가자 모집
2. 지역 사회 이해를 위한 특강 수강: 특강을 통해 지역 사회 전반에 대한 이해와 문제의식을 가지도록 과제를 제시한다.
3. 조사 및 발표: 지역 사회의 개선되길 원하는 문제에 대한 자료조사를 진행하고, 탐구 보고서를 작성하고 발표한다.
4. 학급별 대표 선정: 소수 포럼의 발표를 통해 학급 대표 팀을 선정한다.
5. 전체 포럼: 학급 대표로 선정된 팀들의 발표로 전체 포럼을 진행한다.
6. 캠페인 활동: 탐구 보고서와 포럼 내용을 토대로 지역 사회 문제점 개선을 위한 다양한 활동을 진행한다.

• 전공 분야별 법률 제·개정 제안 포럼 양식

지역 사회 문제 인식 및 정책 제안 포럼			
분야	자율, 동아리, 봉사, 진로, 교과, 기타		
프로그램(주제)			
이름(학번)		모둠 및 동아리명	
지역 사회 인식을 위한 조사			

지역 사회:

지역 사회의 특징:

인근 지역 사회와의 비교:

지역 사회 문제 인식을 위한 조사 활동

지역 사회의 문제점 / 자신의 진로-전공과의 관련성:

지역 사회의 문제에 대한 다양한 의견:

지역 사회 문제에 대한 찬반 주장의 비교:

지역 사회 문제 인식을 위한 탐구 보고서 (개인)

주제:

주제 선정의 이유:

심화된 탐구를 진행하기 위해 도움을 받을 사람, 단체:

주제 확장을 위한 독서 계획:

주제에 대한 정책적 제안을 위한 탐구:

학급별 주제 선정을 위한 포럼 진행 (학급별)

학급 주제:

학급 주제 선정을 위한 토론 과정:

학급 주제를 심화하기 위한 탐구 계획 :

지역 사회 문제 인식 및 정책 보고서 작성의 과정-결과 요약

배우고 느낀 점, 향후 계획

10. 어반 리젠 포럼

어반 리젠(Urban Regen) 포럼은 도시 재생(Urban Regeneration)을 위한 연구와 각종 활동을 수행하는 프로그램이다. 도시 재생은 기본적으로 기성 시가지의 노후화로 인해 공간적·환경적으로 쇠퇴한 지역을 물리적으로 개선하는 사업을 의미한다. 하지만 최근에는 '장소의 재탄생'이라는 의미로 폭넓게 사용되기도 한다. 그런 의미에서 도시 재생은 물리적 환경 정비 위주로 추진되던 단계를 지나 환경적, 경제적, 사회문화적인 재생을 시도하는 개념으로 확장되고 있다. '새로운 공간 창출'을 목표로 하는 셈이다. 어반 리젠 포럼은 기존 도시가 가진 문제점을 고민하고, 그에 대한 해결책과 정책적 대안을 마련함으로써 사회 개선 활동을 실천하는 데 목적이 있다.

- **어반 리젠(Urban Regen) 포럼의 과정과 절차**

어반 리젠 포럼 활동을 위해서는 다양한 영역에 가진 학생들을 모아야 한다. '도시 재생'이라는 목표에 동의하는 지리, 경제, 사회, 행정, 정책, 건축학, 공학 등에 관심이 있는 학생들이 필요하다. 포럼의 방향은 자연계열, 혹은 인문계열로 변형하여 운영하는 것도 의미가 있다. 어반 리젠 포럼의 일반적인 형태는 인문계열을 기본으로 한다. 도시 재생에 인문학적 상상력을 동원하는 것이다. 이를 위해 사회과, 혹은 예체능 과목을 중심으로 운영되는 것이 좋다.

원활한 어반 리젠 포럼 운영을 위해서는 도시 재생이라는 개념을 충분히 학습하는 것이 매우 중요하다. 다양한 자료조사와 분석을 통해 도시 재생의 개념을 이해하고, 특히 국내 사례와 외국 사례를 비교 분석하는 과제를 수행하면 학습 역량이 크게 향상된다.

도시 설계 혹은 도시 행정 학과 교수의 특강을 통해 궁금증을 해소하고, 학생들이 살아가고 있는 지역에 대한 탐구 보고서를 작성하여 문제점을 공유하는 것이 좋다. 특히, 포럼 참가를 위해 지역별, 주제별로 팀을 구성하고 각자의 조사 내용을 발표하는 과정을 거쳐야 한다. 학교 일정상 가능하다면 '도시 재생 프로젝트 공모전'의 형식을 취하고 수상을 할 수 있도록 유도하는 것도 효과적이다.

포럼 활동 초기에는 탐구 보고서 혹은 사례 연구를 위해 개별 시간이 필요하고, 후기로 갈수록 실제 답사와 인터뷰를 위한 시간이 많이 필요하기 때문에 대체로 주당 2시간 정도를 확보해야 한다. 답사와 조사 등의 과정에서 구청장과의 인터뷰, 시의원과의 인터뷰 등은 매우 중요한 요소가 될 수 있다. 포럼의 최종 목표는 팀별로 '하나의 도시 재생 사업'을 기획하는 것이다. 이 목표에 따라 창의적이고 실현 가능성 높은 작품을 완성할 수 있도록 한다.

(1) 포럼 참가 학생 모집
 - '도시 재생'이라는 주제로 모일 수 있는 다양한 분야의 학생들을 모집한다.

(2) 도시 재생 관련 특강 수강
 - '도시 재생'의 개념을 이해하기 위한 전문가 초빙 특강을 진행하거나, 관련 자료들 혹은 예시들을 활용한다.

(3) 도시 재생 사례 연구 및 자료조사
 - 도시 재생의 성공과 실패 사례를 연구하고, 다양한 자료조사를 통해 탐구 보고서를 작성한다.

(4) 도시 재생 프로젝트 공모전 및 발표
 - 도시 재생과 관련된 프로젝트 공모전과 우수작 발표를 통해 완성도를 높인다.

• 도시 재생 사업 사례 연구 예시

도시 재생 사업 사례 연구

도시 재생 성공 사례

어디? 스페인 빌바오

도시 재생 이전의 도시의 특징?
19세기에 서쪽 교외의 철광상을 배경으로 제철업이 시작되었으며, 영국을 비롯한 인근 여러 나라에 수출되었다. 또 포도주·섬유의 교역도 이루어져, 에스파냐에서 손꼽는 무역항이 된 곳. 제철·제강 외에 금속·기계·화학·유리·도자기·담배·조선 등의 공업이 발달함.
1980년대 기반 사업의 몰락으로 쇠퇴하기 시작함.

성공 사례 분석

어떻게?
1985년 법률가, 건축가 등 15명의 민간 전문가들로 구성된 '빌바오 도시 재생 협회' 설립으로 장기 도시 재생 프로젝트 시작
문화적이고 창조적인 관점에서 도시재생을 추진하여, 현재 빌바오를 대표하는 구겐하임 미술관과 네르비온 강가의 대규모 문화단지 조성, 도시경관 정비 등으로 도시경쟁력을 높이고 도시환경 전반에 걸친 파급효과 유발

* 구겐하임 미술관: 20세기 최고의 건축물로 손꼽히는 근현대 미술관

성공 요인

빌바오시, 주민, 기업의 적극적 참여로 미래와 도시 재생에 대한 치열한 논의로 비전을 세움. → 17년 간 지속적이고 일관된 도시 재생 사업 추진.

• 어반 리젠 포럼 양식

도시 재생 설계			
분야	자율, 동아리, 봉사, 진로, 교과, 기타		
프로그램(주제)			
이름(학번)		모둠 및 동아리명	
지역 사회 인식을 위한 조사			

일반적 상태:

발생하는 도시 문제들 / 자신의 진로-전공과의 관련성:

도시 문제 해결을 위한 우선 순위:

지역 사회 문제 인식을 위한 조사 활동

역사와 문화를 활용한 도시재생 이야기, 도시 재생과 정비 사업, 도시재생 등

도시 재생 사례 연구 (개인별)

도시 재생을 위한 컨셉 스케치 (개인별)

도시 재생 컨셉 토론 과정 (팀별)

도시 재생 설계 보고서 작성의 과정-결과 요약

배우고 느낀 점, 향후 계획

11. 문화 다양성 포럼

문화는 언어와 의상, 전통, 사회를 형성하는 방식을 공유하는 사람들이 교류하며 축적하고 쌓아온 모든 것을 말한다. 여기에는 도덕과 종교에 대한 관념 등도 포함된다. 지역과 환경에 따라 문화가 조금씩 다르게 나타나는 것처럼, 사람들 사이에서 발생하는 문화적 차이를 문화 다양성이라 한다. 문화 다양성 포럼은 세계화 시대에 서로 다른 문화를 가진 집단이 만나, 서로를 배척하지 않고 차이를 인정하며 함께 공존하는 방식을 모색하는 활동이다. 또한 우리에게 낯선 문화에 대한 이해를 넓히기 위해 문화 다양성과 관련한 주제를 선정하고 조사하며 발표하는 과정을 포함한다.

• 활동 과정과 절차

문화 다양성 포럼은 국어나 사회 교과에서 문화 다양성과 관련한 단원을 학습하면서 수행평가로 진행할 수도 있다. 또한 문화 다양성에 관심과 흥미를 가진 학생들이 자율 동아리를 구성하여 활동하고, 그 활동 결과물을 종합·발표하는 장으로 활용할 수도 있다. 뿐만 아니라, 다양한 분야나 주제에 관심 있는 학생들을 대상으로 한 방과 후 수업이나 전공 과제 탐구 프로그램으로 운영하는 것도 가능하다. 학교의 여건에 따라 교내 대회 형식으로 구성할 수도 있다. 문화 다양성 포럼의 일반적인 절차는 다음과 같다.

(1) 프로젝트 팀별 주제 선정
  - 4인 1팀이 되어 관심 있는 프로젝트 주제를 선정한다.

(2) 문화 다양성 포럼 개최
  - 팀별 보고서 작성 및 PPT 제작 발표 진행

(3) 질의응답 및 상호평가

(4) 최종 보고서 작성

문화 다양성 관련 키워드(예시)

분야	키워드 ☆ 그냥 예시! 자유롭게 선정!	선택
① 종교	종교에 대한 오해와 편견, 천주교, 기독교, 불교, 힌두교, 이슬람교, 종교적 관습과 금기에 대한 이해	( )
② 인종/민족/국가	인종 차별의 역사, 민족이란 무엇인가, 일류 국가와 삼류 국가를 구분하는 기준, 난민 문제에 대한 한국의 바람직한 태도	( )
③ 성(Gender)	성차별, 일상에서 일어나는 성폭력, 성 소수자 문제	( )
④ 의식주	의복 문화, 음식 문화, 주거 문화	( )
⑤ 차이와 차별에 대한 이해	문화에 대한 편견 마주보기, 대중문화 속 문화적 편견 들여다보기(노랫말, 드라마, 영화 등)	( )

• 프로젝트 팀 구성 양식

구분	내용			
연구 주제				
프로젝트 팀명				
팀원	이름	조장	역할	참가 동기
		(✓)		
		(✓)		
		(✓)		
		(✓)		
		(✓)		
절차 및 과제	① 주제 선택 및 역할 분담 ② 문화 다양성 관련 주제에 대한 보고서 작성 ③ 보고서에 대한 발표 PPT 준비			

• 문화 다양성 포럼 참가 보고서 양식

연구 주제	
주제 선정 이유 및 연구 목적	

연구 주제에 대한 자료조사 내용

조사 내용을 토대로 한 결론

전체적인 소감 및 향후 과제 정리

12. 모의 국제투자 포럼

모의 국제투자포럼 (Model International Investment Forum)은 전 세계의 프로젝트 대상 지역 중 하나를 선정하고, 분야별 전문성을 가진 여러 회사들이 컨소시엄(Consortium)을 구성하여 그 지역의 인권, 경제, 금융, 산업, 토목, 건축, 문화, 예술 등의 프로젝트 계획을 수립하고 보고서 형태로 발표한 뒤, 이를 투자자 역할을 맡은 평가단으로부터 최종 평가받는 프로그램이다.

• **활동 과정과 절차**

모의 국제투자 포럼은 사회 교과에서 수행평가로 진행할 수 있으며, 다양한 분야나 주제에 관심 있는 학생들을 대상으로 한 방과 후 수업이나 전공 과제 탐구 프로그램으로도 운영할 수 있다. 포럼에 참여하는 학생은 자신이 관심 있는 지역과 프로젝트 주제를 친구들과 협의하여 선정하며, 서로 다른 지역과 주제를 가진 컨소시엄이 다수 구성되어 투자 유치를 위한 보고서 작성과 발표 준비를 수행해야 한다. 이에 따라 철저한 사전 조사와 함께 투자자 및 대중을 설득할 수 있는 전략적 발표 구성이 필요하다.

다른 진로 연계형 프로그램들과 마찬가지로, 모의 국제투자 포럼 역시 자신의 진로 분야와 관련된 주제를 선정하여 진행하는 것이 바람직하다. 예를 들어, 사회학과 진학을 희망하는 학생은 한류 문화 콘텐츠를 특정 국가에 정착시키기 위한 방안을 설명할 수 있으며, 경제학과 진학을 희망하는 학생은 한국-러시아-유럽을 잇는 철도 개발 방안을 제시할 수 있다. 포럼을 진행할 때에는 단순히 투자를 유치하는 방안뿐만 아니라, 그 과정에서 발생할 수 있는 제약을 극복하기 위한 현실적인 대안도 함께 제시해야 한다.

모의 국제투자 포럼의 일반적인 절차는 다음과 같다.

(1) 프로젝트 팀별 과제 선정
 - 4인 1팀이 되어 관심 있는 프로젝트 지역과 프로젝트 주제를 선정한다.

(2) 컨소시엄 조직 및 보고서 작성, PPT 준비
 - 컨소시엄 조직: 4인 1팀이 되어 컨소시엄 구성, 지역 및 주제 선택
 - 프로젝트 보고서 작성 및 PPT 준비: 팀별 대상 지역 개발 계획 수립 보고서 작성 및 -
   프로젝트 보고서에 대한 발표 PPT 준비

(3) 모의 국제투자포럼 개최
 - 프로젝트 보고서 작성과 발표: 팀별 대상 지역 개발 계획 수립, 보고서 작성 후 이에 대한
   발표 PPT 제작 발표 진행
 - 질의응답 등을 진행하고 투자자로부터 투자 여부에 대한 최종 평가를 들음.

(4) 최종 보고서 작성

프로젝트 지역 및 주제(예시)

프로젝트 지역	주제(예시)	선택
① 한국, 북한, 중국, 일본	동북아 평화 체제, 동아시아 경제 공동체, 동북아 3국 공동 역사 연구, 한반도 통일, 북한 인권,	( )
② 동남아시아(ASEAN)	빈곤문제, 종교분쟁, 군사대립, 밀림 보존 및 낙후 지역 개발	( )
③ 러시아-중앙아시아	러시아-중앙아시아 이주 한인 문제, 인도-파키스탄 분쟁 해결, 시베리아 철도, 석유, 천연가스, 북극개발, 수자원 부족	( )
④ 유럽, 동유럽(EU)	난민문제, 이민자 문제, 브렉시트(영국 EU 탈퇴), EU 통합, 종교갈등, 테러리즘, NATO	( )
⑤ 아프리카	에볼라, 에이즈, 내전, 종교분쟁, 자원개발, 사막화, 기아 대책	( )
⑥ 미국, 멕시코(NAFTA)	한미FTA, 미국대학 유학, 마약, 총기문제, 미국-멕시코 이민자 문제	( )
⑦ 중동	석유개발, APEC, 여성 인권, IS, 문화재 보존, 종교 분쟁	( )
⑧ 남극과 북극	남극 자원개발, 과학연구, 영토문제, 지구온난화	( )
⑨ 우주(COSMOS)	우주탐사, 우주 정거장, 인공위성	( )

• 모의 국제투자 포럼 양식

구분	내용			
프로젝트 팀명				
컨소시엄	이름	분야(인권, 경제, 금융, 공학, 건축, 문화 등)		프로젝트 개요
보고서 내용 요소	① 컨소시엄 조직, 프로젝트 분야(주제) ② 대상 지역 조사 및 소개, 프로젝트 배경과 목적 ③ 프로젝트 청사진, 프로젝트 세부 계획, 소요 비용, 타 컨소시엄과 차별성, 위험 요소와 극복 방안 ④ 프로젝트 실행 전후의 변화 비교, 프로젝트 기대 효과,			
프로젝트 주제				
주제 및 지역 선정 배경과 목적				
분야별 프로젝트 세부 계획 및 내용				
프로젝트 실행으로 인한 기대효과				
타당성 평가 및 반론에 대한 고려				
질의응답 및 상호 평가를 통해 알게 된 점				
향후 과제				

과학

1. 가상 탐구 실험
2. 프로그램을 활용한 가상 탐구 실험
3. 전공 분야별 과학자 탐구 활동
4. 브레드보드를 이용한 회로의 이해
5. 학교 공간 리모델링 프로젝트
6. 나도 과학 커뮤니케이터
7. 나만의 '세상의 모든 것 주기율표' 만들기
8. 화학 원소 디자인 광고 제작
9. 발명 아카데미
10. 생명과학 아카데미
11. 창의적 건축 구조 설계 아카데미
12. 창의적 드론&로봇 설계 아카데미
13. 환경 아카데미
14. 전공분야별 신기술 연구 포럼
15. 코딩 아카데미

1. 가상 탐구 실험

과학 교과 활동을 하며 가장 쉽게 떠올릴 수 있는 활동은 바로 실험이나 실험을 활용한 과제 연구 활동이다. 그러나 실제 실험 활동에는 여러 가지 준비물이나 시간 등의 요소가 많이 필요하며, 학교에 실험 도구가 갖추어지지 않은 경우도 많기 때문에 실험을 직접 수행하기에는 어려움이 많다. 또한 주어진 실험만을 경험한 학생이 직접 실험을 설계하고 준비하는 일은 결코 쉽지 않다.

가상 탐구 실험은 과제 연구 경험이 부족한 학생에게 연구 방법을 학습할 수 있는 기회를 제공할 수 있다. 또한 연구 경험은 있지만 현실적인 여건 때문에 과제를 진행하지 못한 학생에게는 가상 실험을 통해 간접적으로 실험하고 보고서를 작성할 수 있는 대안을 제시한다.

• 가상 탐구 실험 과정

(1) 궁금한 것이 무엇인지 의문 갖기

(2) 기존 정보 탐색
 - 궁금한 것에 대한 기존 연구 결과가 무엇인지 혹은 관련 이론은 무엇인지 찾아본다.
 - 예: 한글날을 맞이하여 의미 있는 영상을 찾아보던 중 방송국에서 방영한 말의 힘이라는 다큐멘터리를 보았다. 고운말을 하면 밥에 이쁜 곰팡이가 생긴다는 내용이었는데 과연 과학적으로 맞는 이야기인지 의문이 들었다.

(3) 가설 설정
 - 가설 설정시 원인, 결과를 생각하여 작성한다. 이 과정이 전체의 방향을 결정하므로 가장 중요한 과정일 수 있다.

(4) 설정한 가설을 바탕으로 변인을 세우고 실험 설계
 - 독립 변인: 종속 변인에 영향을 줄 수 있다고 생각되는 변인
 - 종속 변인: 독립 변인의 결과에 의존하며 이를 판단하는 변인
 - 통제 변인: 연구에 영향을 미칠 것으로 예상되어 통제가 필요한 변인
 - 이외에도 다양한 변인들이 있으나 이 정도로만 고려하여도 충분합니다. 이 과정에서 무엇을 통제하고 무엇을 변화시켜 원하는 실험결과를 얻을 수 있을지 고민한다.

(5) 실험 과정을 설계
 - 실험 설계 과정은 최대한 구체적으로 설계하며 어떤 도구들을 써야 할지 등을 고려하여 실험 장치 까지 설계한다.

(6) 실험에서 예상되는 결과를 작성해 보고 결과에 따른 결론을 작성
 - 앞서 세운 가설과 맞는 방향이 좋지만 만약에 가설과 다르게 결론을 내었다면 왜 가설과 맞지 않는지를 고민해도 된다. 실제 많은 연구들은 실패와 그에 따른 고민을 통해 이루어지고 있다.

(7) 연구 내용을 포스터로 작성하여 다른 학생들에게 발표

• 가상 탐구 포스터 예시(팀별 활동)

실험 제목(연구 주제)			
연구 동기 및 목적	실험 그래프		실험결과
선행연구, 이론배경 가설 설정	준비물	실험과정	해석 및 결론

• 과정의 유의 사항

(1) 연구 동기 및 목적: 의문을 생성하게 된 과정과 의문에 대한 답을 생각하게 된 과정을 적고, 탐구를 통해 해결하고자 하는 과제를 적는다.

(2) 이론적 배경: 가설 설정을 위해 알고 있어야 하는 지식, 검색을 통해 알게 된 중요한 지식을 적는다. 기존의 관련 연구는 무엇이 있는지 찾아보는 활동도 한다.

(3) 가설: 설정한 가설을 한 문장으로 간략하게 적는다.

(4) 실험 장치 및 과정 그림: 자세하게 실험 장치와 과정을 그림으로 표현하여 누구라도 이해 할 수 있도록 한다.

(5) 준비물: 실제 실험을 한다고 생각하고 실험에 사용하는 모든 준비물과 필요량을 적는다.

(6) 실험 과정: 최대한 상세하게 기술한다.

(7) 실험 결과: 예상되는 결과를 수치로 표현하여 표와 그래프로 표현하여 적는다. 이 수치는 정확하지 않더라도 경향성을 보여 줄 수 있어야 한다.

⑻ 결과 해석: 각 변인을 고려하여 왜 이러한 결과가 나왔는지를 작성하도록 한다.

⑼ 결론: 결과를 바탕으로 숨어 있는 규칙성을 찾아 가설과 비교한 후 결론을 적는다.

• 가상 탐구 실험 보고서 양식

가상 탐구 실험 개인 보고서			
분야	자율, 동아리, 봉사, 진로, 교과, 기타		
프로그램(주제)			
이름(학번)		모둠 및 동아리명	
연구주제 및 동기 / 가설			

실험 과정

실험 예상 결론

실험 결과 해석 및 결론

배우고 느낀 점, 향후 계획

2. 프로그램을 활용한 가상 탐구 실험

앞서 소개한 가상 탐구 실험은 실험 설계 및 가설 설정, 변인 통제, 결론 도출 중 전체적인 탐구 연구 과정을 학습하는 것이 목표였다. 가상 탐구 실험 2는 앞서 진행한 가상 탐구 실험 설계의 내용을 컴퓨터로 구현된 프로그램을 통해 실험을 설계하고 결론을 내는 과정이다.

• 가상 탐구 실험이 가능한 사이트들

이동준의 자바 실험실
(http://javalab.org/)
물리 선생님이신 이동준 선생님께서 운영하시는 홈페이지이다. 물리와 관련된 실험이 주로 있지만 물리 외에도 화학, 지구과학, 천문, 생명과학, 수학 분야의 실험 뿐만 아니라 코딩, 아두이노 등에 대해서도 다루고 있다. 2019년에는 모바일 안정화 작업까지 끝내 이용하기에 편리해지고 있다.

콜로라도 대학 Ph Et
(https://phet.colorado.edu/ko/simulations)
수학과 과학의 실험을 시뮬레이션 할 수 있는 곳이다. 자바, 플래시, HTML5로 제작되고 있으며 PC로 이용시 무료로 이용이 가능하다. 수학, 물리, 화학, 지구과학, 생명과학 분야로 과목 및 수준별로 분리가 되어 있으며 입체적으로 표현된 여러 가지 실험들을 조건을 바꾸어 가며 수행할 수 있다. 휴대폰이나 태블릿으로도 앱을 통해 이용은 가능하지만 유료앱(0.99$)을 이용해야 한다.

사이언스 레벨업
(https://sciencelevelup.kofac.re.kr/virtualReality/list?course_cd=)
AR/VR을 활용한 내용들이 있는 곳으로 AR/VR 빛 실험실에서 관련 실험을 해 볼 수 있다. AR을 활용한 컨텐츠로 마커를 활용하여 실험 조건을 바꾸어 볼 수 있는 편리함이 있다.

김정식 허명성의 과학사랑
(https://sciencelove.com/category/%EA%B0%80%EC%83%81%EC%8B%A4%ED%97%98)
김정식 선생님이 운영하고 계신 사이트로 다양한 과목의 실험을 볼 수 있으며 앱으로 구현되어 있거나 다운 받아 사용 할 수 있는 장점이 있다. 실험 외에도 다양한 컴퓨터 관련 내용이나 교과와 관련된 내용이 많이 있는 사이트이다.

이는 물리적 제한 없이 다양한 실험을 수행할 수 있는 사이트들이다. 각 사이트별로 선생님마다 관심사와 구현한 내용이 다르기 때문에, 여러 사이트를 다양하게 체험해 보고 실험 설계 활동에 활용할 수 있다. 특히 수업에서 이해하기 어려웠던 내용을 직접 실험해 봄으로써 이해도를 높이거나 심화시킬 수 있다.

이 과정에서 가장 중요한 것은 단순히 실험을 시뮬레이션해 보는 것에서 그치지 않고, 실험의 조건을 다양하게 변화시켜 보며 궁금한 점을 해결해 나가는 탐구 과정으로 확장하는 것이다. 따라서 아래와 같은 조건으로 활동을 수행해 보면 좋다.

(1) 실험 사이트에서 관심 있는 주제를 선정한다.
(2) 주제와 관련 있는 다양한 실험을 시물레이션 해 본다. 우선 교과서에 있는 조건으로 실험을 수행한다.
(3) 실험에서 바꿀 수 있는 조건들을 보며 조작 변인, 통제 변인이 무엇인지 생각해 본다.
(4) 실험에서 조작 변인을 바꾸면 어떠한 결과가 나올지 예상해 본다.
(5) 예상한 내용을 가설로 설정하고 문장으로 만들어 본다.
(6) 조작 변인을 바꾸어 보며 결과를 관찰한다.
(7) 실험 결과를 캡쳐하여 보고서에 첨부한다.
(8) 실험 결과를 토대로 결론을 작성하고 이를 해석하는 활동을 한다.

실험 과정을 바꾸어 보면 원하는 결과가 나올 수도 있고, 전혀 예상하지 못한 결과가 나올 수도 있다. 따라서 비슷한 실험을 수행한 논문 등을 참고하여 동일한 결론이 도출되었는지, 혹은 다른 결론이 나왔는지를 확인해야 한다. 특히 다른 결론이 도출된 경우, 그 이유에 대해 탐구해 보는 것이 매우 중요하다.

실험 단계는 예시일 뿐이며, 실험의 종류나 목표에 따라 다른 방식으로 활동을 구성할 수도 있다. 컴퓨터 프로그램을 이용한 가상 탐구 실험을 통해 실제로 학교에서 수행하기 어려운 실험을 간접적으로 경험함으로써 과학적 사고력을 키울 수 있을 것이다.

• 프로그램을 활용한 가상 탐구 실험 보고서 양식

프로그램을 활용한 가상 탐구 실험 보고서		
분야	자율, 동아리, 봉사, 진로, 교과, 기타	
프로그램(주제)		
이름(학번)		모둠 및 동아리명
자신이 선정한 사이트와 실험		
관련 주제를 선정한 이유		
실험을 통해 확인하고 싶은 것(가설)		

실험과정 및 결과

실험결과 해석

배우고 느낀 점, 향후 계획

3. 전공 분야별 과학자 탐구 활동

• 전공 분야별 과학자 탐구 활동이란?

알아보고 싶은 과학자를 중심으로 해당 과학자의 생애와 업적을 조사하며 탐구를 확장해 나가는 활동이다. 이 활동은 탐구 주제를 정하는 데 어려움을 겪는 학생들에게 주제를 쉽게 선정할 수 있도록 도와주며, 이후 주제를 더욱 심화해 나가는 데에도 효과적이다. 교과서에서는 고등학생 수준에서 이해할 수 있는 선에서 과학자의 업적을 다루지만 실제 과학자의 업적을 깊이 있게 조사해 보면 정밀한 실험과 높은 수준의 사고 과정, 대학 수준 이상의 지식을 탐구할 수 있게 된다. 이 탐구 활동을 통해 과학 개념에 대해 더 자세히 이해할 수 있게 되고, 과학자가 하는 일에 대해서도 한층 구체적으로 알 수 있다.

• 전공 분야별 과학자 탐구 활동의 과정 및 절차

자세히 알아보고 싶은 과학자를 한 명 선정하여, 과학자에 대한 간단한 조사부터 시작하여 업적에 대해 점차 심화하며 탐구해 나간다. 먼저 탐구의 방법은 자유롭게 하되, 인터넷 블로그 검색에만 의존하지 않고 도서, 신문 기사 등의 신빙성 있는 자료들을 활용해야 더 좋은 탐구가 이루어진다.

1. **조사하고 싶은 과학자 선정**
   - 조사하고 싶은 과학자를 한 사람 선정한다. 평소 관심을 둔 과학자가 없었다면 교과서를 참고하여 교과서에 등장하는 인물을 선정한다. 너무 최근 과학자를 선정하면 조사 하는 데에 자료가 부족하여 어려움이 있다. 가장 좋은 예시는 교과서에 등장하는 인물이다.
2. **간단한 인물 탐구**
   - 교과서의 내용을 정리하거나 인터넷 검색을 통해 인물에 대한 간단한 조사를 실시한다. 인물의 생애나 주요 업적을 정리하는 것이 주요활동이다.
3. **주요 업적들에 대한 세부 조사**
   - 인물의 주요 업적들 중에서 2~3가지를 선택하여 세부 조사한다. 각 업적의 구체적인 내용, 배경, 해당 업적이 이후에 미친 영향에 대해 조사한다.
4. **인물 중심 독서** 선정한 과학자과 관련된 도서를 찾아 읽고 내용을 정리한다. 관련 도서를 찾기 어렵다면 과목 선생님께 추천을 받을 수도 있다. 과학자의 이름으로 책을 검색하거나, 업적의 내용을 키워드로 하여 책을 검색할 수 있다.
5. **인물 관련 추가 자료조사**
   - 주요 업적에 대한 세부 조사로 인물 중심 독서를 마치고 난 후 더 추가로 조사하고 싶은 부분을 찾아 조사한다.
6. **과학자 중심 자기 주도 학습 활동 과정과 결과 요약**
7. **배우고 느낀 점, 향후 계획**

• 전공 분야별 과학자 탐구 활동 양식

전공 분야별 과학자 탐구 활동		
분야	자율, 동아리, 봉사, 진로, 교과, 기타	
프로그램(주제)		
이름(학번)		모둠 및 동아리명
알아보고 싶은 과학자 선정		
선정의 이유		
이 과학자에 대해 내가 알고 있는 내용 정리		

252

인물의 생애

인물의 주요 업적 3가지

1.
2.
3.

업적1 에 대한 구체적인 조사

업적2 에 대한 구체적인 조사

업적3 에 대한 구체적인 조사

인물 중심 독서

책 제목:
저자:

책을 읽고 인물에 대해 알게 된 점

인물에 대한 추가자료조사

과학자 중심 자기 주도학습활동 과정 결과 요약

배우고 느낀 점, 향후 계획

4. 브레드보드를 이용한 회로의 이해

우리가 학교에서 일반적으로 배우는 회로 구성 방법은 전선과 전기 소자들을 연결하는 방식이다. 이때 활용되는 도구 중 하나가 브레드보드이다. 브레드보드는 전기 소자들을 꽂아 회로를 구성할 수 있는 판으로, 내부에는 라인별로 금속 클립이 내장되어 있어 같은 라인의 클립 위에 꽂힌 소자들을 연결해 준다. 브레드보드로 회로를 구성하는 방법이 처음에는 어렵게 느껴질 수 있지만 막상 배우고 나면 더 간편하게 회로를 구성할 수 있고 결과물이 차지하는 부피도 적어 효율적이다. 특히 아두이노나 라즈베리파이와 같은 소형 컴퓨터를 활용하여 간단한 프로그램을 만든 후, 이 프로그램을 실제로 전기적으로 동작하게 만들 때 브레드보드가 매우 유용하게 사용된다.

• **브레드보드 이용 회로 이해 과정 및 절차**

브레드보드를 처음 접하는 학생은 브레드보드에 대한 기초 개념을 먼저 학습하는 것이 우선이다. 전자회로 실험이나 브레드보드를 키워드로 인터넷을 검색하면 브레드보드 기초 교육 자료를 쉽게 찾을 수 있다. 또 같은 키워드로 도서를 검색해 보면 교육용 도서도 있으니 이를 참고하여 브레드보드의 내부 구조와 기초적인 회로 제작 방법을 익힌 후 활동을 진행하는 것이 좋다. 이 활동은 브레드보드의 구조와 활용 방법 정도의 기초 교육을 받은 학생이 대상이라는 전제로 진행된다.

• 브레드보드를 이용한 회로의 이해 보고서 양식

브레드보드를 이용한 회로의 이해		
분야	자율, 동아리, 봉사, 진로, 교과, 기타	
프로그램(주제)		
이름(학번)		모둠 및 동아리명	
브레드보드를 이용하여 만들고 싶은 회로 정하기		

전기소자

회로 제작

| 문제 해결 |

| 회로 관련 추가 자료조사 |

| 브레드보드 이용 회로 이해 활동의 과정 결과 요약 |

| 배우고 느낀 점, 향후 계획 |

5. 학교 공간 리모델링 프로젝트

리모델링이란 건물의 기본 구조는 그대로 유지하면서 내부의 일부를 개보수하는 것을 의미한다. 학교공간 리모델링 프로젝트는 학생이 직접 학교 공간에서 불편하거나 개선이 필요한 부분을 찾아내고, 그에 대한 현실적인 개선 방안을 고민하여 제안해 보는 활동이다. 학교 건물을 가장 많이 사용하는 학생의 입장에서 문제점을 발견하고 개선하는 과정에 참여함으로써 수업 환경의 개선에도 기여할 수 있다는 의미가 있다. 또한 내가 다니는 학교를 내 손으로 바꾸어 본다는 경험은 학생의 자율성과 책임감을 기를 수 있는 좋은 기회가 된다. 리모델링의 범위를 건물의 개·보수라는 좁은 영역에 한정하지 않고, 학급 내 기물들의 배치의 변경, 공간 용도의 변경, 공간 효율을 높이기 위한 규칙 제시 등까지 확장하여 열어 두고 사고하는 것이 본 프로젝트의 목적에 더욱 적합하다.

• **학교 공간 리모델링 프로젝트의 과정 및 절차**

팀을 구성하여 학교 공간 내에서의 문제점을 파악하고, 이론적 배경을 바탕으로 개선을 위한 아이디어를 제안하는 과정을 거친다. 추가 자료조사를 통해 아이디어를 실현 가능한 수준까지 구체화한 뒤 이를 대회의 형태로 운영할 수도 있고, 실제로 학생자치회 등에 건의하여 학교 운영에 반영할 수도 있다.

1. **팀 구성**
   - 2~5명이 한 팀이 되어 프로젝트를 수행하는 것이 적절하다.

2. **학교 공간 내에서의 문제점 파악**
   - 팀원들 간의 의견을 모아 학교 공간 내에서 우리가 개선하고 싶었던 문제점들을 파악한다.
   - 이 과정에서 여러 사람의 의견을 모으기 위해 학급, 학년, 전체 학생들을 대상으로 하는 설문조사를 추가할 수도 있다.
   - 문제점 예시: 3학년 교실에서 매점까지의 동선의 불편함, 야간자율학습실의 환기 문제, 동쪽 교실의 오전 수업에서 햇빛으로 인해 TV모니터 활용이 어려운 점

3. **문제 해결을 위한 이론적 배경 연구**
   - 문제점을 해결하기 위해 관련 사례를 조사하고 필요에 따라 논문이나 연구자료를 탐색하여 아이디어를 내기 위한 지식을 쌓는다.

4. **리모델링 아이디어 제안**

5. **아이디어 실현을 위한 추가 자료조사**
   - 제안한 아이디어를 실제 실현 가능한 수준까지 구체화하려면 무엇이 필요할지 추가 자료를 조사한다.

6. **리모델링 아이디어 구체화**
   - 리모델링 이미지 제시 및 설명
   - 구체적인 리모델링 방안 제시

• 학교 공간 리모델링 프로젝트 보고서 양식

학교 공간 리모델링 프로젝트 보고서				
분야	자율, 동아리, 봉사, 진로, 교과, 기타			
프로그램(주제)					
이름(학번)		모둠 및 동아리명		
우리 학교 공간의 문제점				
문제 해결을 위한 이론적 배경 정리				
아이디어 제안				

| 아이디어 실현을 위한 추가 자료조사 |

| 구체적인 리모델링 방안 및 이미지, 설명 제시 |

| 학교 공간 리모델링 프로젝트 보고서의 과정-결과 요약 |

| 배우고 느낀 점, 향후 계획 |

6. 나도 과학 커뮤니케이터

과학 커뮤니케이터는 과학의 대중화를 목적으로 일반인이나 학생들에게 과학을 쉽고 재미있게 전달하는 역할을 하는 사람이다. 이들은 대중적인 시각에 맞추어 과학 이론을 쉽게 설명하려고 고민하고 콘텐츠를 연구한다. 과학 강연 외에도 과학 교육 콘텐츠 개발이나 과학 문화와 관련된 행사를 기획하기도 한다. 또 여러 과학 행사에 부스를 운영하거나 과학 버스킹, 과학 대중서 집필 등 과학 자체를 어려워하는 대중들에게 선입견을 없애고 친근하게 다가가려고 노력한다. 최근에는 유튜브에서도 다양한 영상을 통해 관련 내용을 제작하고 전파하고 있다.

- **나도 과학 커뮤니케이터 진행 방식**

(1) 과학, 수학, 공학 분야의 주제를 선정

본인이 가장 관심 있는 분야를 선정한다. 주제 탐구가 아니라 과학 이론을 발표하는 것이기 때문에 기존의 연구 이론을 잘 요약하거나 쉽게 설명할 수 있으면 된다. 수업 시간에 궁금하여 더 찾아본 내용이 있다면 그것을 선정해도 좋다. 너무 어려운 주제보다는 우리가 주변에서 쉽게 찾을 수 있고 궁금증을 유발할 수 있는 주제를 찾는 것이 더 많은 관심을 끌기에 좋을 것이다.

(2) 주제와 관련된 발표 만들기

나도 과학 커뮤니케이터는 내용에 집중하며, 기존의 화려한 파워포인트를 지양한다. 파워포인트는 사용하지 않아도 무방하며, 사용할 경우에도 3장 이내로 제한한다. 발표 주제와 관련된 물건이나 실험 도구 등을 사용하는 것은 권장한다. 발표 시간은 최대 3분으로, 짧은 시간 안에 효율적으로 발표하는 것이 중요하다. 좋은 내용을 준비하는 것도 중요하지만, 그 내용을 얼마나 효과적이고 쉽게 설명하는지가 핵심이다.

(3) 카드 뉴스 만들기

과학을 커뮤니케이션하는 방식은 다양하다. 발표가 두려운 학생은 발표 대신 카드 뉴스 형태로 내용을 제작할 수도 있다. 주제를 선정한 뒤, 인포그래픽 등을 활용해 다른 학생들이 쉽고 간단하게 이해할 수 있도록 구성하는 것이 좋다. 카드 뉴스는 10장 이하로 제작해야 하며, 제작 형태에는 별다른 제한이 없다. 발표는 없지만, 제한된 10장의 카드 안에 내용을 효과적으로 담아야 하므로 충분히 고민한 후 제작하는 것이 바람직하다.

(4) 과학 팟 캐스트 만들기

발표가 두렵고 카드 뉴스 제작이 어려운 학생은 팟캐스트(라디오) 형식으로 내용을 구성하는 방법도 있다. 주제를 선정하고 내용을 정리한 뒤, 5분 이내로 녹음하여 제출하면 된다. 방식은 주제 발표나 카드 뉴스 제작과 비슷하지만, 시각적 요소가 없는 만큼 청자가 내용을 잘 이해할 수 있도록 효과적으로 전달하는 방법을 고민해야 한다.

• **과학 커뮤니케이터의 미래**

과학 커뮤니케이터는 다양한 분야로 진출할 수 있으며 현재 한국과학창의재단에서는 이를 지속적으로 선발하여 지원하고 있다. 페임랩 코리아라는 대회를 통해 과학커뮤니케이터를 매년 선발하고 있으며 선발된 이후에는 과학 강연과 다양한 홍보 활동에 참여하게 된다. 활동 분야로는 과학 MC, 사이언스 버스킹, 청소년 및 성인을 대상으로 한 과학 강연, 과학을 소재로 한 연극 등 다양한 형태의 과학 문화 행사가 포함된다. 과학 포털 사이언스 올(https://www.scienceall.com)에서 과학 커뮤니케이터 사업 소개를 확인할 수 있다.

• 나도 과학 커뮤니케이터 보고서 예시

나도 과학 커뮤니케이터				
분야	자율, 동아리, 봉사, 진로, 교과, 기타			
프로그램(주제)					
이름(학번)		모둠 및 동아리명		
주제 및 선정 이유				
관련 내용 정리				
발표 할 때 준비할 것, 발표 개요				
배우고 느낀 점, 향후 계획				

7. 나만의 '세상의 모든 것 주기율표' 만들기

• 주기율표

주기율표를 들어 보지 않은 학생은 없을 것이다. 화학 하면 가장 먼저 떠오르는 것이며, 많은 학생들이 화학을 멀리하게 되는 첫 번째 이유가 되기도 한다. 물론 화학을 배우고 나면 그 원리나 배치를 보고 신기함이나 경이로움을 느끼게 되기도 한다. 주기율표는 원소를 원자번호(양성자 수) 순서대로 나열하되, 일정한 규칙성을 가지도록 배열한 표다. '세상의 모든 것 주기율표'라고 말하는 이유는 우리 주변에 화학 물질이 아닌 것이 없기 때문이다.

우리가 가장 익숙한 주기율표는 1914년 모즐리가 만든 형태이며, 익히 알려진 멘델레예프는 현재 주기율표의 틀을 만든 사람이다. 주기율표는 지금도 계속 변화하고 있으며, 최근에는 2016년에 니호늄(113, Nh), 모스코븀(115, Mc), 테네신(117, Ts), 오가네손(118, Og) 등 4가지 원소가 새롭게 추가되었다. 94번 이후의 원소들은 자연에 존재하지 않는 인공 합성 원소들이다. IUPAC(국제 순수 및 응용화학 연맹)에서 정한 기준에 따라 주기율표에 이 원소들을 등록하고 이름을 결정할 수 있다.

• 나만의 주기율표

세상에는 우리가 흔히 알고 있는 것 외에도 여러 가지 주기율표가 존재한다. 주기율이라는 것은 성질이 비슷한 것끼리 묶어서 나타낸 것이기 때문에, 여러 가지 방법으로 분류된 것이 존재한다. 실제 현재의 주기율표에서도 수소는 1족에 넣기 애매하여 다른 곳으로 옮겨야 한다는 의견이 제기되기도 한다. 주기율표를 나타내는 여러 가지 방법에 대해 생각해 보자.

나만의 주기율표

본인만의 주기율표를 만들 수 있다. 화학1을 배웠다면 원자반지름, 전기음성도 등의 경향성을 이용해 나타내는 방법도 있고 비슷한 분야에 쓰는 것들로 연결 지어 나타낼 수 있다. 예를 들어 반도체에 이용되는 규소(Si), 이용될 뻔했던 저마늄(Ge), 현재 주목받고 있는 탄소(C)가 있다. 실제 현재 모두 14족으로 같은 곳에 포함되어 있다. 아니면 빅데이터를 활용하여 나타내는 방법도 있고, 지구에 분포된 것을 기준으로 나타내는 법이나, 앞서 이야기한 경향성을 3D를 이용해 나타내는 방법도 있다. 다양한 관점으로 접근해 보면 좋다. 샘킴의 《사라진 스푼》, 마이 티 응우엔 킴의 《세상은 온통 화학이야》, 톰 잭슨의 《주기율표》, 마크 미오도닉의 《사소한 것들의 과학》을 참고 도서로 추천한다.

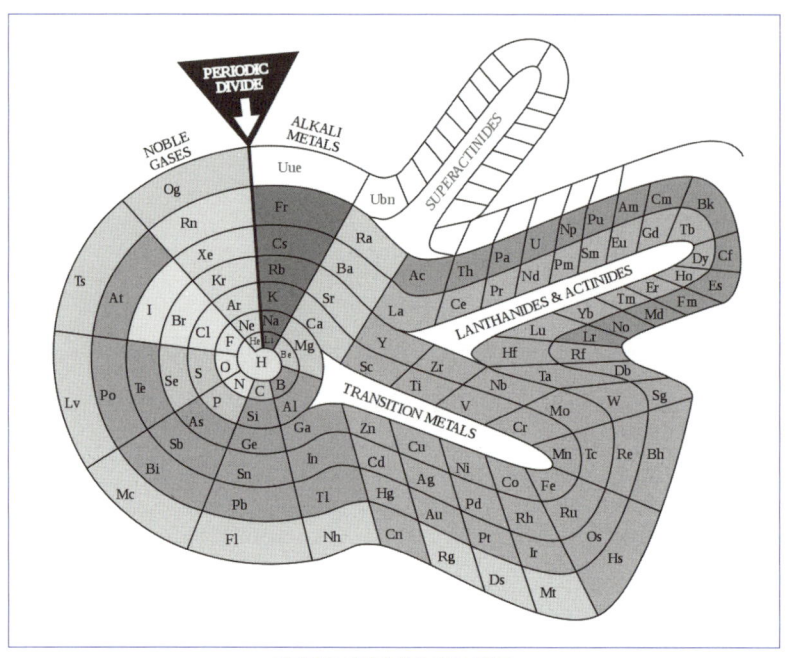

벤파이의 나선형 형식의 주기율표
출처: (cc) DePiep at Wikimedia.org

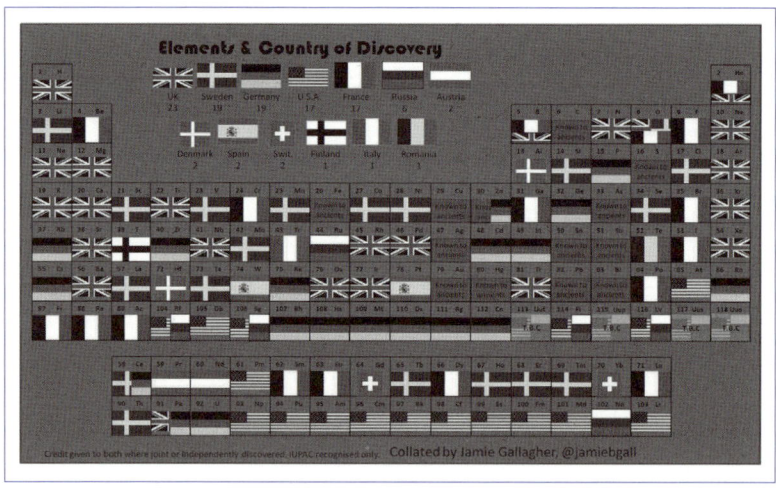

주기율표를 발견한 나라들로 정리한 주기율표
출처: https://www.smithsonianmag.com

내가 가장 좋아하는 원소

주기율표를 만들기 어렵다면 주기율표에 있는 원소 중 하나만 집중적으로 공부하는 것도 좋다. 우리에게 친숙한 원소들 외에도 익숙하지 않거나 이름만 알고 구체적으로 모르는 원소들을 찾아보는 것이다. 저마늄이 정말 건강에 효과가 있는지, 세슘은 왜 위험한 원소인지 등등 찾아볼 주제는 무한하다.

• 나만의 주기율표 보고서 양식

나만의 주기율표			
분야	자율, 동아리, 봉사, 진로, 교과, 기타		
프로그램(주제)			
이름(학번)		모둠 및 동아리명	
원소에서 찾은 경향성, 규칙			
나만의 주기율표/ 나의 원소			
배우고 느낀 점, 향후 계획			

8. 화학 원소 디자인 광고 제작

화학 원소 디자인 광고 제작 활동은 학생들의 화학에 대한 이해를 증진시키고, 창의적인 사고력을 신장시키기 위한 화학과 디자인의 융합 활동이다. 이 활동은 원소에 대한 학습을 통해 원소의 특성을 이해한 이후, 원소의 특성이나 활용을 한눈에 알아볼 수 있도록 디자인하여 지적 역량을 예술적으로 풀어내는 것이다. 화학 원소 디자인 광고 제작을 통해 화학 교과에 대한 흥미를 높이고, 시각화된 이미지로 원소의 특징을 이해하게 되어 더욱 깊이 있는 탐구를 할 수 있는 기초를 닦을 수 있다.

• **화학 원소 디자인 광고 제작의 과정과 절차**

화학 원소 디자인 광고는 원소에 대한 이해를 바탕으로 적절한 광고 그림 및 사진, 광고 제목 등을 찾거나 제작하고 광고와 원소의 특성을 유기적으로 연결하여 설명하는 과정으로 이루어진다. 아래의 두 작품을 예로 들어 화학 원소 디자인 광고 제작에 대해 알아보자.

	**[광고제목]** Cleaning! 소독할 시간입니다! **[광고설명]** 현재 염소는 우리 몸에서는 물론 온 자연계에서 수많은 일들을 담당하고 있지만, 사람들은 염소의 소독 방역이 가능한 특성을 높이 사 소독이나 방역 용도로 염소를 많이 사용한다고 합니다. 그런 점에서 착안하여, 살균제를 부려 세균을 잡는 방역하는 사람과 환절기가 되면 쉽게 볼 수 있는 소독차를 배치하는 것으로 염소의 '소독'이라는 이미지를 강조하기 위해 노력했습니다. 위의 제목에서는 Cleaning에서 염소의 원소기호인 Cl을 빨간색으로 칠하여 쉽게 무엇을 광고하고 있는지를 알 수 있도록 노력하였습니다.
	**[광고제목]** 나트륨(Na), 과유불급! **[광고설명]** 나트륨은 우리 몸의 신진대사를 유지하는 핵심원소 입니다. 그러나 나트륨 과다섭취는 건강에 위협이 되어 각종 질병을 유발하기도 합니다. 세계보건기구(WHO)의 나트륨 하루 권장량이 2000mg 인데 우리나라 성인은 하루 평균 4000mg의 나트륨을 섭취한다고 합니다. 따라서 평소 음식물을 섭취할 때 주의를 기울여서 나트륨 섭취를 줄이는 습관을 가져야 함을 표현하고 싶었습니다.

위와 같이 화학 원소 디자인 광고는 시각적인 창의성과 더불어 광고의 내용을 과학적으로 설명하는 것이 가장 중요하다. 화학 원소 디자인을 통해 원소의 특성에 대해 깊이 있게 이해하고, 이를 창의적으로 표현하는 방법을 통해 융합적 사고를 키워 보자.

• 화학 원소 디자인 광고 제작 보고서 양식

화학 원소 디자인 광고 제작				
분야	자율, 동아리, 봉사, 진로, 교과, 기타			
프로그램(주제)					
이름(학번)		모둠 및 동아리명		
관심 있는 원소 선정하기 / 원소 선정의 이유				

선정한 원소를 설명할 수 있는 광고 제작하기(그림, 사진 등)

광고의 제목

광고 이미지를 과학적으로 설명하기

화학 원소 디자인 광고 제작의 과정-결과 요약

배우고 느낀 점, 향후 계획

10. 발명 아카데미

발명 아카데미는 창의성과 기술적 아이디어가 결합된 다양한 발명 교육을 통해 미래사회를 주도할 창의적 발명인재를 키우기 위한 활동이다. 최근의 학생 아카데미는 발명의 중요성을 알고, 창의적 결과물을 창출하고 구현하기 위한 지식을 키우는 방향으로 교육이 진행되고 있다.

또한 발명 아카데미는 이공계열을 지망하는 학생들이 더욱 적극적으로 참여할 수 있는 활동이다. 자신이 희망하는 전공 분야에 대한 다양한 아이디어를 생성하고, 이를 실제로 구현하기 위해 필요한 과학적 지식을 습득할 수 있기 때문이다.

• **발명 아카데미의 과정 및 절차**

발명 아카데미는 발명의 중요성, 지적재산권에 대한 이해, 전자회로 제어 및 센서 활용 등을 통한 창의적 결과물 산출, 발명품 체험과 발명의 기본 이론을 통한 발명품 구상 및 실습, 발명 캠프 등의 다양한 형태로 진행될 수 있다. 또한 다양한 기관에서 학생 발명 교육을 진행하고 있기 때문에 기관의 강사를 초빙하여 강의를 듣고 실습을 해 볼 수도 있다.

여기에서는 교내에서 실시할 수 있는 '과학 발명품 발표'의 과정과 절차에 대해 안내하고자 한다. '과학 발명품 발표'로 과학 아카데미를 진행하는 이유는 다양한 전공을 가진 학생들의 아이디어와 이론적 배경, 발명품 구상, 발명품 제작 등의 과정을 모두 볼 수 있기 때문이다. 주어진 여건에 따라 발명품 구상과 이론적 배경까지를 PPT로 만들어 발표하는 활동으로 발명 아카데미를 진행할 수도 있다.

'과학 발명품 발표'로 구성한 발명 아카데미의 과정을 간단하게 정리하면 다음과 같다.

(1) 발명품 출품
(2) 발명품 제작 보고서 및 PPT 작성
(3) 발명 아카데미 실시
(4) 발명품 전시

학교에서 실시하는 과학 아카데미는 다양한 학생들이 쉽게 참가할 수 있도록 일상 생활에서 직접 활용이 가능한 다양한 생활용품을 창의적 아이디어로 새롭게 제작하거나 학습 용품의 개발, 과학 완구의 개발, 자원재활용 등 출품 부문을 정하여 실시하는 것이 일반적이다. 발명품 제작 보고서와 PPT를 작성하는 이유도 단순한 아이디어에서 그치는 것이 아니라 발명품에 담긴 과학적인 원리를 학생들이 탐구할 수 있도록 유도하기 위해서다. 창체 활동을 통해 발명품 아카데미를 실시하고, 자신이 제작한 발명품을 직접 설명하는 과정을 거치게 되면 해당 분야에 대한 다양한 배경지식을 습득할 수 있을 것이다.

• 발명 아카데미 양식

발명 아카데미 양식				
분야	자율, 동아리, 봉사, 진로, 교과, 기타			
프로그램(주제)				
이름(학번)		모둠 및 동아리명		
발명품의 제작 동기 및 목적				
발명품의 설계를 위한 이론적 배경				
발명품 설계 과정 - 기존 제품과의 차이점 및 발명품의 장점 소개				

작품 제작 과정 설명

작품의 활용 및 전망

발명 아카데미 보고서 작성의 과정-결과 요약

배우고 느낀 점, 향후 계획

9. 생명과학 아카데미

생명과학 아카데미는 지구상에 살아가고 있는 생물들이 공통적으로 가지고 있는 '생명 현상'과 생물들의 구조, 특성, 기능 등을 깊이 있게 탐구하는 활동이다. 4차 산업혁명 시대에 가장 관심 받는 분야 중 하나인 생명과학 기술은 인류의 삶을 크게 바꿀 것으로 예상된다. 생명과학 아카데미는 교과 수업 시간에 배운 생명과학 지식을 바탕으로 심화된 연구를 진행하면서, 관련 분야 전공자들이 진로 분야의 심화 배경지식을 쌓는 것을 목적으로 한다.

생물은 물리학이나 화학에서 다루는 대상을 뛰어넘는 복잡계이며, 생명 현상 역시 마찬가지다. 따라서 생명과학 아카데미에서는 생물의 구성 체계를 이해하고, 생물들이 가지는 공통성과 다양성의 규칙을 찾거나 생명 현상의 메커니즘을 이해하기 위한 활동을 하며, 생명과학 분야의 지식을 폭넓게 확장할 수 있다.

- **생명과학 아카데미의 과정과 절차**

생명과학 아카데미는 대학과 연계하여 교수님들의 강의를 직접 듣거나, TED/MOOC 프로그램에 연동하여 진행할 수 있다. 또한 탐구 보고서 쓰기 대회, 집중 실험 프로그램, UCC 만들기 등의 활동과 연계하여 진행해도 된다.

생명과학 아카데미는 미생물, 식물, 동물, 인체 등의 대주제나 유전, 생존, 성장, 물질대사 등의 소주제들을 모둠별로 정하고, 다양한 방법으로 주제를 탐구한 후, 창의적인 방식으로 이를 발표하는 형식으로 진행하는 것이 일반적이다.

---

(1) 생명과학 전문가 특강, 생명과학 집중 실험 실시
(2) 생명과학 관련 TED/MOOC 강의 수강
(3) 생명과학 분야 탐구 보고서 작성
(4) 발표 및 질의응답

학교의 사정에 따라 생명과학 전문가를 초빙하여 강의를 듣기 어렵다면, 생명과학 전문가의 특강 없이 TED나 MOOC 강의를 수강하는 것으로 시작해도 좋다. 이 활동은 교과의 특색 사업이나 교과 수업의 과정에서 실시할 수도 있고, 교내 대회나 자율 동아리의 활동으로 실시할 수도 있다. 또한 여건에 따라 어려운 경우가 있을 수도 있지만 실험과 연계하여 아카데미를 진행할 수 있다면 가장 효과적이다.

• 생명과학 아카데미 양식

생명과학 아카데미			
분야	자율, 동아리, 봉사, 진로, 교과, 기타		
프로그램(주제)			
이름(학번)		모둠 및 동아리명	
생명과학 아카데미에 참여하게 된 동기			

실험 결과 분석 / MOOC 강의 요약

DBPIA / RISS 등을 활용한 추가 자료조사

주제 발표를 위한 보고서 작성

생명과학 아카데미 보고서 작성의 과정-결과 요약

배우고 느낀 점, 향후 계획

11. 창의적 건축 구조 설계 아카데미

창의적 건축 구조 설계 아카데미는 초고층 건물이나 다리 등의 건축물을 창의적으로 설계하고 이를 다른 친구들에게 발표하는 활동이다. 건축 구조물 설계는 건축 분야로 진로를 희망하는 학생뿐만 아니라 물리학이나 공학 계열의 진로 분야를 희망하는 학생들도 해당 활동을 통해 관련 교과 지식을 시험해 볼 수 있다. 건축물 구조 안전 분야의 인재를 육성하고, 생활 속 건축 구조를 개선하기 위해 필요한 점을 찾아보거나 창의적 아이디어로 안전하고도 다양하게 건축물을 활용하는 방안을 탐색하면서 관련 분야의 배경지식을 심화시킬 수 있을 것이다.

- **창의적 건축 구조 설계 아카데미의 과정 및 절차**

창의적 건축 구조 설계 아카데미는 다양한 건축 구조물이 어떻게 활용되고 있는지 사례를 수집하고, 건축 구조의 원리 및 이론적 배경에 대한 학습을 한 후, 발표 보고서를 작성하고, PPT를 만들어 서로 자신이 설계한 구조를 설명하는 과정으로 이루어진다. 이는 교과 수업이나 진로 활동, 자율 활동 등 다양한 교내 프로그램을 통해 진행할 수 있으며 교내 대회로 실시할 수도 있다.

이 과정을 간단하게 정리하면 다음과 같다.

---

(1) 건축 구조물 활용 사례 및 건축 구조의 원리 및 이론적 배경에 대한 학습
(2) 창의적 건축 구조 설계 보고서 및 PPT 작성
(3) 창의적 건축 구조 설계 아카데미 실시
(4) 발표 및 질의응답

창의적 건축 구조 설계 아카데미는 개인보다는 모둠을 구성하고, 모둠이 함께 다양한 건축물을 조사하고, 그러한 건축물이 탄생한 이유를 탐구하며, 건축 구조에 담긴 다양한 과학적 원리 등을 이해하는 과정이 반드시 선행되어야 한다. 그리고 단순히 상상력에 의존한 아이디어가 아닌 과학적 지식에 기반한 보고서를 작성하는 것이 중요하다. 그저 건축물을 아름답게 디자인하는 것 자체가 목적이 아니기 때문이다.

다음의 학생 발표 PPT를 보면서 창의적 건축 구조 설계 아카데미의 발표 내용에 대해 구체적으로 살펴보자.

• 학생이 작성한 창의적 건축 구조 설계의 예시

참가 신청서

참가 분야 : 다리 분야

학번 :   이름 :

대회 지원 동기

중학교 때 건축가가 되겠다는 꿈을 가졌습니다.
처음에는 멋진 건물을 짓고 싶었고, 높은 빌딩들을 보며 그런 꿈에 대한 동경을 키워나갔습니다.
점차 커가며 눈이 즐거운 건축보다는 내가 지은 건축물 속에서 사람들이 편안함과 행복을 느낄 수 있는 그런 건축물을 지어야겠다고 다짐했습니다.
이렇게 저는 나름 건축가가 되겠다고 떵떵 거리고 살 위한 건축가가 되겠다며 말하고 다녔습니다.
하지만 정작 고등학교 생활 동안 학업에 치여 작은 활동이나마 건축과 관련된 활동을 할 시간이 없었고, 그런 시간을 마련하고자 하는 저의 노력도 없었던 것이 사실입니다.
어쩌면 저는 그냥 말로만 건축가가 되겠다고 말하고 다녔는지도 모릅니다.
하지만 이제 정말 제 꿈을 향해 나아갈 수 있는 기회가 생겼습니다.
'건축구조 경진대회'에 참여하여 저의 건축에 대한 꿈의 시작의 발판을 다지고자 합니다.

건축 구조 요약

위치 : 해발고도 약 50m 언덕 두 개를 사이에 둔 폭 400m 해협

용도 : 해협을 사이에 두고 두 언덕을 연결

규모 :
주탑 높이 75m
상부교상길이 420m
하부교상길이 400m
다리 폭 상부교상 5m, 하부교상 10m

구조 : 사장교 + 트러스구조

건축 구조 설계 (1)

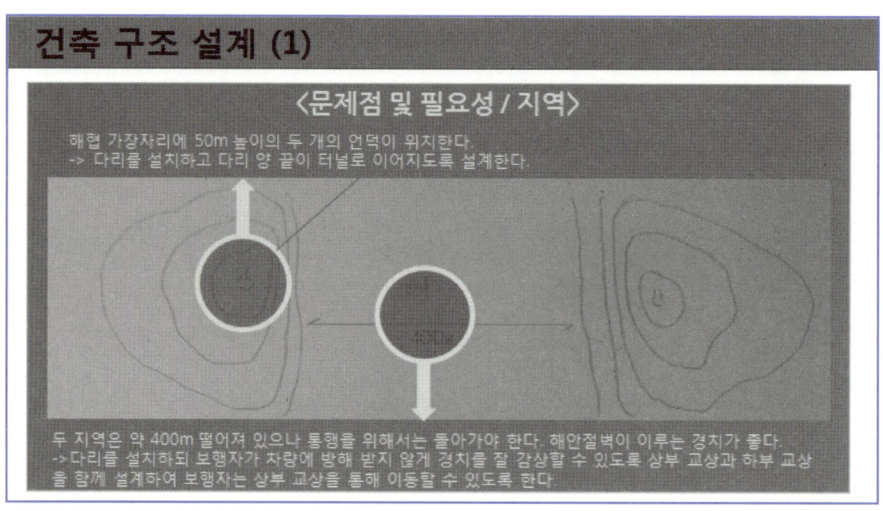

건축 구조 설계 (2)

건축 구조 설계 (3)

건축 구조 콘셉트 및 특장점

보행자 중심의!
보행자 도로와 차량 도로를 분리함.
-> 터널 내부로 들어가지 않아도 됨.
-> 교통사고 위험 줄임

경치를 즐기는!
보행자 도로를 차량 도로 10m 위에 설계해 차량의 방해 없이 주변의 경치를 즐길 수 있다.

교통은 빠르게!
트러스구조를 이용해 차량 도로는 넓게 설계함.
또한, 차량 도로는 터널과 연결시켜 교통이 원활하게 이루어지도록 함.

건축 구조 설계 (4)

구조(골격) 계획 / 이론적 배경

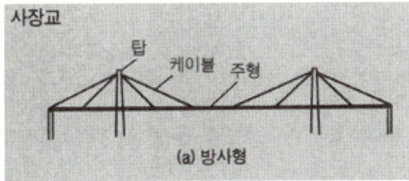
사장교
탑 케이블 주형
(a) 방사형

©EnCyber.com
트러스교

<사장교>
교각 위에 세운 탑에서 비스듬히 드리운 케이블로 주 빔을 지탱하도록 설계된 교량. 지간거리가 넓은 교량에 주로 사용되는 형식이다.

<트러스교>
3개의 빔을 삼각형으로 연결한 골조구조를 트러스라 부르고, 이것을 연속시킨 주요 트러스에 의해 만들어진 다리를 트러스 교라 한다.

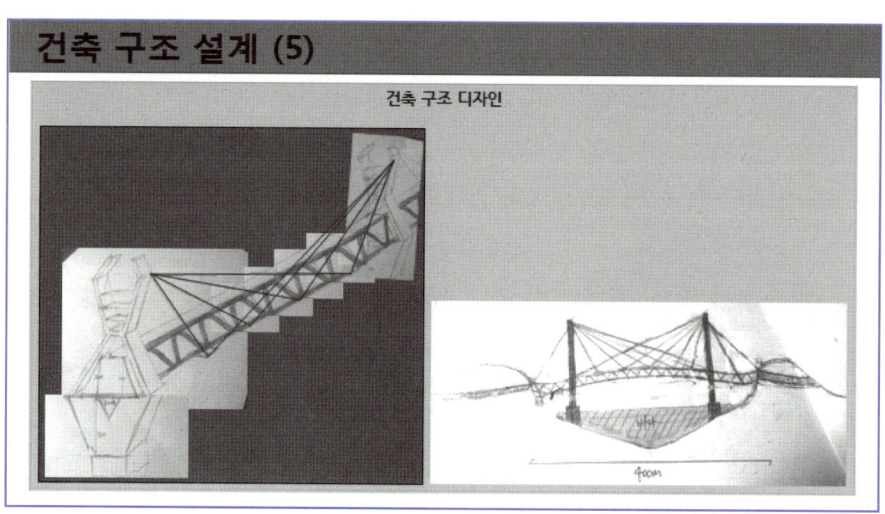

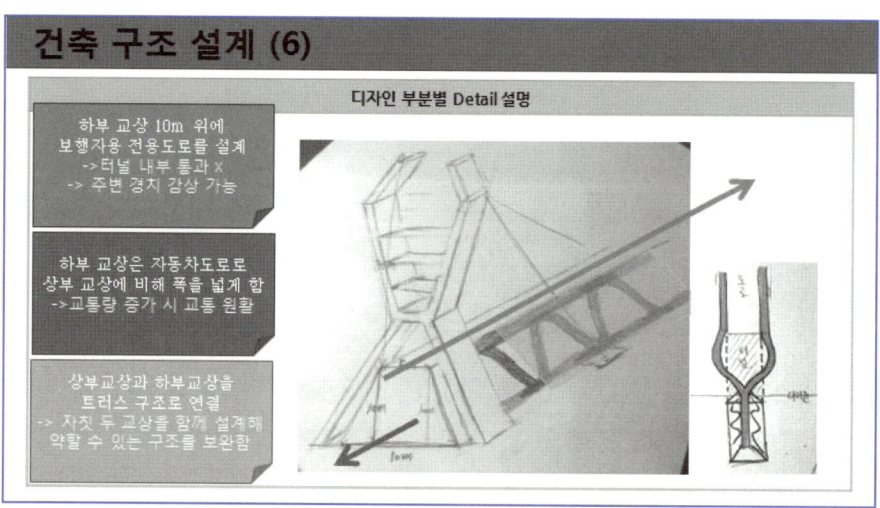

• 창의적 건축 구조 설계 양식

창의적 건축 구조물 설계		
분야	자율, 동아리, 봉사, 진로, 교과, 기타	
프로그램(주제)		
이름(학번)		모둠 및 동아리명
자신이 선택한 건축 구조물의 구조 요약 (위치, 용도, 규모, 구조)		

건축물의 필요성 및 지역 특성 설명

건축물과 관련된 사례 및 이론적 배경 연구

건축 구조의 컨셉트 및 장점 설명

건축 구조 설계 이미지 제시 및 설명

창의적 건축 구조물 설계 보고서 작성의 과정-결과 요약

배우고 느낀 점, 향후 계획

12. 창의적 드론&로봇 설계 아카데미

1차 산업 혁명 당시에는 증기기관을 통해 철도가 만들어졌고, 2차 산업 혁명은 전기를 이용해 대량 생산이 가능해졌다. 3차 산업 혁명은 반도체와 인터넷이 이끄는 컴퓨터 및 IT 기술의 발달로 인해 정보화의 시대라 불렸다. 4차 산업 혁명 시대는 로봇 기술, 인공지능 기술, 빅데이터, 드론 등이 최대 이슈로 떠오르고 있다. 창의적 드론&로봇 설계 아카데미는 기계항공우주공학 분야의 배경지식을 쌓고, 4차 산업 혁명 시대에 더욱 다양하게 활용될 수 있는 드론과 로봇의 활용 분야에 대해 탐구하는 과정이라 할 수 있다.

• **창의적 드론&로봇 설계 아카데미의 과정과 절차**

창의적 드론&로봇 설계 아카데미에서는 외력, 추력, 양력, 항력, 중력 등 드론에 작용하는 힘과 드론의 비행 원리 등을 탐구하고, 로봇 제어 기술 및 로봇 기술의 원리에 대해 이해하는 과정을 다룰 수 있다. 또한 드론 및 로봇의 제작 원리를 이해하고, 방제, 안전진단, 측량, 감시, 배송, 정찰, 구조 등 다양한 분야에서 활용 가능한 드론과 로봇을 창의적으로 설계하는 과정도 교육에 포함할 수 있을 것이다. 간단한 키트를 이용해 실제 드론이나 로봇을 제작해 봐도 좋으며, 미래 사회에 다양하게 적용될 수 있는 기술을 상상해 보고 이에 대한 보고서를 작성하는 활동도 진행할 수 있다.

창의적 드론&로봇 설계 아카데미는 다음과 같은 과정에 따라 진행할 수 있다.

---
(1) 드론&로봇 전문가 강의 수강
(2) 해당 분야의 창의적 아이디어 보고서 작성요약
  - 목적, 특징, 구조 등을 요약적으로 보여 준다.
(3) 활용의 필요성 및 연구 개발 사례 연구
(4) 창의적 드론&로봇 설계 및 활용 방안 서술

학교의 사정에 따라 드론&로봇 전문가를 초빙하여 강의를 듣기 어렵다면, 1을 제외한 2, 3, 4의 과정으로 아카데미를 진행해도 된다. 다음의 학생 발표 자료를 살펴보면 드론&로봇 설계로 구성된 아카데미의 성격을 쉽게 이해할 수 있을 것이다.

• 학생이 작성한 창의적 드론&로봇 설계의 예시

드론 창의적 아이디어 요약

목적 : 불법 드론 정찰 및 포획

특징 : 틸트로터식 엔진을 이용한 수직 이착륙 및 고속비행으로 임무 효율 증대, 그물 발사기 또는 전파 교란기 탑재

재료 : 탄소섬유 및 유리섬유

구조 : 2개의 틸트로터 블레이드와 기체와 연결되어 있으며 기체 하부에 드론 포획용 그물망 발사기가 부착됨.

드론 창의적 아이디어 설계 (1)

활용 필요성 / 지역

1. 문제점 및 필요성

최근 드론에 관한 관심이 많아지면서 드론 이용자가 증가하며 불법 드론에 대한 우려가 커지고 있다. 최근에는 북한의 무인기가 대한민국의 상공을 자유롭게 날아다니다 추락하였고, 이 무인기는 5시간 30분간 대한민국 상공을 날아다니며 사드포대 등 군사시설을 도촬했다. 이에 불법 드론을 정찰 및 포획하는 드론을 제안한다.

 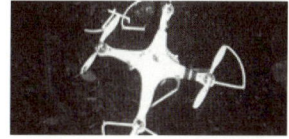

2. 지역

1) 미허가 드론 또는 드론 비행이 활발한 지역

최근에는 취미용 또는 촬영용 드론이 시장에 많이 등장하고있다. 이에 따른 문제로 드론간의 충돌로 인한 1차피해나 2차피해를 발생시킬 수 있으며 허가 없는 촬영으로 인한   초상권 침해가 일어날 수 있다.

2) 국지방공레이더 주변 또는 국가보안시설

최근 우리 군이 국내기술로 북한 소형무인기를 탐지하는 국지방공레이더를 개발했다. 만약 드론포획용 드론을 국지방공레이더 주변에 배치한다면 국가의 보안시설 및 군사시설에 침입하려는 드론을 포획할 수 있을 것이다.

사진 출처 - 연합뉴스

드론 창의적 아이디어 설계(2)

사례연구

1. 틸트로터 무인기의 사례
틸트로터를 사용한 무인기는 현재 국내에서 연구를 성공하였으며 실시간 비행 테스트 또한 무사히 마쳤다.

사진 출처 - 구글 이미지

2. 드론 포획법
현재 알려진 드론포획법으로는 독수리를 이용해 드론을 포획하거나 라이플 형식으로 발사하는 전파방해기 또는 그물망 발사기가 있다.

드론 창의적 아이디어 설계(3)

드론 콘셉트 및 특장점

1. 틸트로터식 엔진을 이용한 수직 이착륙 및 고속비행으로 임무 효율 증대
틸트로터란 로터 블레이드의 회전축과 면을 직접 기울여 수직 상태에서는 헬리콥터처럼 수직이착륙을, 수평 상태에서는 고정익기 처럼 고속 비행을 할 수 있도록 만든 추진 방식이다. 틸트로터를 이용하면 다음과 같은 장점이 있다.

1) 헬리콥터에 비해 순항속도가 높다. 고속비행은 기술적으로 어려움이 많은데, 고정익기처럼 비행하게 되면 순항속도는 460km/h, 최고속도는 560km/h 정도로 헬리콥터에 비해 월등히 빠르고, 터보프롭 고정익기와 비슷한 수준이다.

2) 최대상승고도가 높다. 대체로 엔진 특성상 중~저고도에서 효율이 높고, 엔진 성능이 받쳐주는 헬기들은 대략 15000피트(대략 4500미터) 정도로 올라간다. 그러나 V-22는 그 보다 높이 비행할 수 있고, 고고도에서도 탑재량이 9,070kg 가량 된다.

3) 헬리콥터보다 소음이 적어 도심에서 발착해야 하는 경우에 활용하기 좋다.

4) 테일로터식 헬리콥터를 운용할 때 일어날 수 있는 각종사고, 특히 인명사고의 위험을 제거할 수 있다.

2. 요격 방식이 아닌 포획방식으로 효율성 증대
단순 요격하는 일회성을 지닌 미사일이 아닌, 장기적으로 여러번 운용할 수 있는 포획방식으로 드론 포획시 낙하산을 전개하여 드론을 훼손할 일원도 적으며, 드론의 사용자를 쉽게 식별 할 수 있다.

드론 창의적 아이디어 설계(4)

활용 계획 / 이론적 배경

1. 틸트로터의 작동원리

수직이착륙의 경우에는 로터 회전면을 수직으로 보내어 탠덤로터처럼 사용한다. 이렇게 헬기처럼 이륙 한 뒤에는 전진 비행을 하며 비행속도를 늘린 뒤, 로터 회전면을 서서히 수평방향으로 바꾸고, 그러면서 마침내 고정익기 처럼 고속 수평비행을 하게 된다.

'틸트로터' 어떻게 비행하나

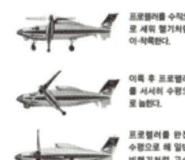

사진출처 - 구글

2. 전파 교란기의 작동원리

미허가 조종자의 드론에 통신시스템 방해전파를 쏘아 비행중인 곳 바로 아래 지상으로 강제착륙 시킨다. 전자총에는 드론소유자가 드론을 제어하지 못하도록 하는 전파교란시스템이 들어있다. 방해전파는 레일을 향해 나가기 때문에 포획용 드론에는 교란이 가지 않는다

드론 창의적 아이디어 설계(5)

드론 디자인

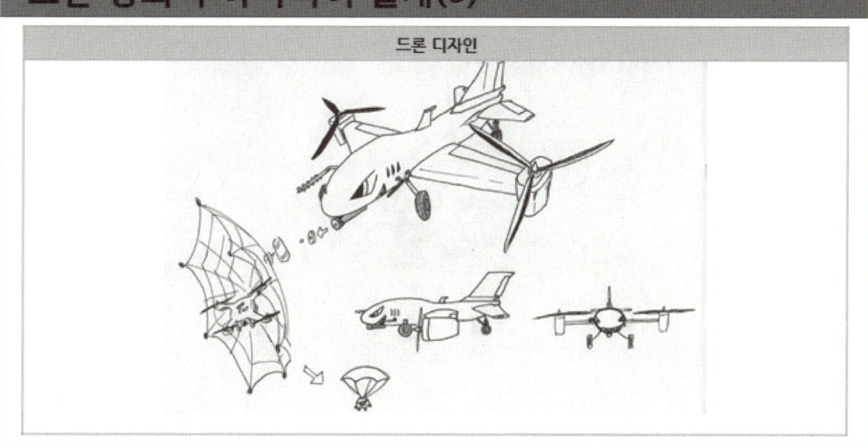

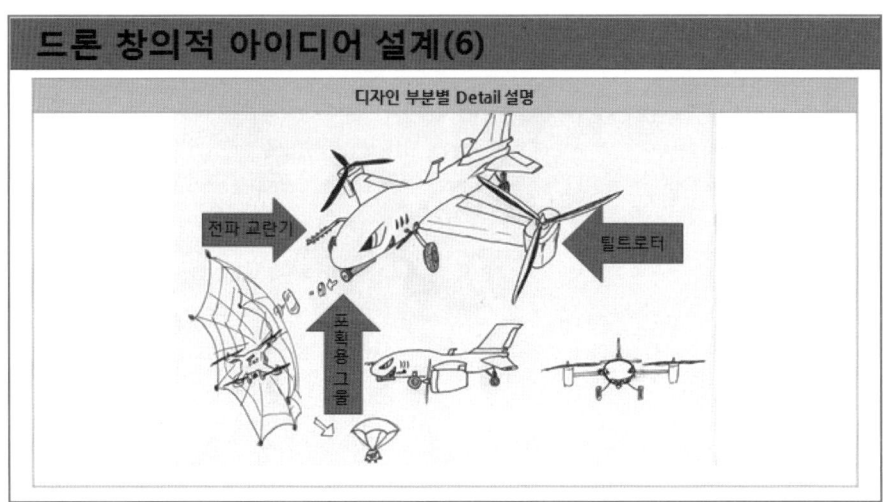

• 창의적 드론&로봇 설계 아카데미 양식

창의적 드론&로봇 설계 아카데미		
분야	자율, 동아리, 봉사, 진로, 교과, 기타	
프로그램(주제)		
이름(학번)		모둠 및 동아리명
창의적 드론&로봇 아이디어 요약 – 목적, 특징, 구조		

설계한 드론&로봇의 필요성

드론&로봇 사례 연구

설계한 드론&로봇의 원리

설계 드론&로봇의 컨셉트 및 장점

창의적 드론&로봇 설계 보고서 작성의 과정-결과 요약

배우고 느낀 점, 향후 계획

13. 환경 아카데미

환경 아카데미는 환경 보전뿐만 아니라 인간과 환경의 상호 관련성, 환경 문제 발생에 대한 책임 인식, 유한한 자원의 올바른 이용과 보전에 대한 자신의 생각을 정리하여 표현하는 활동이다. 이 활동의 특징은 환경 문제에 대해 적극적으로 고민하고, 문제를 해결하기 위한 노력을 통해 미래 사회에 대비하는 자세를 기르고자 하는 데 있다. 표현 방식으로는 포스터, 만화 그리기, UCC 제작, 독후감, 토론 활동 등의 형태가 가능하다. 이 활동을 바탕으로 과학적 문제 인식, 과학적 의사소통, 심미적 감성 역량, 창의적 사고 역량 등을 키울 수 있을 것이다.

• 환경 아카데미 활동의 과정 및 절차

환경 아카데미 활동은 우리 주변에서 볼 수 있는 환경 문제에 대해 인식하는 것에서부터 시작한다. 우선 다양한 환경 문제에 대해 조사하고, 모둠을 구성하여 문제에 대해 토의한다. 그리고 토의 과정에서 주제를 선정하고 소재를 정해, 이를 해결할 수 있는 방안에 대해 고민한다.

이 활동은 4월 중 진행하는 과학의 날 행사와 창의적 체험 활동 중 환경 교육 시간, 자율활동 및 진로 활동, 봉사 활동, 교과 수업, 과학적 탐구 활동 등을 활용해 다양한 형태로 실시할 수 있다. 활동의 평가는 크게 두 가지 요소로 나뉜다. 첫째는 주제와 소재에 대한 자신의 생각을 정확하게 표현해야 한다는 점이고, 둘째는 자신만의 해결 방안을 명확하게 제시해야 한다는 점이다.

이 과정을 간단하게 정리하면 다음과 같다.

---

(1) 환경 문제 조사
(2) 주제 선정
  - 예) 에너지
(3) 소재 선정
  - 예) 신재생에너지 생산, 햇빛 도시 조성 / 에너지 절약 실천 및 에너지 효율화 / 에너지 나눔과 에너지 복지 확대
(4) 표현(포스터, 만화, UCC, 탐구 활동 등)
(5) 평가

환경 아카데미 활동 후의 결과물은 학교의 다양한 곳에 전시함으로써 환경문제에 대해 인식에 공감하고 환경 문제를 해결하는 데 모두가 동참하는 계기를 마련할 수도 있다.

다음의 학생 작품과 양식지를 살펴보면 환경 아카데미 활동을 더 쉽게 이해할 수 있을 것이다. 양식지는 활동을 위한 기초 활동지이며 이 활동지를 재구성하여 작성하면 된다.

• 학생이 작성한 환경 아카데미 활동 예시

환경 아카데미 〈포스터〉		학번	이름

주제	에너지	
소재	1) 신재생에너지 생산, 햇빛도시 조성 2) 에너지 절약실천 및 에너지 효율화 3) 에너지 나눔과 에너지 복지 확대	1. 작품 사진 (포스터를 사진찍어 올리세요.)
표어	에너지절약/사칙연산	

2. 작품 설명

에너지 절약의 실천방안으로 수학공부 중, 우연히 사칙연산이라는 소재에 착안하여 주변에서 손쉽게 실천할 수 있는 작은 노력들을 간단한 그림으로 표현해 보았다.

'+'부분에서는 가까운 거리는 자동차 대신 두 다리를 더하고 더하여 이동할 수 있는 자전거타기를 더하기로 표현하였다.

'-'부분에서는 쓰지 않는 콘센트는 대기전력을 소모하여 에너지를 낭비하므로, 콘센트 뽑기를 빼기로 표현하였다.

'×'부분에서는 국내 종이컵 소비량이 연간에 117억 개에 달하는데, 종이컵 대신 에코컵 사용을 장려하여 곱셈의 연산처럼 많은 사람들이 사용할 수 있게 곱하기로 표현하였다.

'÷'부분에서는 우리가 낭비하고 있는 물을 절약함으로써 물 부족으로 고통 받는 지구촌 사람들과 물 나눔을 실천하고자 하는 바람으로 나누기로 표현하였다.

환경 아카데미 〈만화 그리기〉			학번	이름

주제	에너지	소재	1) 신재생에너지 생산, 햇빛도시 조성 2) 에너지 절약실천 및 에너지 효율화 3) 에너지 나눔과 에너지 복지 확대
소재	원자나라와 재생나라		
1. 작품 (작품을 사진 찍어 올리세요.)	 		

2. 작품 설명

왼쪽의 컷들과 오른쪽의 컷들은 서로 대비되는 짝이라 할 수 있다. 왼쪽의 컷들은 원자나라 (원자력나라를 줄여서 원자나라라고 명명함.) 오른쪽의 컷들은 재생나라 (신재생에너지나라를 줄여 재생나라라고 명명함.) 의 이야기이다. 전체적인 스토리는 아래와 같다. 원자력의 위험성이 대두되자 원자나라와 재생나라의 의원들은 원자력을 줄일 것을 주장한다. 그러나 원자나라의 대통령은 이를 무시하고 원자력발전을 계속한다. 원자나라 사람들은 이렇게 얻은 에너지를 아끼지 않고 쓴다. 반면 재생나라 대통령은 원자력발전을 전폭 줄이고 신재생에너지를 도입한다. 그러나 에너지가 부족한 상황에 놓인다. 이에 재생나라는 정부에서는 태양광 발전기 설치 지원, 에너지 저사용 가정에 대한 혜택 부과, 대중교통 가격 인하라는 정책을 내놓고 개인은 가까운 거리는 걷고 겨울에 내복을 입고 콘센트를 사용하지 않을 때 뽑는 등 에너지 절약을 위한 노력을 한다. 그러던 어느 날 지진이 두 나라에 발생한다. 원자나라는 원자력발전소에서 방사능이 유출되어 국민이 많이 죽지만 재생나라는 신재생 에너지를 사용하여 위기를 잘 극복한다.

• 환경 아카데미란 활동 양식 〈포스터〉

환경 아카데미 활동 〈포스터〉				
분야	자율, 동아리, 봉사, 진로, 교과, 기타			
프로그램(주제)					
이름(학번)		모둠 및 동아리명		
환경문제 조사하기				
주제 설정하기 / 주제 선정 이유				
소재 선정				
표어				

작품 사진

작품 설명

(포스터를 사진 찍어 게시)

환경 아카데미 활동의 과정-결과 요약

배우고 느낀 점, 향후 계획

• 환경 아카데미란 활동 양식 〈만화 그리기〉

환경 아카데미 활동 〈만화 그리기〉				
분야	자율, 동아리, 봉사, 진로, 교과, 기타			
프로그램(주제)				
이름(학번)		모둠 및 동아리명		

〈작품〉

①	②	③
④	⑤	⑥

작품 설명

환경 아카데미 활동의 과정-결과 요약

배우고 느낀 점, 향후 계획

• 환경 아카데미란 활동 양식 〈UCC제작〉

환경 아카데미 활동 〈UCC제작〉				
분야	자율, 동아리, 봉사, 진로, 교과, 기타			
프로그램(주제)					
이름(학번)		모둠 및 동아리명		
제작 동기				
작품명				
작품 설명				
환경 아카데미 활동의 과정-결과 요약				
배우고 느낀 점, 향후 계획				

14. 전공 분야별 신기술 연구 포럼

전공 분야별 신기술 연구 포럼은 자신이 관심을 가지고 있는 연구 분야에 어떤 신기술이 연구·개발되고 있으며 향후 전망은 어떠한지를 탐구해 보는 과정이다.

1차 산업 혁명 당시에는 증기기관을 통해 철도가 만들어졌고, 2차 산업 혁명은 전기를 이용해 대량 생산이 가능해졌다. 3차 산업 혁명은 반도체와 인터넷이 이끄는 컴퓨터 및 IT 기술의 발달로 인해 정보화의 시대라 불렸다. 4차 산업 혁명 시대는 로봇기술, 인공지능 기술, 빅데이터, 드론 등이 최대 이슈로 떠오르고 있다.

전공 분야별 신기술 연구 포럼은 다가오는 4차 산업 혁명 시대를 대비하여 최근 가장 이슈가 되고 있는 해당 전공 분야의 연구 동향 등을 조사하고 발표하는 과정을 통해 자신의 진로 분야에 대한 배경지식을 확장하고, 진로 목표를 구체화하는 것을 목적으로 하는 활동이다.

- **전공 분야별 신기술 연구 포럼의 과정과 절차**

전공 분야별 신기술 연구 포럼은 자신의 전공 분야의 최신 이슈가 무엇인지 탐구하고, 그 중에 가장 관심이 가는 분야의 기술 개발 동향 등을 수집하여 보고서를 작성한 후, 이를 발표하고 토의와 토론을 통해 전공 분야가 같은 학생들과 심화 배경지식을 탐구해 보는 방식으로 이루어진다.

포털사이트의 자신의 전공 분야를 검색하면 빅데이터, 로봇, 나노스케일 디자인, 시스템 생물학 등 다양한 분야의 이슈들을 탐색해 볼 수 있다. 이후 관련 사이트와 연구 논문, 신문 기사 등을 추가로 조사하면서 자신의 관심을 갖게 된 주제에 대해 탐구할 수 있을 것이다. 이러한 과정을 요약하면 전공 분야별 신기술 연구 포럼은 다음과 같은 절차에 따라 이루어진다.

---

(1) 자신의 전공 분야의 신기술 탐색
(2) 신기술 연구 동향에 대한 보고서 작성하기: 논문, 신문 기사 검색 등을 통해 보고서를 작성한다.
(3) 전공 분야별 신기술 연구 포럼 개최: 보고서에 대한 발제와 토의 및 토론을 실시한다.

전공 분야별 신기술 연구 포럼을 위한 보고서는 개발 중인 기술에 대한 자료조사 내용으로 보고서를 작성할 수도 있지만, 더 나아가 자신이 개발해 보고 싶은 관련 분야의 기술까지 창의적으로 정리해 볼 수도 있다. 또한 4차 산업 혁명 시대의 신기술이나 관련 기술 전반에 대해 알려 줄 수 있는 강사를 초빙하여 강의를 듣고 포럼을 진행해도 된다.

• 전공 분야별 신기술 연구 포럼 보고서

전공 분야별 신기술 연구 포럼 보고서				
분야	자율, 동아리, 봉사, 진로, 교과, 기타			
프로그램(주제)				
이름(학번)		모둠 및 동아리명		
자신이 선정한 전공 분야의 신기술				
선정한 신기술의 원리, 연구 동향 정리				
신기술의 발전 가능성 및 활용 방안, 현실화 가능성 정리				

| 자신이 개발하고 싶은 관련 분야의 신기술 소개 |

| 전공 분야별 신기술 연구 보고서의 과정-결과 요약 |

| 배우고 느낀 점, 향후 계획 |

15. 코딩 아카데미

코딩이란 주어진 명령을 컴퓨터가 이해할 수 있는 언어로 입력하는 것을 의미한다. 구체적으로는 Java, C+언어, Python 등의 컴퓨터 언어로 프로그램을 만드는 것이라 할 수 있다. 최근 우리나라에서도 중학교 과정에서 코딩이 의무화되고, 각종 코딩 프로그램이 실시되고 있다.

코딩 프로그램이 전 세계적으로 유행하고 있는 이유는 소프트웨어를 다룰 수 있는 인재의 수요가 폭발적으로 증가하고 있기 때문이다. 코딩 교육은 프로그램 개발자가 되고자 하는 학생들에게만 필요한 것이 아니다. 컴퓨터 프로그래밍을 통해 문제를 분석하고, 논리에 의한 문제 해결 알고리즘을 작성하는 과정에서 논리적인 사고력과 문제 해결 능력, 창의력을 키우는 데에도 큰 도움이 된다. 따라서 코딩 교육은 컴퓨터를 통해 생각하는 새로운 방법인 알고리즘을 이해하고 익히는 것에 주안점을 두어야 한다.

또한 코딩 프로그램에 인문학적 창의력을 적용하는 것도 중요하다. 미국 〈하버드 비즈니스 리뷰〉는 인공지능과 데이터 중심 사회에서 오히려 인문학의 가치가 중요해질 것이라 말하고 있다. 정보화 시대에는 기술과 지식보다 생각하는 방식이 더욱 중요해지기 때문이다. 과학기술이 발달할수록 인간과 세상에 대한 근본적인 질문을 던지는 인문학이 중요해지며, 인문학적 상상력은 프로그램을 개발하는 데에도 큰 도움이 된다. 따라서 알고리즘을 이해한 이후에는 자신의 진로 및 전공 분야의 아이디어를 코딩을 통해 구현하는 과정이 반드시 필요하다.

• 코딩 아카데미의 과정 및 절차

학교에서 할 수 있는 코딩 교육은 소프트웨어의 개념을 이해하고, 프로그래밍 언어를 사용해 프로그램을 개발하는 과정으로 이루어진다. 최근에는 MIT에서 개발한 스크래치나 Microsoft에서 개발한 KODU 등과 같이 쉽게 코딩할 수 있는 프로그램들을 통해 코딩 교육을 하는 경우가 많다. 또한 Java, C+언어, Python 등을 통한 프로그래밍 교육, 빅데이터 분석 교육 등을 실시하기도 한다.

코딩 아카데미는 정보교과에서 실시하거나 외부 전문가를 초빙하여 실시할 수도 있다. 최근에는 대학 혹은 기업에서 후원하여 코딩 아카데미가 열리는 경우도 많으므로 이를 활용하는 것도 좋은 방법이다. 강사 초빙이 어렵다면 MOOC 강의 가운데 코딩 관련 강의가 많으므로 MOOC를 활용해도 된다. 하지만 코딩에 대한 기초소양이 없는 경우에는 MOOC 강의를 이해하기 어려운 것이 사실이므로 코딩 아카데미는 전문 강사를 통해 이루어지는 것이 좋다.

1. 코딩 아카데미 참가: 아카데미에 참가하여 기초 프로그램 과정을 이수한다.
2. 자신만의 프로그램 구안하기: 자신의 진로-전공 분야 혹은 창의적인 아이디어를 구현할 수 있는 알고리즘 혹은 프로그램을 구안해 본다.
3. 프로그램 제작하기: 구안한 프로그램을 실제로 만들어 본다.

1, 2, 3의 과정 모두를 개인이 실행하기 어렵다면 1과 2 과정까지는 모둠을 구성하여 진행할 수도 있다.

• 코딩 아카데미 보고서 양식

코딩 아카데미 보고서				
분야	자율, 동아리, 봉사, 진로, 교과, 기타			
프로그램(주제)				
이름(학번)		모둠 및 동아리명		
코딩 아카데미에 참여하게 된 동기				
코딩과 관련된 MOOC 강의 요약				
자신의 진로-전공 분야에 필요한 프로그램 구안해 보기				

구안한 프로그램을 제작하기 위해 필요한 알고리즘 분석하기

코딩 아카데미 보고서의 과정-결과 요약

배우고 느낀 점, 향후 계획

학생부 디자인과 빌드업

3장

전공 가이드북으로
학생부 속 역량 카운팅하기

자신의 학생부를 어떻게 객관적으로 평가할 수 있을까? 대학에서 학생부를 평가하는 관점을 스스로 체크해 볼 수 있는 꿀팁은 바로 대학에서 발표하는 가이드북을 활용하는 것이다. 이미 대학에서는 학생부 종합전형 가이드북이나 학과나 전공 가이드북을 통해서 좋은 정보들을 많이 주고 있다.

이때 내가 희망하는 대학만 보는 것보다 3, 4개 이상 대학의 가이드북을 살펴보는 것을 권장한다. 전반적으로는 비슷한 전공 분야를 소개하고 있지만 조금씩 다른 정보를 주기도 하기 때문에 희망 대학을 비롯한 여러 대학의 가이드북을 함께 비교하며 보는 것이 좋다. 또한 메인 학과 이외에 유사한 성격을 가진 1~2개 학과의 가이드북을 보는 것도 필요하다.

특히 전공 가이드북을 꼭 활용해야 하는 이유는 해당 대학과 학과를 지원할 때 어떤 학생을 선발하고자 하는지 가이드북에 명확히 제시되어 있기 때문이다. 신약 치료제를 만드는 연구원이 되고 싶다고 생명공학과에 지원했는데, 그 대학에는 신약 치료와 관련된 커리큘럼이 전혀 없을 수도 있다. 그러면 그 학생을 선발할 이유가 있을까?

그래서 희망 대학을 포함한 여러 대학의 가이드북을 면밀히 보면서 관련 키워드를 의식하고 활동하는 것이 좋다. 단, 대학의 커리큘럼을 참고한다고 해서 대학생 수준으로 활동해야 한다는 것은 아니다. 고등학교 교육과정에 근거하여 대학에서 배우는 학문 분야를 알아보면서 학과에 대한 이해도를 높이는 활동을 해야 한다는 의미이다.

실제 사례를 바탕으로 동국대학교와 고려대학교의 가이드북을 기준으로 하여 합격자의 학생부를 분석해 보자.

1) 숭실대학교 경영학과에 합격한 학생의 학생부 예시 (문과)
동국대 입학처 홈페이지에 들어가면 '수시' 메뉴 안에 '2026학년도 3종 가이드북' 메뉴가 있다. 여기에서 전공 가이드북에 들어가면 된다. 여기에서는 경영대학교를 예시로 살펴보자.

우선 가이드북에 나와 있는 희망 학과와 관련된 전공 분야를 체크하는 것이 가장 중요하다. 동국대학교 같은 경우는 전공 준비 팁 항목 중의 하나로 기초 소양 항목이 있는데, 여기에서 말하는 역량은 커뮤니케이션 능력, 리더십과 협업, 또 윤리적 의식 등이다. 교과 과목에서는 수학, 경제학, 사회 역사 과목의 공부가 도움이 되고 철학과 같은 인문학 공부도 중요하다는 내용이 나와 있다. 어떤 과목에서 어떤 역량을 보이는 것이 중요한지, 즉 어떤 학생을 뽑고 싶은지 가이드북을 통해 명확히 제시하고 있는 것이다.

특히 '주요 전공 과목' 소개 항목이 중요하다. 이 부분을 보면 경영학 원론부터 경영 통계, 마케팅 조직 재무 관리, 회계 원리 등 여러 과목이 나오고 그 아래에 주요 전공 과목에 대한 설명도 달려 있다. 이 4가지의 전공 과목 설명에 집중해야 한다.

주요 전공과목 설명			
01. 마케팅 원론 소비자에 대한 이해와 마케팅 전략, 제품 개발, 유통 관리 등에 대해 학습합니다.	02. 조직 행위 조직 행동을 이해하고 동기부여, 의사소통과 갈등, 리더십 등에 대해 학습합니다.	03. 재무 관리 재무의사결정을 이해하고 예산편성, 자금조달, 자본지출 등에 대해 학습합니다.	04. 운영 관리 제품과 서비스의 전반적인 생산 시스템과 운영 관리 전략 등에 대해 학습합니다.

동국대학교 입학처, 2026학년도 3종 가이드북, 2025.

교내에서 전공과 관련된 활동을 할 때 마케팅 원론, 조직 행위, 재무관리, 운영관리라는 네 가지 측면에서 내가 어떤 전공 분야의 탐구 활동을 했는지 분석해 봐야 하는 것이다. 예를 들어 마케팅 원론이라면 '소비자에 대한 이해와 마케팅 전략, 제품 개발, 유통 관리에 대해 학습합니다.'라고 가이드북에 구체적인 내용이 나와 있다. 이러한 정보를 바탕으로 내가 하는 활동이 전공 분야 중에서 어디에 해당하는 활동인지를 반드시 알아야 한다.

실제 합격자의 학생부를 경영학과의 전공 영역과 연관지어서 살펴보자. 1학년 때는 '창업 아이템을 주제로 보고서를 작성'했고 이때 마케팅까지 연계했다는 내용이 있다. 굳이 영역을 나누자면 경영 관리와 마케팅에 해당하는 주제 탐구를 했다고 볼 수 있다.

또 동아리 활동에서는 '기업의 경영 전략과 마케팅 전략'에 대해서 탐구했다는 사실을 밝혔는데, 경영 관리와 마케팅에 대한 탐구가 두 번 연속으로 겹치고 있다. 즉 경영 관리와 마케팅과 관련된 탐구를 주로 하고 있다는 방향성을 또렷하게 확인할 수 있게 된다.

그리고 1학년 진로 활동에서는 '다국적 기업의 해외 시장 진출 전략'에 대해 발표했는데, 이 주제는 글로벌 비즈니스에 해당하는 매력적인 주제다. 마케팅이 아닌 다른 전공 영역의 주제가 나왔다는 점도 긍정적이다. 하지만 실제 내용을 들여다보면 '해외 시장에서의 마케팅믹스 전략이 왜 중요한지 구체적으로 발표'했다고 해서 다시 마케팅에 초점을 맞추는 등 자신의 관심분야인 마케팅에 치우친 부분이 다소 아쉬웠다.

이 학생은 2학년 때도 전반적으로 경영 관리와 마케팅에 치중된 활동을 했다. 이렇게 만들어 진 학생부는, 대학 입장에서 볼 때, 학생의 관심사는 충분히 알 수 있지만, 마케팅과 경영 관리가 여러 번 반복되어 있어 학과 전반에 대한 이해도를 높이며 자기 관심사를 충분히 드러내지는 못했다는 아쉬움이 남는다.

	경영관리	글로벌 비즈니스	마케팅	재무금융	회계학	IS	LSOM
창체	2	1	3				
교과세특	4		8	1			

경영학과 전공 분야 카운팅

예를 들어 재무 금융 관련하여 기업의 위험 관리 등을 교과 세특에서 연계했거나, 글로벌 비즈니스의 경우에도 다국적 기업의 글로벌 경영이나 국제시장 진출 등으로 꼭지를 구체화했다면 더 좋은 평가를 받을 수 있었을 것이다. 그럼에도 관심 분야에 깊이 있는 탐구 활동을 보여 주었고, 성적도 꾸준히 우상향한 기록이 있기 때문에 최종적으로는 숭실대학교 경영학과에 합격할 수 있었던 학생부다.

사례 2) 고려대학교 반도체공학과 합격 – 이과

고려대학교는 가이드북에서 반도체 학과의 전공 과목을 표기하고 있지 않다. 실제로 특성화 학과는 설명이 자세하지 않은 경우가 있다. 그럴 때는 반도체공학보다 넓은 범위의 학과인 전기전자공학부의 가이드북을 살펴봐야 한다.

고려대학교 인재발굴처 홈페이지에 들어가면 '학교 안내 – 전공 안내'에 단과 대학과 학과 모집 단위가 나와 있다. 그중 공과대학에서 전기전자공학부 모집 단위를 살펴보자. 고려대학교의 경우 재미있는 특징은 '이런 학생이 ○○○에 딱!'이라는 코너가 모든 학과에 제시된다는 점이다. 전기전자공학부는 '수학·물리·컴퓨터 과목이 지루하지 않다', '호기심이 왕성하고 원인과 결과를 분석하여 상관관계를 찾는 데 재능이 있다', '집중력이 뛰어나며 풍부한 독서 활동과 성찰로 어느 한 분야에 치우치지 않는 사고를 지녔다', '게임을 하다가도 '어떻게 만들었을까'를 한 번쯤 생각해 본다', '새로 나오는 전자기기는 써 보지 않고는 못 배긴다'에 해당하는 학생들이 이 학과에 잘 맞을 것 같다고 한다. 즉 전기전자공학과에는 이런 특징을 가진 학생들이 많다는 뜻이고, 이러한 성향을 생기부에서 드러내는 것이 또 하나의 팁이 될 수 있다.

전공 분야를 살펴보면 '반도체와 나노', '직접 회로', '신호 및 멀티미디어', '제어 로봇 시스템', '전기 에너지', '컴퓨터 공학 통신 및 네트워크'의 항목들이 보인다. 사실 이 분야들만 봐도 학생부에서 다뤄야 할 주제는 모두 나온 셈이다.

실제 합격자의 학생부를 살펴보면, 우선 1학년 때 제어, 컴퓨터 공학과 관련된 탐구가 먼저 드러난다. '라즈베리파이를 이용해 자동차를 디자인 및 제작하고 리모컨을 조작해 자동차의 운행상태를 조정'했다는 탐구 활동이 구체적으로 기재되어 있다.

또 '미래 기술의 현재 동향 파악을 주제로 정리'했다는 부분도 좋게 평가될 만하다. 인문은 세계화, 국제화된 사회 안에서 본인의 전공 영역에 해당하는 주제를 탐구하는 것을 선호한다면, 자연계열에서는 지금 현재 전공 분야의 기술 동향 즉 신기술이 어디까지 개발되고 있는지에 탐구하는 것을 선호하기 때문이다.

이 학생의 경우 미래 기술의 현재 동향을 '대주제'로 잡았는데 소주제는 '반도체 공정'이다. 본인의 관심사도 드러내며 반도체 영역을 한번 언급한 것이다.

다음으로 진로 활동에서 '반도체 제대로 이해하기'를 읽어 진로독서를 했고, 'GPS 시스템' 즉 통신 네트워크 분야를 탐구했다. 제어, 컴퓨터, 반도체, 통신 등 전공 분야 지식을 넓히려는 시도가 돋보이며, 그 와중에 반도체와 컴퓨터에 더 집중한 활동이 드러난다. 1, 2학년을 종합해 보면 전공 분야로 넓게 주제 형성이 되어 있는 가운데 반도체와 컴퓨터에 대한 관심이 많다는 사실도 명확하게 보여 주는 생기부다.

놀라운 점은 1학년 통합과학에서 기존에 다루지 않았던 물리, '효율적인 송전 방법 탐구'가 나온다는 것이다. 그에 더해서 반도체 연구를 할 때 '반도체의 전기적 특성'을 탐구하며 반도체와 전기 에너지를 융합한 주제를 다루는 등 자신의 희망 전공 분야에 해당하는 지식을 종합적으로 다루고 있다는 점도 높은 평가를 받을 수 있는 부분이다.

이렇게 학과의 성격을 명확히 이해하며 주제를 디자인하면 학생부가 좋은 평가를 받을 수 있다. 이 학생의 경우 가이드북을 기반으로 2학년 때까지 탐구했던 주제들을 분석하여, 3학년 때 부족했던 나머지 영역을 커버하는 등 주제를 다루는 능력이 아주 탁월했다.

현장에서 학생들을 지도할 때, 서로 연관되어 있는 학과가 많기 때문에 학생들에게 메인학과와 서브학과를 같이 고려하라는 이야기를 많이 한다. 예를 들면 전기전자공학부를 준비하면서 유사한 전공 분야인 컴퓨터공학, 소프트웨어, 반도체 등의 학과를 함께 준비할 수 있는 것이다. 그러니 전공을 두세 개 정도 같이 고려하여 좀 더 폭넓은 학과의 주제를 먼저 탐구하면 좋다. 희망 학과와 비슷한 계열의 학과들의 가이드북도 함께 보면 주제를 더욱 풍성하게 잡을 수 있다.

	반도체 및 나노	직접회로	신호처리 및 멀티미디어	제어, 로봇, 시스템	전기에너지	컴퓨터공학	통신 및 네트워크
창체	3	2	2	제어 4, 로봇 2, 시스템 2		5	2
교과세특	3			로봇 1	1	4	1

전기전자공학부 전공 분야 카운팅

대주제를 잡은 뒤 자신의 관심사를 소주제 안에서 드러내는 방식으로 주제 탐구를 해 가면 충분히 학생부를 스스로 디자인할 수 있다. 또 이렇게 탐구 주제가 잘 잡히면 학생부 기재가 좋아질 수밖에 없기 때문에 결국 주제를 잘 디자인하면 그 자체로 역량을 드러낼 수도 있다는 점을 명심해야 한다.

대학 가이드북을 바탕으로
학생부 빌드업하기

학생부를 바탕으로 희망 대학에 지원할 때는 자신의 학생부를 분석하고 이를 바탕으로 후속 활동을 디자인하며 마무리해야 완성도를 높일 수 있다. 학생부 빌드업의 전략적인 방향성은 크게 강화, 확장, 전환의 세 가지로 구분할 수 있다.

우선 꿈이 명확하고 하나의 전공을 꾸준히 희망하며 활동한 경우에는 강화 전략이 유리하다. 한 분야에 한정하고 집중하여 원래 가지고 있던 무기를 어떻게 더 강하게 만들지를 고민하는 것이다. 이런 유형의 학생들은 수시 원서 6장을 쓴다고 하면 모두 같은 과를 지원하게 된다. 물론 이 경우는 그 학과의 특성을 면밀하게 알고 있고, 이전까지 해 온 활동들이 모두 해당 학과와 관련이 있을 경우에 가능하다. 보통 상위권 학생들이 쓰는 전략이기도 하다.

확장 전략은 꾸준히 하나의 전공을 희망하여 활동했으면서 지원할 학과의 확장성이 큰 경우에 적용된다. 요즘은 물리나 화학 베이스 등의 특성화 학과들이 크게 늘어서, 한 대학에도 관련 학과가 서너 개씩 있는 경우가 많다. 그런데 그 안에서도 인기도가 다르다 보니 입시 결과는 크게 차이가 난다. 그렇다면 유사 학과에 들어가서 복수전공이나 전과하는 것도 좋은 방법이다. 생명공학과를 갈 수도 있지만, 식품 관련 활동 내역이 있다면 전략적으로 식품생명공학과를 지원하는 등 전략적으로 확장하는 것이다.

학교 생활 중에 여러 활동에 참여했지만 특별히 하나의 전공에 특화된 강점이 보이지 않는 경우에는 전환 전략을 써야 한다. 이를테면 자신은 경제학과를 지망하고 이에 적합한 활동을 했다고 생각하는데, 실제로 학생부를 살펴보면 사회학과에 더 매칭되는 활동이 많았던 경우라면 아예 목표 학과를 바꾸는 것이 훨씬 유리하다.

이처럼 3학년 1학기에 학생부를 마무리하는 시기에는 전반적으로 학생부를 살펴보고 이에 맞춘 전략적인 접근이 필요하다. 완전히 새로운 활동보다 1, 2학년 때 했던 전공 관련 활동 가운데 우수했던 활동을 더욱 세부적인 주제로 심화해서 학생부를 완성해야 한다. 특히 학생부 내용은 그대로 면접으로 이어지므로, 단순히 기재만 잘 되는 것이 아니라 학생부에 드러낸 관심 주제나 활동에 대해서 충분히 이해하고 자신 있게 설명할 수 있어야 한다.

• 전공 가이드북을 활용한 강화 사례: 강화

진로 희망	마케팅 전문가-기업가-스타트업 창업가(사회적 기업)
대학 가이드북 분석	경영학과의 전공 영역 분석= 경영 관리, 경영 정보 시스템, 국제경영, 마케팅 등의 학문 분야를 확인하고 학생부 분석
자신이 수행한 활동 분석	'SPA 의류선택에 영향을 미치는 요인', '휴대폰 제조사별 마케팅 전략 비교', '2012년대 패러다임 변화 시기의 국제경영 전략', '핀테크를 통한 금융 환경 개발', '기업 집단의 경영 구조와 기업 성과 및 기업 가치의 인과 관계', '한중일 디자인 협업을 통한 부가가치 창출', '금리 인상과 재정 정책', '통화 정책이 사회에 미치는 영향' 등
학생부 분석	경영 관리, 국제 경영, 마케팅 관련 활동 등이 주된 전공 관련 활동이며 다른 학과에 적합한 활동이 충분하지 않다고 분석
학생부 추가 활동 기획	경영정보시스템과 관련된 활동 추가, 자신이 관심이 많은 창업과 사회적 기업과 관련된 활동 및 독서 추가
학생부 마무리	'창업과 기업의 사회적 공헌', '기업의 사회적 역할', '사회적 기업과 사회적 경제', '스타트업 기업의 성공 요건', '새로운 모색, 사회적 기업', '창조적 독점을 위한 스타트업 창업' 등의 활동 및 독서를 추가

서울대 경영학과에 합격한 학생의 사례다. 대학의 가이드북을 분석해 보면 경영관리, 경영정보 시스템, 국제경영, 마케팅 등의 학문 분야가 필요하다는 내용이 담겨 있다. 학생의 학생부를 보면 기존에 하나도 빼놓지 않고 경영 관리, 국제 경영, 마케팅 활동 등 모든 활동이 경영과 관련되어 있었다. 이 경우에는 다른 학과에 적합한 활동이 애초에 없기 때문에 경영에서 강점을 보여줘야 한다.

그중 경영정보 시스템 관련 활동이 없기 때문에 관련 내용을 추가하여 상대적으로 부족한 영역을 더해 주는 방향으로 전략을 세웠다. 또 '이윤을 창출하는 사회적 기업을 만들고 싶다'는 본인의 진로 희망이 학생부에서 드러나지 않아 추가적인 활동을 기획했다.

그래서 '창업과 기업의 사회적 공헌'이나 '기업의 사회적 역할' 등의 활동 및 독서를 추가하며 학생부를 마무리하게 됐다. 결과적으로 이 학생은 3개 대학의 경영학과에 합격했다.

중요한 사실을 다시 언급하자면, 학생부 디자인은 고스란히 면접에서 맥락이 이어진다. 학생부에 언급한 내용이나 진로 희망에 대해서 면접에서도 물어볼 수밖에 없다. 이 학생의 실제 면접 사례를 보면 꼬리에 꼬리를 무는 질문이 이어졌는데, 학생의 입장에서는 계속 공격을 받는다고 느낄 수 있는 유형의 면접이다. 하지만 관련 주제 탐구를 성실하게 수행하여 배경지식을 충분히 쌓은 이 학생은 교수님의 질문을 따라가며 대답할 수 있었고, 결국 합격했다.

(교수 1) 지원동기부터 말해 보세요.
제가 경영학과에 지원하게 된 것은 기업의 성공적 운영에 대해 배워보고 싶어서입니다. 저는 어렸을 적 파리에서 루이비통 매장을 보고 **기업의 브랜드가 가진 힘**에 큰 관심을 가지게 되었습니다. 이후에 기업과 관련한 일을 해 보겠다는 저의 꿈은 고등학교의 진로 진학 프로그램을 하면서 구체화될 수 있었고, 저는 현재 꼭 성공적인 창업을 통해 많은 재무적 성과를 내고, 동시에 사람들의 라이프 스타일을 긍정적으로 발전시키는 기업가가 되고픈 꿈을 가지고 있습니다.

(교수 1) 루이비통의 브랜드가 **그런 힘을 가지게 된 이유**가 뭔가요?

저는 루이비통의 브랜드가 그런 힘을 얻게 된 것이 소비자들에게 지속적 신뢰를 쌓아 주고, 좋은 제품을 만들었기 때문이라고 생각합니다.

(교수 2) 그렇다면 루이비통은 정당한가요? 소비자의 허영심을 부추긴 것은 아닌가요?

네, 물론 그런 측면이 있다고 생각합니다. 하지만 저는 그와 같은 제품을 만드는 것이 아니라 소비자에게도 긍정적인 가치를 제공하는 기업을 만들고 싶습니다. 예를 들어 테슬라가 **혁신**을 통해서 현재 사회에 필요한 친환경자동차를 공급하고, 기업 자체로도 이윤을 추구했듯이 저 또한 좋은 제품을 만들고 브랜드를 통해서 적극적으로 소비자의 마음을 공략하는 사람이 되고 싶습니다.

(교수 1) **혁신**이 무엇인가요?

사람들에게 기존에는 존재하지 않던 라이프 스타일을 제공하는 것이라고 생각합니다.

(교수 1) 그렇다면 애플의 브랜드는 아직도 인기가 있다고 보나요? 스티브 잡스가 죽은 이후 지금 판매가 덜 되고 있어요. 최근 제품도 별로 인기가 없고요.

저는 애플의 브랜드가 여전한 인기가 있다고 생각합니다. 최근에 수능이 끝나면서 주변의 친구들이 모두 아이폰으로 핸드폰을 바꾸었습니다. 제가 친구들에게 이유가 무엇이냐고 물은 적이 있는데 대부분의 친구가 모두 애플의 사과 모양 로고를 소유하고 싶어서 그랬다고 했었습니다. 그래서 저는 이런 경험을 하면서 애플은 여전히 강한 브랜드를 가지고 있다고 생각하게 되었습니다.

(교수 1) 그렇다면 애플은 지속적으로 혁신하고 있나요? 혁신을 어떻게 해야 할까요?

현재는 혁신을 하고 있다고 생각하지는 않지만, 과거에 아이패드를 새로 출시했던 것처럼 향후에 새로운 제품을 낸다면 혁신을 할 수 있다고 생각합니다.

(교수 1) 근데 아이패드는 아직도 혁신인가요?

물론 현재는 아니라고 생각합니다. 출시 당시에는 경쟁 우위를 갖춘 독점을 창출했지만, 삼성과 같은 경쟁자들이 적극적 모방을 하면서 완전 경쟁의 상태로 빠졌다고 생각합니다.

(교수1) 애플의 브랜드는 영원하다고 보나요?

물론 아니라고 생각합니다. 애플의 브랜드가 영원하려면 지속적인 제품 관리, 특히 제품 수명 주기를 고려한 연구개 발을 해야 한다고 생각합니다.

(교수 2) 《제로투원》을 읽었네요. 가장 인상 깊었던 내용이 뭔가요?

제가 가장 인상 깊게 읽었던 내용은 유행하는 트렌드를 따라가는 것이 혁신이 아니라는 내용이었습니다. (말이 약간 꼬였다가) 구체적으로는 3D 프린터나 VR과 같이 기존에 존재하는 것을 연구하는 것이 혁신이 아니고 없는 것을 만들어가는 것이 **독점**이라는 작가의 말이 인상적이었습니다.

(교수 2) 그렇다면 **독점**은 좋은 것일까요?
네, 저는 기업의 입장에서는 이윤을 극대화할 수 있기 때문에 독점이 좋은 것이라고 생각합니다. 물론 제가 TESAT을 공부하면서 가격 차별과 같은 독점이 일어나면 소비자의 후생이 줄어든다는 내용을 본 적이 있었습니다. 이런 단점에도 불구하고 저는 기업의 입장에서 볼 때 이윤은 크게 할 수 있기 때문에 독점은 좋은 것이라고 생각했습니다.

(교수 2) 기업의 **사회적 책임**에 대해서는 생각해 본 적 없나요?
있습니다. 제가 기업의 사회적인 역할에 대해서 알기 시작한 것은 고등학교 2학년 무렵입니다. 저는 동아리에서 사회적 기업에 대한 토론을 나누게 되었는데, 그때 이후 저는 저 역시도 그런 기업을 추구해야 하겠다는 생각을 하게 되어 테슬라와 같이 이윤을 만들면서도 사회적으로, **환경적**으로 공헌할 수 있는 기업을 만들어야 한다고 생각했습니다.

(교수 1) 왜 그게 친환경인가요?
그것은 테슬라가 배기가스를 배출하지 않는 방식의 전기 자동차를 생산하기 때문입니다.

• 전공 가이드북을 활용한 강화 사례: 확장

진로희망	IT 전문가-스마트홈 플랫폼 개발자-IT개발자
대학 가이드북 분석	컴퓨터학과 및 소프트웨어학과의 전공 영역 분석= 이공수학, 정보 및 자료구조, 데이터베이스, 컴퓨터 시스템, 알고리즘, 통신, 정보보호 등의 학문분야를 확인하고 학생부 분석
자신이 수행한 활동 분석	'웨어러블 디바이스의 한계와 새로운 개념의 고안', '새로운 S-HOME SYSTEM의 구성', '스마트홈 플랫폼의 발전가능성', 'Deep Learning 학습의 원리와 실제', '스마트워치의 활용 방안', '유비쿼터스 기술의 현재와 미래', '5G 기술의 원리', 'PID Contoller 제어와 PI 제어', 'BJT와 FET의 특징 비교분석과 효율적인 활용방안 도출'
학생부 분석(1)	IT 분야와 스마트홈 플랫폼 관련 활동이 있지만 중복되는 활동이 많음. 소프트웨어학과에 지원할 만한 활동이 없고, 실제 코딩이나 알고리즘에 대한 지식이 부족함.
자신의 활동을 확장할 수 있는 학과 탐색	전기전자공학부의 전공 영역 분석= 반도체 및 나노, 집적회로, 신호처리 및 멀티미디어, 제어, 자동화, 지능시스템, 전기에너지, 컴퓨터 및 정보망, 통신 및 네트워크 등의 학문 분야를 확인
학생부 분석(2)	전기전자공학부의 전공 분야 가운데 반도체 및 통신, 제어 및 자동화, 멀티미디어 관련 활동이 학생부에 있음을 확인함.
학생부 추가 활동 기획	반도체 및 통신 관련 독서 및 주제 탐구 활동을 추가함.
학생부 마무리	'아두이노 기반 드론', '반도체 기술의 변천사', '센싱기술', '네트워크 기술', '이더넷 실드를 통한 네트워크와 통신' 등의 활동 및 독서를 추가

학생이 수행한 활동을 보면 '웨어러블 디바이스', '스마트폰 플랫폼', '딥러닝' 등의 항목이 있는데, 문제는 과학적 깊이가 다소 부족한 활동이 많다는 데 있었다. 또한 컴퓨팅적 사고력 등 컴퓨터공학 관련 전공 분야에 대한 이해가 높다고 보기에도 부족함이 있었다.

학생부를 분석해 보니, IT 분야와 스마트홈 플랫폼 관련 활동이 있긴 하지만 중복되는 점이 많았다. 또 소프트웨어학과에 지원할 만한 활동이 없고, 실제 코딩이나 알고리즘에 대한 지식도 드러나지 않았다.

이럴 때는 확장의 가능성을 탐색해 봐야 한다. 가이드북을 살펴보면 전기전자공학부에 '반도체 및 나노', '집적 회로', '신호 처리 및 멀티미디어' 등의 분야가 있는데 이 학생은 이미 이러한 분야에 대한 탐구를 교과 수행평가 등을 통해 충분히 하였다. 반도체 및 통신, 제어 및 자동화, 멀티미디어와 관련된 활동을 교과와 창체에서 채웠기 때문에 반도체나 통신 관련한 독서 및 주제 활동을 추가하면서 학생부를 마무리할 수 있었다. 컴퓨터 학과를 기준으로 보면 부족하지만 학과를 확장하여 전기전자공학부를 기반으로 보면 충분히 경쟁력 있는 학생부를 만들어낸 것이다.

이 학생은 전기전자공학부 관련된 심화 활동을 추가한 뒤 전기전자공학부, 컴퓨터공학과, 소프트웨어학과를 모두 지원했는데 결과적으로는 2개 대학의 전기전자공학부에 합격했다.

자연공학계열의 면접에서는 개념 자체의 이해, 개념의 활용까지 고려하여 답할 수 있어야 한다. 학생부에서 보여준 활동 내용이나 역량에 대하여 정확히 이해하고 있어야 면접에서도 그 연장선에서 어필할 수 있다. 이 학생의 케이스를 보면 학생부에 언급된 개념에 대해 집중적으로 질문을 받았다. 따라서 자연공학계열 학생들은 자신이 언급하는 용어의 개념에 대해서도 충분히 이해하며 전공 관련 활동을 해야 한다.

(입학사정관) 자소서나 학생부에 보면 스마트홈 플랫폼 개발자를 꿈꾸고 있고, 많은 활동들을 진행했는데, 그럼 혹시 IPv4 체계와 IPv6 체계의 차이점에 대해 알고 있나요?

네, 유비쿼터스 개론서를 읽으며 개념을 정립할 수 있었는데요. IPv4 체계는 현재 사용되는 주소 체계로 사물인터넷 시대가 도래함에 따라 그 한계가 드러나고 있습니다. 때문에 보다 많은 사물 간의 연결을 원활하게 하기 위해 차세대 주소 체계인 IPv6 체계가 필요한 것으로 압니다. 주소 수를 늘려 수많은 사물을 등록하기 위함이라고 할 수 있겠습니다.

(입학사정관) 그렇다면 스마트홈 플랫폼을 개발함에 있어 대상 집단과 스스로 생각해 본 상용화 연도 등에 대해 말해 보세요.

네, 저는 2학년 때 작성한 새로운 스마트홈 플랫폼의 구상과 발전 가능성이라는 논문에서 해당 내용이 포함된 논문을 작성해 보았습니다. 상용화 년도는 구체적으로 생각해 보지 않았지만 일반적인 가정에서도 스마트홈이 적용되는 것을 목표로 스마트홈을 구상해 보았고, 시간 및 에너지의 효율적 활용을 통해 삶의 질을 높이는 스마트홈을 개발하고 싶다고 생각하게 되었습니다.

(교수님) 자기소개서에서 기술적인 측면에 대해 많이 언급하셨는데, 정보 통신 세미나에서 5G 기술에 적용된 파동의 원리에 대

해 흥미를 가졌다고 했는데, 파동의 원리가 어떤 식으로 5G 기술에 적용되었는지 설명해 볼래요?

5G 기술에 어떤 방식으로 파동의 원리가 적용되었는지에 대해서는 정확히 공부하지는 못했습니다. 다만 설명해 주시는 분께서 5G 기술에도 물리 교과의 파동의 원리와 많은 수학적 개념들이 적용되어 있다고 언급해 주셔서 그 부분에서 흥미를 느낄 수 있었고, 2G, 3G 그리고 5G까지의 발전 과정에 대해 알 수 있었습니다.

(교수) 그렇다면 2G와 3G에 적용되는 파동의 원리와 5G 기술에 적용되는 파동 원리의 차이를 알고 있나요?

아…, 그 부분은 잘 모르겠습니다.

(교수) 그러면 자기소개서에서 PID Controller에 대해 언급했는데, 그게 뭔지 설명해 보세요.

PID Controller란 드론 제어에 적용되는 제어소프트웨어로, 비례적분제어, 미분제어를 통해 드론 기체의 밸런스를 맞추는 역할을 한다고 알고 있습니다.

(교수) 그렇다면 PID는 무슨 뜻인가요?

P는 비례 (Proprotional), I는 적분(integral), D는 미분(derivative)입니다.

(교수) (끄덕여 주시면서) 그럼 드론에서 PID Controller를 통해 받는

입력값은 무엇인가요?

아… 그 부분은 잘 모르겠습니다.

(교수) 그냥 수업에 언급된 개념인가요?

네, 수업에서 언급된 부분에 대해 교과 수학이 적용된다는 사실이 흥미로웠고, 추후 탐구해 보도록 하겠습니다.

(교수) 학교에서 진행한 실험이나 탐구 활동 중에서 본인에게 가장 인상 깊었던 것 하나만 말해 볼까요?

저는 학교에서 진행한 아두이노 회로 실습이 가장 인상 깊었습니다. 하드웨어와 소프트웨어를 모두 다루어볼 수 있다는 점에서 인상 깊었고, 아두이노 작동의 기본적인 원리를 배우고 회로 구동에 대한 코딩을 경험해 볼 수 있어서 새로웠던 것 같습니다.

(교수) 그럼 어떤 프로젝트를 진행했죠?

제게 가장 기억에 남는 프로젝트는 이진 주사위 만들기 프로젝트입니다. LED, 브레드보드, 아두이노 우노보드를 가지고 회로를 구성해 보면서 아두이노에 대해 배울 수 있었습니다.

(교수) 이진 주사위를 설명해 볼까요?

일반적인 주사위를 구현하기 위해서는 LED가 총 6개 필요하지만, 이진법을 적용하면 LED 3개만을 가지고도 주사위를 구현할 수 있습니다.

(교수) 그럼 LED를 켤 때 사용했던 연산자 하나만 말해 보세요.
C언어 코딩에 대해서는 기본적인 부분만 알고 있었고, 담당 선생님의 도움을 많이 받아 코드를 작성했습니다.

(교수) 그럼 본인이 하지는 않았다는 거죠?
네. 대신 대학진학 후에 프로그래밍 역량을 함양해 나갈 계획입니다.

(입학사정관) 컴퓨터와 관련한 학과가 굉장히 많은데, 왜 굳이 ○○대학교 정보통신공학전공을 택했는지 말해 보세요.
저는 하드웨어와 소프트웨어 모두 즉, IT 분야 전반에 대한 관심이 많습니다. 차후 전개될 사물인터넷 시장에서도 하드웨어와 소프트웨어는 모두 중요할 것이라 판단했습니다. 때문에 정보통신공학과에 진학해 네트워크 및 소프트웨어 기반 공학 기술 등에 대해 공부해 보고 싶다고 생각했습니다

(입학사정관) 알겠습니다. 그럼, 마지막으로 하고 싶은 말하고 나가 보세요.
저는 3년간 학업에 충실해 왔을 뿐만 아니라 매주 진로 관련 활동들을 하며 스마트홈 플랫폼 개발자로서의 꿈을 키워 왔습니다. 논문작성, 독서토론, 인문학 및 과학 강의 청강 그리고 보고서 작성 등 전공과 관련한 활동들에 진정성 있게 참여해 왔습니

다. 따라서 저는 다른 어떤 학생보다도 진로 분야에 대한 확신을 가지고 있고, 대학에 진학하여서도 학업에 열정적으로 임할 수 있다고 생각합니다. 저의 꿈을 ○○대학교에서 펼치고 싶습니다. 감사합니다!

• 전공 가이드북을 활용한 강화 사례: 전환

진로 희망	사회과학 교수-사회 단체 활동가-동북아 사회 문제 정책 연구원(정치외교학자)
대학 가이드북 분석	정치외교학과의 전공 영역 분석 = 정치사상 및 이론, 비교정치, 국제 정치, 한국 정치, 정치 현실 분석 등의 학문 분야를 확인하고 학생부 분석
자신이 수행한 활동 분석	'사회과학 관련 시사 토론', '사회과학 관련 이론 탐구', '외교관의 역할과 국제 외교', '불평등 해소 방안 연구', '독도 캠페인 및 간담회', '청소년 의회', '소득 주도 성장', '비정규직 문제 해결 방안', '포용적 복지를 위한 정책 제언', '공공 갈등 해결 방안', 세특에 '불평등 문제' 와 '사회 문제 관련 내용 탐구 기록 多, 성리학 관련 주제 탐구, 사대부의 가치관 관련 주제 탐구, '사기'와 '맹자' 보고서 작성, 동아시아 사회 연구
학생부 분석(1)	다양한 활동을 했지만 정치외교학과의 전공 영역에 해당하는 활동이 부족함.
자신의 활동을 전환할 수 있는 학과 탐색	사회학과 전공 영역 분석= 고전사회학, 현대사회학, 통계와 연구방법론, 경제사회학, 노동사회학, 도시사회학, 문화사회학, 사회심리학 등의 학문 분야를 확인하고 학생부 분석
학생부 분석(2)	한문학과의 전공 영역 분석 = 한자, 한문 독해, 고전 강독, 한문문학, 역사서 및 사상서의 이해, 한자문화권의 이해 등의 학문분야를 확인하고 학생부 분석
학생부 추가 활동 기획	사회학 관련 활동과 고전 강독, 사상서, 한자문화권의 이해 측면에서 사회학과와 한문학과 지원이 가능하다고 분석함
학생부 마무리	사회학 관련 이론 및 고전 강독, 한자문화권 관련 활동을 추가

해당 학생은 정치외교학과를 지망했고, 내신은 2점 대 중반으로 희망 대학인 고려대에 지원하기에는 낮은 편이었다. 기존의 활동 내용을 보면 '사회과학 관련 시사 토론', '사회과학 관련 이론 탐구', '외교관의 역할', '불평등 해소' 등 정치외교학과보다는 사회학과에 어울릴 만한 활동이 많았다. 다양한 사회 문제에 관심이 많은 학생이었기 때문에 사회학과의 관점에서 학생부를 분석해 보면 충분히 내신에 비해서도 상향 지원이 가능했다.

다만 사회학과는 경쟁이 치열하다는 점과 학생 역량을 고려할 때 더 상향 지원할 수 있는 학과를 탐색하다 보니 한문학과의 가능성이 보였다. 학생부에 이미 해당 분야의 활동이 일부 있었다. 고려대학교 한문학과의 가이드북을 보면 '인문학을 공부해 기초 역량을 키워 깊이 있는 사람이 되고 싶다'든가 '동양학에 끌리거나 관심이 간다'에 해당하는 학생을 선발하고 싶다고 언급되어 있다. 그냥 보았을 때는 한문학과와 연관된 활동이 없어 보이지만, 가이드북을 바탕으로 학생부를 분석해 보니 이미 해당 활동을 어느 정도 하고 있었다는 점을 확인할 수 있었다.

이 학생은 윤리와 사상 교과에 성리학 관련 활동 내용과 후속 독서가 있었고, 한국사 세특에는 사대부의 가치관과 후속 독서가 잘 연결되어 있었다. 동아시아사 세특에는 '사기'와 '맹자'를 읽고 활동한 기록이 있었고, 동아리 활동 특기 사항에는 동아시아 사회 연구를 한 탐구 보고서 작성 기록이 이었다. 이를 확인한 후, 학생은 중국의 도시화 정책, 맹자, 논어, 고전 사회학과 같은 독서를 추가한 뒤 학과를 전환하였다. 사회학 관련 연구와 세특을 바탕으로 동아시아의 사회 문제를 해결하기 위한 철학적 기반을 한문학에서 찾고자 하는 방향으로 학생부를 마무리했고, 최종적으로 고려대학교 한문학과에 합격했다. 내신을 극복하면서 상향 지원한 대학에 합격할 수 있었던 이유는 학생부를 잘 디자인했기 때문이다.

실제로 일반고에서도 내신을 극복하여 학종 전형으로 상향 지원해 합격하는 학생들의 사례는 생각보다 많다. 따라서 국영수사과를 잘하는 것도 중요하지만 자신의 진로 분야나 특성을 이해하고 앞으로 무슨 일을 하고 싶은지 스스로 알고 활동하는 역량을 갖추는 것도 매우 중요한 일이다. 이를 위해 전공을 꼭 하나만 정해서 밀고 나가기보다는 시야를 넓혀 서브 학과의 가능성을 탐색해 보는 것도 좋은 방법이다. 앞으로는 사회에서 철학적 베이스가 강한 기계공학도, 화학 분야의 회사에서 일하는 마케터처럼 개인마다 콘셉트를 다르게 하는 테크트리를 만들어야 개인의 경쟁력이 생기는 세상이 될 가능성이 높기 때문이다.

자기평가서를 위한 핵심 전략

4장

자기평가서 작성의 기본 원칙

학종은 평가에 반영되었던 항목이 점점 줄어들었고, 2024년부터는 자기소개서도 폐지되었다. 과거에는 학생이 자기소개서를 통해 자신의 활동이나 강점을 직접 어필할 수 있었다면 이제 오로지 학생부를 통해서만 해당 학생에 대한 종합적인 평가를 내리게 된 것이다.

현재 학생부 기재 시 활용 가능한 자료는 동료평가서, 자기평가서, 수업산출물(수행평가 결과물 포함), 소감문, 독후감의 다섯 가지다. 그리고 이는 반드시 1) 학교 교육 계획에 따라 실시한 교육 활동 중에 2) 교사의 지도하에 3) 학생이 작성한 자료라는 조건을 충족해야 한다.

이중에서 자기평가서는 교사가 학생부를 작성할 때 참고하는 글인 동시에 학생 스스로가 자신의 활동이나 역량에 대해 목소리를 낼 수 있는 유일한 문서이기도 하다. 학생이 수행한 활동을 스스로 평가하고 어필하면 학생부에 반영해 주겠다는 이야기다. 물론 자기평가서는 교사가 학생에게 요구했을 때 작성하는 것이 일반적이다. 하지만 교사들이 담당하고 있는 과목의 수가 증가하고 있는 상황에서 선생님이 학생의 활동을 자신의 기억에만 의존하기란 현실적으로 어렵다. 이 때문에 기존보다 후속 활동 보고서나 자기평가서를 작성하는 경우가 점점 많아질 가능성이 높다. 혹시 교과에서 자기평가서를 받지 않는 경우라면 수행평가보고서의 결론부를 앞으로 언급할 자기평가서의 양식에 기반하여 작성하면서 마무리하는 것이 좋다.

또한 자기평가서를 교사가 요구하는 시기에 작성하려 하면 여러 교과의 자기평가서 작성으로 인해 수행평가할 때처럼 시간을 많이 들여야 하는 경우도 있고, 활동 내용이 기억나지 않을 때도 많다. 따라서 자기평가서는 수행평가 보고서나 학교 활동 보고서를 작성하면서 동시에 작성해 두는 습관이 필요하다.

자기평가서는 선생님에게 자신이 어떤 노력을 기울였으며 어떤 결과를 얻었는지 매력적으로 전달하고 어필할 수 있는 유일한 기회이자 수단이므로 잘 활용해야 할 것이다.

본질적으로는 활동 자체의 질이 좋아야겠지만 기술적으로도 잘 설명해 내야 좋은 학생부를 만들 수 있다. 물론 실질적인 활동이 부족한데 과대 포장을 하면 면접에서 이를 소명해야 하는 부담도 커지므로, 자기평가서는 솔직담백하게 작성해야 한다.

실제로 학생들에게 자기평가서를 받아 보면 교사 입장에서 인용할 만한 내용이 전혀 없을 만큼 엉망인 경우가 많다. 어떤 식으로 써야 하는지 학생들도 배운 적이 없기 때문에 자기 어필을 할 수 있는 기회를 활용하지 못하는 것이다. 그 탓인지 학생부가 최근 상향 평균화되고 있다는 말이 나옴에도 불구하고 일부 최상위 대학에서는 학생부가 질적으로 안 좋아졌다고 말하는 경우도 꽤 있다. 자기평가서를 활용하게 되면서, 교사가 아니라 학생이 쓴 것 같은 학생부가 많아졌다는 반응이다.

다짐함, 알게 됨, ~라고 느낌, 생각함, 배움, 생각해 봄 (…)	→	~에 대한 활동지를 작성함, ~에 대하 느낀 점을 충실하게 작성함, ~에 대해 발표함, ~에 대해 느낀 바를 발표함, ~에 대해 생각하는 시간을 가짐, ~을 활동지에 기록함, ~으로 표현함, ~하다는 포부를 밝힘, ~하는 모습을 보임, ~한 모습이 돋보임, ~에 대한 ~한 태도를 가짐, ~에 대해 좀 더 심도있게 탐구함, ~하는 능력이 뛰어남, ~에 두각을 보임, ~를 정확하게 이해하여 표현함, ~하여 학생들에게 좋은 반응을 얻음 (…)

위의 예시를 살펴보면, '다정함', '알게 됨' 등의 서술어는 학생부에 들어가면 안 좋은 서술어다. 학생부는 교사의 입장에서 서술되어야 하는데, 이러한 서술어는 학생이 하는 말을 그대로 옮긴 것처럼 보이기 때문이다. 자기평가서의 표현이 학생부에 기재될 수

도 있기 때문에 학생 스스로도 자기평가서를 작성할 때 이런 서술어는 피해야 한다. 또 반대로 너무 교사의 관점에서 작성하는 것도 좋은 자기평가서라고 하기 어렵다. 따라서 활동에서 보인 태도를 바탕으로 어떤 노력을 기울이고 어떤 역량을 키우고자 했는지 키워드 중심으로 잘 드러내야 한다.

(소개) 학습 태도/성실성/참여도 서술
(활동내용) 보고서(발표) 주제, 핵심 내용, 활동 태도, 과제 수행 노력
(결과, 평가) 후속 활동의 계획 및 실천(개인 주제, 독서 등)
(역량) 수업을 통해 키우기 위해 노력한 역량 서술

자기평가서 작성은 아래와 같은 방향성을 따라 순서대로 진행하는 것이 좋다.

이제 자기평가서의 기재 요령을 살펴보면서 직접 작성하고 수정하는 연습을 꼭 해 보자. 자기평가서를 작성할 때는 각 과목별로 수정해 나가며 내용이 어떻게 바뀌고 좋아졌는지 스스로 확인해 보는 것이 좋다. 막상 자기평가서를 작성하다 보면 문장을 시작하지 못하고 고민만 하는 경우가 많다. 문장은 쓰고 수정하는 편이 훨씬 편하다. 따라서 첫 문장부터 오래 고민하기보다 일단 자신이 수행한 활동, 결과물, 선생님에게 칭찬 받은 내용 등 최대한 채워 두고 이 글을 다시 수정하는 방식이 효율적이다.

자기평가서의 필수 키워드 전략

대학에서 학생부를 통해 보고 싶어 하는 평가 요소는 교육과정의 핵심 역량과 각 평가 항목에 그대로 드러난다. 따라서 2022 개정 교육과정의 핵심 역량을 이해하고, 이 키워드들을 잘 활용해야 한다.

2022 개정 교육과정의 핵심 역량

먼저 개정 교육과정의 전반적인 핵심 역량을 확인해 보자. 개정 교육과정의 핵심 역량에 들어 있는 단어들은 학생부에 많이 들어갈수록 좋다. 학생부는 키워드 중심으로 채점하기 때문에, 내가 어떤 역량을 키우려고 노력했는지 전달할 수 있는 키워드를 반드시

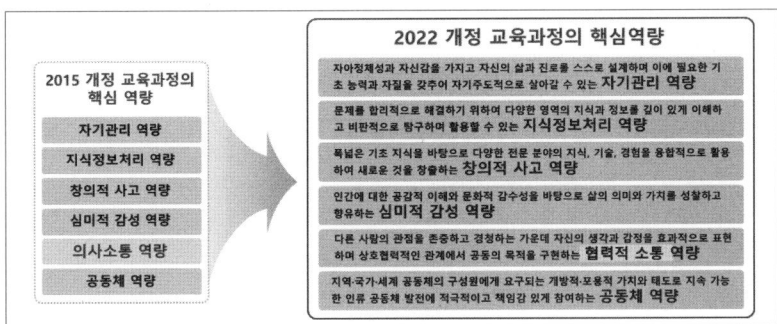

활용해 줘야 한다.

다만 자기평가서에 학생 스스로 '과학적 사고력이 탁월함', '인문학적 상상력이 탁월함'이라고 서술하는 것은 바람직하지 않다. 학생 스스로 자신을 훌륭하다고 평가하기보다는 어떤 과정을 통해 '창의적 사고를 발휘하기 위해 노력했음', '지식 정보 처리 역량을 키울 수 있었음'과 같이 필수적인 키워드를 넣어 자신의 노력을 보여 주어야 한다.

또한 무작정 '창의적인 사고 역량'을 키웠다고 주장하기만 하면 입학사정관 입장에서 어떤 점이 창의적이었는지 알 도리가 없다. 어떤 활동을 했고, 어떤 점에서 창의적이었는지 구체적인 근거를 함께 서술해야 한다.

창의적 사고 역량

'창의적'이라고 하면 완전히 새로운 것을 창조하는 역량이라고 생각하기 쉬운데, 교육과정에서 정확히 정의를 알려 주고 있다. '폭넓은 기초 지식을 바탕으로 다양한 전문 분야의 지식, 기술, 경험을 융합적으로 활용하여 새로운 것을 창출하는' 역량을 '창의적 사고 역량'으로 본다는 것이다.

그러니까 학문적 의미에서의 창의성은 예술가와 같은 발산적 창의성이 아니다. 학생들에게 보고자 하는 학문적 의미에서의 창의성은 기존에 이미 존재하는 지식을 조합하고 융합하는 능력을 말한다. 애초에 현대 사회에 있는 대부분의 새로운 생각이나 기술들은 기존에 있었던 것들의 조합이다. 반드시 남들이 못한 새로운 아이디어를 내야만 하는 것은 아니다. 다양한 영역의 지식과 정보를 깊게 이해하고자 다양한 자료를 참고하고 조합하여 창의적 사고력을 발휘했다는 내용을 어필하면 된다.

자기관리 역량

자기관리 역량은 자신의 삶과 진로에 대해 자기 주도적으로 설계해 본 경험을 의미한다. 학생부에서는 세특에서도 어필할 수 있는 역량이지만 주로 자율 활동이나 종합 의견에서 강조될 수 있는 역량이다.

심리적 감성 역량

주로 예체능 과목에서 보여 줄 수 있지만, 만약 국어나 영어 과목 중 문학으로 수행평가를 했다면 '인간에 대한 공감적 이해와 문화적 감수성'을 언급하며 어필할 수 있는 역량이다.

협력적 소통 역량과 공동체 역량

이 두 가지는 최근에 점점 중요하게 다뤄지고 있다. 학교 활동이 개별화되고, 창체가 세특화되는 상황에서 학생이 발휘한 소통 능력과 리더십, 나눔과 배려의 모습을 대학들이 예전보다 중요하게 생각하기 때문이다.

국어과	수학과	영어과	사회과	과학과
비판적·창의적 사고 역량	문제 해결 능력	협력적 소통 역량	창의적 사고력	과학적 사고력
디지털·미디어 역량	추론 능력	자기관리 역량	비판적 사고력	과학적 탐구 능력
의사소통 역량	정보 처리 능력	공동체 역량	문제 해결력 및 의사 결정력	과학적 문제 해결력
공동체·대인 관계 역량	의사소통 능력	창의적 사고 역량	의사소통 및 협업 능력	과학적 의사소통 능력
문화 향유 역량	연결 능력	심미적 감성 역량	정보 활용 능력	과학적 참여와 평생 학습 능력
자기 성찰·계발 역량		지식 정보 처리 역량		

2022개정 교육과정 과목별 핵심능력

개정 교육과정의 핵심 역량이 어느 과목을 막론하든 해당 역량을 갖춘 학생을 선발하고 싶다는 뜻이라면, 과목별로 보여 주어야 하는 역량도 있다. 예를 들어 국어과에서 문학 활동을 했다면 '문화 향유 역량을 키우려고 노력했다'거나, 문학 작품을 통해 '자기 성찰 역량을 발휘하려고 노력했다'는 식으로 해당하는 키워드를 포함해 작성할 수 있다. 자기평가서 문장을 작성할 때는 '~하는 등 ○○

사고력을 키우기 위해 노력하였음'이라고 형태로 기술하는 편이 좋다. 역량에 따른 구체적인 사례를 함께 기술할 수 있기 때문이다.

학종 평가 요소

학종 평가 요소를 구체적으로 들여다볼 때도 키워드 선정 방법은 동일하다. 학업 역량의 평가 요소인 학업 태도, 탐구력의 각 항목을 예시로 살펴보자.

학업성취도

학업성취도는 교육과정에서 이수한 교과의 성취 수준이나 학업 발전의 정도를 확인하는 요소다. 전과목 내신만이 아니라 이수한 교과목의 성취도화 성적의 변화 추이, 주요 과목 외에 다른 과목과의 성적 편차도 판단 기준이 된다. '대학 수학에 필요한 기본 교과목(예: 국어, 수학, 영어, 사회/과학 등)의 교과 성적은 적절한가?', '그 외 교과목(예: 예술·체육, 기술·가정/정보, 제2외국어/한문, 교양 등)의 교과 성적은 어느 정도인가?', '유난히 소홀한 과목이 있는가?', '학기별/학년별 성적의 추이는 어떠한가?' 등을 살핀다.

학업 태도

학업 태도의 정의는 '학업을 수행하고 학습해 나가려는 의지와 노력'으로 명시되어 있다. 세부 평가 내용에서는 '성취 동기와 목표 의식을 가지고 자발적으로 학습하려는 의지가 있는가?', '새로운 지식을 획득하기 위해 자기 주도적으로 노력하고 있는가?', '교과 수업에 적극적으로 참여해 수업 내용을 이해하려는 태도와 열정이 있는가?'를 확인한다. 학교생활 전반에서 보여 줄 수 있는 부분이다.

그렇다면 이 정의와 평가 내용에서 내 학생부에 들어갈 만한 키워드가 어떤 게 있는지 생각해야 한다. '입학 사정관이 이를 토대로 학생부를 평가하기 때문에 내가 학생부를 디자인할 때도 입학 사정관의 눈으로 봐야 하는 것이다. 이를테면 정의에 나오는 '의지', '노력', 세부 평가 내용의 '자발적 의지', '동기', '목표 의식' 등이 모두 주된 키워드다.

- 항상 같은 자리에 앉아서 수업 시간에 한치의 흔들림 없이 수업에 집중하며 빠짐없이 필기하고 교사의 말 한마디도 놓치지 않으려고 노력하는 성실파 중의 성실파임.

- 언제나 또랑또랑한 눈망울로 변함없이 성실하게 수업에 참여하여 교사로 하여금 수업의 의지를 불태우게 만드는 모범적인 학생임.

- 수업 시간에 한 번이라도 졸거나 흐트러진 모습을 본 적이 없을 정도로 매시간 앞자리에서 반듯한 자세로 수업에 집중하는 충실한 학습자임.

- 수업에 임하는 자세와 태도는 전교 1등이라고 해도 과언이 아닐 정도로 무서운 집중력으로 교사의 말 한마디도 놓치지 않고 빠짐없이 필기하려고 노력함.

- 실력과 인성 모두 상위 1%의 모범적인 학생으로 어떤 과제든 지나치게 많은 시간을 투자한다는 생각이 들 정도로 정성을 들이는 충실도와 과제 집착력이 매우 높은 학생임.

- 교직 생활을 하면서 이렇게 질문을 많이 하는 학생은 처음이라는 생각이 들 정도로 매시간마다 질문하여 질문 요정이라는 별명을 붙여 줌. 때로는 날카로운 질문으로 교사를 긴장시키기도 하지만 자연스럽게 소통하는 분위기를 주도함.

앞의 표는 학업 태도가 학생부에 기록되는 좋은 사례다. 세특은 태도로 시작하여 역량으로 마무리해야 한다. 자신이 수업을 어떤 태도로 열심히 들었는지, 선생님께 어떤 칭찬을 받았는지, 또 수업 시간에 어떻게 적극 참여하고 질문했는지 자기평가서에 기재하여 보여 주면 된다. 태도는 조금 뻔한 표현이 쓰여도 괜찮다. 뻔하지만 솔직담백한 표현이 쌓이면 자신의 특징과 장점을 가장 잘 보여 줄 수 있는 강력한 힘을 가지고 있는 것이 태도에 대한 기록이다.

탐구력

탐구력에서도 마찬가지로 정의와 세부 평가 내용을 바탕으로 주요 키워드를 캐치해야 한다. 탐구력의 정의는 지적 호기심을 바탕으로 사물과 현상에 대해 탐구하고, 문제를 해결하려는 노력이다. '교과와 각종 탐구 활동 등을 통해 지식을 확장하려고 노력하고 있는가?', '교과와 각종 탐구 활동에서 구체적인 성과를 보이고 있는가?', '교내 활동에서 학문에 대한 열의와 지적 관심이 드러나고 있는가?' 등의 평가 기준에서 '지적 호기심', '문제 해결 노력', '지식의 확장'과 같은 키워드를 기억하고 어떤 수행평가와 탐구를 통해 지식을 확장하고자 노력했다는 내용을 넣을 수 있다.

다음은 대학에서 긍정적으로 평가하는 학생부의 패턴을 보여 주는 사례다. 태도로 시작해서, 수행평가나 후속 활동을 보여 주고, 어떤 점이 우수한지 평가하고 있다. 이를 참고하되 자기평가서를 작성할 때는 스스로 뛰어나다고 표현하는 게 아니라 어떤 능력을 키우려고 노력했는지 써 내면 된다.

화학1: 화학 실험에 관심이 많은 학생으로 물의 전기 분해 실험에서 꼼꼼하게 과정을 설계하고 능숙한 손동작으로 기구를 다룸. 조원들과 잘 협력하면서도 차분하게 실험을 주도하였으며 실험을 마치고 자발적으로 끝까지 남아 뒷정리를 함. 수소와 산소의 발생비가 2:1과 차이가 난 이유에 대해 충분히 고민하고 원인을 유추하였으며 발생비가 차이가 날 수 있는 다른 실험 조건들도 추가적으로 조사함. 주기율표 수업 시 원소들의 특징과 용도를 자신이 읽은 《사라진 스푼》의 이야기와 연관하여 설명함으로써 급우들이 재미있게 기억하게 도와줌. 또한 기하이성질체를 설명하면서 수학의 도형의 대칭 이동 개념을 활용하여 과목 간 연계 활용성이 우수함. 화학 소책자 만들기에서 배스킨라빈스 아이스크림에 착안하여 꾸미는 뛰어난 창의성을 가짐.

생명과학1: 밝은 표정과 과학적 호기심이 가득한 눈빛으로 교사와 눈을 맞추며 집중하고 적극적으로 수업에 참여하여 우수한 학업성취도를 갖춘 학생임. 생명과학 분야에 특히 관심이 많아 심도 있는 질문을 많이 하고 스스로 관련 서적을 찾아 읽는 능동적 태도를 지님. 유전자 재조합에 대한 수업 후 특정 유전자를 발현시키기 위한 구체적인 방법에 대해 질문함. 대답을 듣고 자발적으로 더욱 탐구하여 히스톤 단백질의 아세틸화 및 DNA의 메틸화에 의한 유전자 발현을 조절하는 후성유전학을 알아가며 배경 지식을 넓힘. 면역반응에 대한 호기심으로 《면역에 대하여》를 읽고 사회적 이슈가 된 '안아키' 현상에 대해 백신 접종을 통한 집단면역의 중요성을 발표함으로써 습득한 지식을 근거로 실생활의 문제를 판단하는 사고 과정을 보여 줌. 달의 항성월과 삭망월이 차이가 나는 이유에 대해 그림과 수식을 활용하여 이해하기 쉽게 설명하는 것을 통해 논리적 사고력과 우수한 발표력을 확인함.

서울대에서 발표한 학생부의 평가 내용에서도 이와 같은 패턴은 동일하다. 아래 내용을 살펴보면 학교 생활에 어떻게 충실하게 임했으며, 수업 시간에 배운 내용에 어떤 호기심을 느끼고 자기 주도적으로 탐구했는지, 지식의 확장을 위해 어떤 노력을 했는지가 평가에서 매우 중요한 요소로 작용한다는 사실을 알 수 있다.

'디지털 족적에 의한 사생활 침해'에 관한 영문을 공부한 후, 사생활 침해의 심각성을 인지하고 해결 방법에 대해 고민해 봄. 지문에 대해 좀 더 구체적인 이해를 위해 영어 원문을 찾아 해당 지문 수록 부분과 책의 도입 부분을 읽어 보며 작가의 집필 의도를 파악해 봄. 원문에서 인상 깊게 읽었던 '개인 정보에 대해 개인은 통제권을 상실했다'는 내용에 대해 문제의식을 가지게 되었고 이에 대해 탐구를 해 보는 과정에서 '마이데이터'라는 개념을 접함. 마이데이터의 의미, 목적, 용도 및 발전 가능성에 대해 조사하고 마이데이터 기능을 지원하는 여러 포털사이트를 찾아봄으로써 디지털 족적과 관련된 좀 더 구체적 문제 해결 방식에 접근함.

학교 생활 충실	지적 호기심	자기 주도적 탐구	지식의 확장
• 수업 충실성	• 추가 관심 분야	• 창의성 • 열정, 깊이	• 독서 • 추가 심화 활동

역량 중심 기재를 위한 키워드

역량을 드러낼 수 있는 키워드를 넣을 때 아래의 단어 목록도 함께 활용하면 좋다. 역량별로 다양한 키워드를 목록으로 가지고 있으면 자기평가서를 쓸 때 유용하다. 필요한 단어를 나열하면서 문장을 작성하면 필수 키워드를 문장에 반영하기 때문에 작성 시간을 단축하면서 구체성이 살아 있는 좋은 자기평가서를 작성할 수 있다.

사고 능력
직관적 사고(력), 성찰적 사고, 가치 중립적 사고, 객관적 사고, 전략적 사고, 유연한 사고, 창의적 사고, 원활한 사고, 차별적 사고, 다각적 접근, 실험적 사고, 비평 능력, 논리적 사고, 비판적 사고, 기초적 지식 함양 능력, 개념 원리 중시, 구성적 사고, 종합적 사고, 융합적 사고, 통합적 사고, 확산적 사고, 넓은 시야, 개념/현상 간 연계 사고, 거시적/미시적 사고, 인과관계 분석력, 분석적 사고, 환경분석력, 데이터분석력, 수리적 사고력, 통계적 분석력, 수평적 사고, 긍정적 사고, 문화 이해, 문화 상대주의적 사고, 타문화 수용력(존중감), 자기 문화 존중감, 미래 지향적 사고, 글로벌적 사고, 기획력, 창의력, 사회학/과학/예술적 상상력, 작품에 대한 깊이 있는 탐구, ~에 대한 이해력, 과학/언어/예술 친화적 사고

문제 해결 능력
자기 개선 능력, 자기 성찰 능력, 자기 이해 능력, 자기 관리 능력, 변화 대응력, 변화 분석력, 과제 집중력, 과제 수행력, 창의적 사고, 융합적 사고, 비판적 사고, 실험적 사고, 문제 인식력, 원인 분석 능력, 대안/해결안 구상력, 대안 선택력, 대안 적용력, 대안 평가(판단)력, 대안 제시력, 해결안 구상력, 해결안 실천력, 결과 분석력, 위기 대처 능력, 위기관리 능력, 자기 관리 능력, 대안적 사고, 회복력, 침착한 문제 대응, 극복 의지, 도전 정신, 진취적 접근

성향/인성/공동체 역량
~에 대한 흥미/관심/친화성, 진취성, 도전 정신, 역경 극복 의지, 개방성, 열정, 능동성, 과학/인문/사회/예술적 흥미, 지적 호기심, 다 학문 호기심, 최첨단 지식에 대한 호기심, 생명에 대한 깊은 관심, 지역에 대한 관심, 자기 신뢰감, 자아 존중감, 타인에 대한 존중감, 유연성, 리더십, 수평적 의사소통 능력, 비지시적 언어 사용, 팀 워크, 공감대 형성 능력, 동행 리더십, 관계와 의무 조화, 사교성, 갈등 조정 능력, 공동체 우선 성향, 역할 배분 능력, 의사결정력, 논리성, 독창성, 협동심, 대인 관계 능력, 봉사심, 헌신성, 이타심, 인간애, 배려심, 나눔의 자세, 포용력, 책임감, 인내력, 윤리성, 인간미, 판단력

자기평가서 작성 시 점검 포인트

자기평가서를 작성할 때 필수적인 키워드를 적재적소에 넣는 것도 중요하지만, 꼭 체크해야 하는 또 다른 포인트 두 가지가 있다.

우선 자신이 어필하고 싶은 역량 키워드의 맥락이 적절한지 반드시 확인해야 한다. '수학적 사고력의 향상'이라는 단어를 사용했는데, 그 앞의 내용이 수학적 사고력과 관계가 없거나 역량이 드러나지 않는 기술이 많기 때문이다. 예를 들어 '과제 제출을 성실하게 하는 등 수학적 사고력이 향상되었다'는 표현은 앞뒤가 맞지 않는다. 실제 활동에 대한 서술 내용이 해당 역량과 잘 매칭되는지 반드시 점검해야 한다.

또한 문장을 작성할 때 '왜? 어떻게? 그래서?'라고 스스로에게 물으며 서술의 구체성을 확보해야 한다. 이 질문들을 자신이 쓴 문장에 대입해 보면 구체성이 획득된다. 단순히 '성실하다'고 하면 입학사정관은 '어떻게 성실하게 참여했는지'를 궁금해할 수밖에 없다. 역량을 뒷받침해 주는 구체적인 노력이 추가되어야 해당 역량을 인정해 줄 수 있다.

실제 사례를 살펴보자.

원본

질량이 태양의 8배인 별의 핵에서 헬륨 핵융합 반응을 통해 탄소가 생성됨. 탄소 원자들이 2차원 평면으로 배열된 구조인 그래핀을 탐구함. 근적외선을 흡수한 후 열로 변환하는 효율이 높은 성질을 갖는 그래핀을 이용해 암 조직을 열 괴사시켜 파괴함. 그래핀을 이용한 광열 암 치료 시스템과 같이 물리적 치료뿐만 아니라 유전적 치료법이 궁금해져 후속 탐구함. 유전적 치료법으로 CAR-T 세포 요법에 대해 탐구함. T세포 수용체의 세포 내부 부분을 유전자적으로 재조합한 CAR를 T세포에 유전자 전달하여 발현하게 한 유전자 T세포 치료제임. 그러나 암 세포 항원 소실 또는 CAR-T의 약화를 통한 항암 효과 상실 등의 문제가 발생하여 부작용이 동반될 수 있음을 알게 되었고 금 나노 입자로 소실을 억제하는 방안을 고안함. 탄소 나노 튜브의 특성 중 주변 자극이나 표면에 부착되는 물질에 의해 전기적 특성이 민감하게 변화

> 한다는 것을 조사하고 이를 이용해 미생물 바이오 센서를 만드는 데 도움이 될 수 있음을 느낌. 추가적으로 전극 금속에 따른 미생물 연료 전지 효율성에 대해 탐구함.

이 자기평가서의 경우 우선 태도에 대한 언급이 없어 추가가 필요하다. 또한 '생성됨', '탐구함', '파괴됨'과 같은 서술어로는 자신을 어필할 수가 없다. '왜?', '어떻게?'가 들어가야 글이 구체성을 띠게 된다. 이를테면 탄소를 생성한 게 어떤 의미이고, 무슨 호기심이 생겨서 어떤 활동을 했는지가 드러나야 하는 것이다.

수정본

> 항상 웃는 얼굴로 수업에 집중하며 질문을 통해 지식을 확장하며 즐거움을 느끼고자 하였음. 탄소 원자들이 2차원 평면으로 배열된 구조인 그래핀에 대한 기초 탐구를 한 이후, 그래핀을 이용한 광열 암 치료 시스템과 같이 물리적 치료뿐만 아니라 유전적 치료법에 대한 후속 탐구를 진행하는 등 과학적 호기심을 통해 꼬리에 꼬리를 무는 탐구 활동을 하기 위해 노력하였음. CAR-T 세포 요법에 대한 탐구 과정에서 알게 된 항암 효과 상실 등의 문제가 발생하여 부작용이 동반될 수 있음을 알게 되었고, 금 나노 입자로 소실을 억제하는 방안을 고안하는 등 과학적 사고력과 탐구 능력을 신장시키기 위해 최선을 다 하였음.
> 탄소 나노 튜브의 특성 중 주변 자극이나 표면에 부착되는 물질

에 의해 전기적 특성이 민감하게 변화한다는 것을 조사하고, 이를 이용해 미생물 바이오 센서를 만드는 데 도움이 될 수 있다는 아이디어를 생성하고, 전극 금속에 따른 미생물 연료전지 효율성에 대해 탐구를 진행하는 등 교과 수업에서 배운 내용을 기반으로 심화 탐구 활동을 전개하기 위해 꾸준히 노력하였음.

수정본에서는 우선 태도로 시작하여 과목별 핵심 역량, 과목별 성격에 맞는 내용이 추가되었다. 이처럼 자신이 어떤 걸 잘하려고 노력하고 최선을 다했는지 필수 키워드와 함께 구체적으로 서술되어야 한다.

또 다른 사례에서도 마찬가지다.

원본

자가 면역 질환에 대한 기사를 보고 자가 면역 질환에 대해 호기심을 느꼈다. 자가 면역 질환의 종류와 원인, 증상에 대해 이해하였다. 또한 진단 방법에 영상 촬영, 조직 검사, 혈액 검사 등이 존재하는 것을 탐구하였다. 원래 사용하던 치료 방법뿐만 아니라 새로운 세포 조작 등의 방법이 존재한다는 것을 이해하고, 기사 7개 이상과 논문 5종 이상을 통해 실례를 확인하였다. 특히 T세포 조작을 통한 치료 방법에 대한 논문을 읽으며 치료 방법을 연구했다. 신약 개발 모달리티에 대해 탐구하며 다양한 면역 치료 접근 방법을 익혔고, 다른 방법은 없을지 확인해 보는 과정을 거치기도 하였다. 이후 치료 전략의 변화에 바이오시밀러 등이 있다는 것을 탐구 후 자가 면역 질환 치료의 발전 방향에 대해 논의하였다.

이 역시 호기심을 느껴서 어떤 활동을 했는지, 어떻게 이해했고 어떤 것을 새롭게 알게 되었는지에 대한 구체적인 내용이 없는 자기평가서다.

수정본

수업 시간에 늘 집중하고 하나하나 필기하려고 노력하였음. (교과와 연결) 통합과학 시간에 생명 시스템의 기본 단위에 대해 배우면서, 세포를 이용한 치료에 관심이 생겼고, 자가 면역 질환에 대해 호기심을 느꼈음. 자가 면역 질환의 종류와 원인, 증상에 대해 이해하였고, 진단 방법에 영상 촬영, 조직 검사 등이 존재하는 것을 탐구하는 등 과학적 호기심을 해결하기 위해 노력하였음. 원래 사용하던 치료 방법뿐만 아니라 새로운 세포 조작, car-Treg 등의 방법이 존재한다는 것을 이해하고, 기사 7개 이상과 학술 자료 5종 이상의 분석을 통해 실례를 확인하며 정보 처리 능력을 기를 수 있었음. 특히 T 세포 조작을 통한 치료 방법에 대한 논문을 읽으며 치료 방법을 연구하는 등 과학적 분석력을 발휘하려고 노력하였음. 신약 개발 모달리티에 대해 탐구하며 다양한 면역 치료 접근 방법을 익혔고, 다른 방법은 없을지 확인해 보는 과정을 거치기도 하며 과학적 문제 해결 능력을 발휘하기 위해 노력함. 이후 치료 전략의 변화에 바이오 시밀러 등이 있다는 것을 탐구 후 자가 면역 질환 치료의 발전 방향에 대해 더 깊이 알기 위해 노력하였으므로, (책 추가) 헤더 모데이의 《면역의 모든 것》과 메건 오로크의 《보이지 않는 질병의 왕국》을 읽으며 자가 면역 질환과 면역에 대해 더 깊게 탐구할 계획임.

수정본에서는 마찬가지로 태도에 대한 서술로 시작하여, 어떤 활동을 통해 어떤 능력이 향상되었는지 구체적인 내용이 담겨 자기평가서의 질이 향상되었다. 참고 문헌을 구체적으로 밝히거나 역량 키워드를 적절하게 사용하고 있어 좋은 서술이다.

이번에는 시의성 있는 이슈에 대해 언급한 또 다른 사례를 살펴보자.

원본

러시아, 우크라이나 전쟁에 대한 탐구와 발표를 진행함. 본 전쟁이 단순히 나토 가입만의 문제로 인해 일어난 것이 아닌 여러 역사적 맥락과 사회, 정치, 경제적 원인이 얽혀 있는 것을 이해하여 유연한 사고를 함. 실제로 어떤 맥락이 존재하는지에 대한 발표를 맡아 다양한 시각에서 전쟁을 바라보기 위해 3가지 이상의 문헌과 도서를 참고하여 발표에 반영함. 발표를 성실히 준비하고 발표자들과 함께 협력하는 과정을 통해 수평적 의사소통 능력을 기름. 또한 다른 친구들의 발표를 듣고 사회 현상을 분석하는 글쓰기를 함. 대한민국의 저출산, 고령화 문제를 비판적으로 바라보고 대안에 대해 찾아보면서 비판적 사고와 분석적 사고를 기름, 갈등 지수에 대한 호기심을 바탕으로 정의와 문제점에 대해 탐구하여 통계적 분석력을 기름. 또한 논리성을 이용하여 과학에서 대두되고 있는 기술인 양자 컴퓨터와 AI를 어떤 식으로 활용할 수 있는지에 대해 서술함. 모든 활동에 성실하고 꼼꼼하게 참여하려고 노력함.

수정본

사회 이슈 발표 프로젝트로 국가간의 분쟁과 전쟁에 대한 탐구와 발표를 진행함, 전쟁이 단순히 1가지만의 문제로 인해 일어난 것이 아닌 여러 역사적 맥락과 사회, 정치, 경제적 원인이 얽혀 있는 것을 이해하여 유연한 사고를 하려고 노력함. 어떤 맥락이 존재하는 지에 대한 발표를 맡아 다양한 시각에서 전쟁을 바라보기 위해 실제 사례를 찾아보며 3가지 이상의 문헌과 도서를 참고하며 발표에 반영함. 발표를 준비하고 발표자들과 함께 협력하는 과정을 통해 수평적 의사소통능력을 발휘하기 위해 노력하였음. 또한 다른 친구들의 발표를 듣고 사회 현상을 분석하는 글쓰기를 함. 대한민국의 저출산, 고령화 문제를 비판적으로 바라보고 대

> 안에 대해 찾아보면서 비판적 사고와 분석적 사고를 기르기 위해 노력하였고, 갈등 지수에 대한 호기심을 바탕으로 문제에 대해 탐구하며 통계적 분석력도 기를 수 있었음. 또한 논리성을 이용하여 과학계에서 대두되고 있는 기술인 양자컴퓨터와 AI를 어떤 식으로 이용할 수 있는지에 대해 서술함. 자료 분석, 대본 작성, 발표 자료 제작과 보완 등의 활동에 성실하게 참여하였음.

러시아 우크라이나 전쟁의 경우 아직 끝나지 않은 현재 진행형이기 때문에 현재의 시점에서 이를 평가하는 것은 바람직하지 않다. 수정본에서는 시의성 높은 주제보다는 일반화된 주제로 바꾸면서, 어떤 프로젝트에서 어떤 탐구를 했으며 어떤 사고력과 분석력을 길렀는지 서술하며 구체성을 확보했다. 학문은 일반화된 지식을 탐구하는 것이기 때문에 시의성 높은 주제를 탐구하더라도 주제를 확정하거나 자기평가서를 작성할 때는 일반화된 서술을 해야 한다.

자기평가서를 작성할 때 한 가지 주의할 점은, 칭찬을 받은 걸 적극 어필할 수는 있지만, 다른 사람과 비교하여 자신의 우수성을 드러내려고 하는 건 적절하지 않다는 점이다. 이는 학종의 인재상과는 거리가 멀다. 모둠 활동 등에서 자신을 돋보이게 만들기 위해 다른 친구들이 적극적으로 참여하지 않았다고 강조하는 것은 오히려 자신의 단점을 두드러지게 만드는 서술이 될 수 있다.

자기평가서 작성은 실제로 매력적인 학생부를 디자인하는 데 중심이 되어주는 중요한 재료다. 특히나 자기소개서가 폐지된 지금, 자기평가서는 학생이 자신의 교육 활동을 설계하고 스스로를 돌아보며, 평가자에게 매력적인 인상을 전달할 수 있는 유일한 글쓰기다. 학교 생활과 탐구 활동을 충실히 디자인하고, 교육과정이나 교과에서 키워야 하는 역량을 충실하게 키운 과정을 담백하게 드러낸다면 충분히 경쟁력 있는 학생부를 만들 수 있다.

과목별 자기평가서 작성 요령

과목별 자기평가서 작성도 사례를 통해 살펴보자. 의대 지망을 희망하는 학생이 화법과 작문 과목의 성격에 맞는 주제를 선정하여 수행한 활동이다.

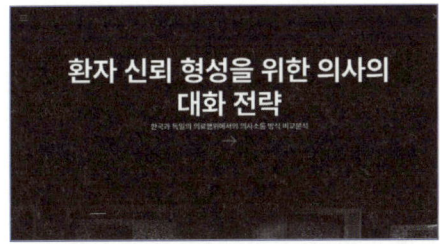 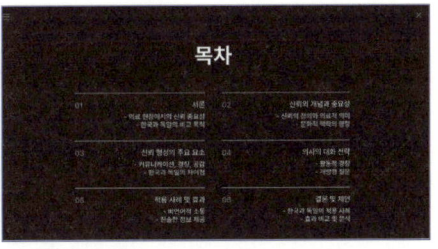

의대 지망을 희망한다고 해서 과목 성격에 맞지 않는 의약학과 관련된 주제를 선정하지 않고, 화법과 작문 과목의 성격에 맞추면서도 전공 희망 분야와 연결될 수 있는 주제를 선정했다. 아래는

해당 활동 후 작성한 자기평가서 내용이다.

> 나는 모둠 활동이 많은 화법과 작문 수업의 과정에 모둠장으로서 책임감을 가지고 적극적으로 참여하였다. 특히 다양한 자료를 분석하고, 한국과 독일의 의료 커뮤니케이션 방식에 대해 비판적으로 비교·분석하고 대안을 만들어 내는 등 탐구 과정에서 비판적 사고력과 창의적 문제 해결력을 발휘하기 위해 노력했다.
> 또한, 조별 토론과 피드백 과정에서 토론을 주도하는 등 리더십을 발휘했으며 자신의 생각을 명확하게 요약하고, 동료의 의견을 경청하며, 서로의 글을 보완하는 과정에서 소통 및 협업 역량을 키울 수 있었다. 실제 발표에서도 의료 현장에서의 대화 전략을 구체적으로 제시하고, 두 나라의 문화적 차이를 반영한 의사소통 방식에 대해 논리적으로 설명하는 데 집중하여 동료 평가에서 가장 우수한 평가를 받기도 하였다.
> 이번 보고서를 작성하며 의료 커뮤니케이션의 중요성과 함께, 다양한 문화적 맥락에서의 소통 방식에 대해 흥미를 느껴 의료진과 환자 간 신뢰 형성에 관한 단행본 도서를 읽으며 다양한 문화권에서의 의사소통 방식에 대해 심화 학습할 계획이다.

 자기평가서 작성 방향에 맞게 학업 태도로 시작하고, 화법과 작문에서 강조할 수 있는 비판적 사고력과 창의적 문제 해결력을 키우기 위해 노력한 점을 잘 서술했다. 또한 모둠 활동이었기 때문에 강조할 수 있는 리더십이나 소통 및 협업 역량도 사례를 들어 잘 서술했다. 마지막으로 동료평가에서 가장 우수한 평가를 받았다는 사실을 강조하고, 추가 활동 계획을 언급하며 마무리한 점이 매우 훌륭하다.

참고로 추가 활동 계획은 창체 혹은 다음 학년에서 실제로 이루어져야 의미가 있다. 활동 계획만 밝히고 실제 활동에 임하지 않으면 서술이 의미가 없다는 점을 이해하고, 활동계획을 실천한 모습을 꼭 보여야 한다.

아래의 과목별 자기평가서 수정 사례도 참고하자.

원본

[국어] 진로 독서 활동으로 《경영학 콘서트》, 《DESIGN 인간을 위한 디자인》을 읽고 경영에 대한 정보를 얻었고, 독서 서평을 썼다. 시 10편을 감상하고, 10편의 시 형상화 방법과 느낀 점을 썼다. 10편 중 2편의 시 〈멸치〉와 〈누에〉를 골라 시의 공통점과 차이점에 대해 썼다. 그리고 두 시를 읽고 인간 또한 자연의 일부이고, 자연의 순환속에서 살고 있다는 사실을 잊으면 안 된다는 교훈을 얻었다. 선생님께 이해가 안 되는 부분에 대해 개인적으로 찾아가 이해를 하려고 노력했다.

수정본

[국어] 수업 시간 때 늘 선생님과 눈을 맞추며 수업을 열심히 들었고, 수업 시간 때 배운 내용에 대해 이해가 안 되거나 궁금증이 생긴 부분에 대해 따로 찾아가 질문을 했고, 친구들이 국어 프린트에 대해 질문한 내용을 알려 주며 공동체, 대인 관계 역량을 기르려고 노력했다. 진로 독서 활동으로 희망 진로에 대해 인터넷에 찾아보며 디지털, 미디어 활용 능력을 길렀고, 《경영학 콘서트》을 읽고 독서 서평을 쓰며 비판적 사고 능력과 자기개발 능력을 키웠다. 시 10편을 감상하고, 10편의 시 형상화 방법과 느낀 점을 쓰고, 10편 중 2편의 시 〈멸치〉와 〈누에〉를 골라 두 시의 공통점과 차이점에 대해 쓰고, 두 시를 읽고 인간 또한 자연의 일부이고, 자연의 순환 속에서 살고 있다는 사실을 잊으면 안 된다는 교훈을 얻으며 문화 향유 역량을 키웠다.

원본

[수학] 칸트의 작은 정리와 마지막 정리에 대해 서술하고, 칸트의 작은 정리를 활용해 요일을 계산했다. 그리고 교과서 대단원 문제를 발표했다. 수업 시간에 늘 발표를 적극적으로 했다. 학교에서 나눠 준 수학 프린트를 어려워하는 친구들에게 문제를 이해할 때까지 설명해 줬다. 그리고 고차방정식에 대해 연구한 학자 카르다노에 대해 탐구했다.

수정본

[수학] 항상 밝은 얼굴로 수업을 들었고 수업 시간에 선생님의 질문에 적극적으로 대답했다. 학교에서 나눠 준 수학 프린트를 발표하고, 어려워하는 친구들에게 문제를 이해할 때 까지 설명을 해줬다. 다른 교과 선생님께서 쉬는 시간에 나를 보면 맨날 친구들 문제 알려 주고 있다고 할 정도로 적극적으로 친구들과 소통하며 알고 있는 부분에 대해 더 깊이 이해할 수 있었고 공동체에 긍정적인 영향을 미칠 수 있었다. 칸트의 작은 정리와 마지막 정리에 대해 인터넷에서 정보를 수집해 정보 처리 능력을 길렀고, 칸트의 정리들을 논리적으로 서술했다. 그리고 칸트의 작은 정리를 활용해 요일을 계산해서 수학적 문제 해결 능력을 기를 수 있었다. 교과서 대단원 문제를 발표했다. 그리고 교과서에 고차방정식 단원에서 3차 방정식에 대해 지적 호기심을 가지고 교과서에 나온 학자 카르다노에 대해 추가적으로 탐구 계획을 세워서 탐구를 했다.

원본

[사회] 인공지능의 저작권 문제에 대해 반대하는 입장으로 글을 썼다. 인공지능 저작권을 인정할 경우 기업이 보는 피해에 대해 구체적으로 서술했다. 행복에 관한 서양의 시대별 논의를 대표

철학자를 포함하여 서술했다. 그리고 행복에 대한 나의 생각을 칸트의 의무론을 포함하여 서술했다. 행복이 보편적인 도덕법칙을 따르는 과정에서 자연스럽게 얻어지는 만족감이고, 이 과정에서 오는 보람이 내가 생각하는 행복의 중요한 요소라는 걸 서술했다. 사회시간에 수업에 적극적으로 참여했고, 친구들이 이해를 어려워하는 부분에 대해 알려 줬다.

수정본

[사회] 늘 웃는 얼굴로 수업 시간에 선생님과 눈을 맞추며 수업을 들었고, 선생님이 수업에 들어오실 때, 나가실 때 한번도 빠짐없이 인사를 잘 했다. 수업 때 생긴 질문을 쉬는시간에 따로 질문하며 문제 해결력을 기르려고 노력했다. 행복에 관한 서양의 시대별 논의를 대표 철학자를 포함하여 서술했고, 행복에 대한 나의 생각을 칸트의 의무론을 포함하여 작성했다. 행복이 보편적인 도덕 법칙을 따르는 과정에서 자연스럽게 얻어지는 만족감이고, 이 과정에서 오는 보람이 내가 생각하는 행복의 중요한 요소라는걸 표현했다. 사회시간에 인공지능의 저작권 문제에 대한 내용이 나왔는데, 이 내용에 대해 지적 호기심을 가지고 인공지능 저작권 관련 법과 사례를 탐색하고 비판적으로 분석해 문제 해결 능력과 정보 활용 능력을 기를 수 있었다. 그리고 인공지능 저작권에 반대하는 입장으로 기업이 보는 피해, 저작권 시장 규모 등을 작성해 선생님께 제출했다.

원본

[과학] DNA의 이중나선 모형을 만들고, 뉴클레오타이드에 대해 서술하고, DNA와 RNA를 비교하고 각각의 특징에 대해 서술했다. 수업 시간에 적극적으로 수업을 들었고, 이해가 안 가는 부분에 대해 개인적으로 찾아가 질문을 하고, 그 내용을 친구들과 공유했다. 그리고 과학 개념을 어려워하는 친구들에게 개념에 대해 설명하고, 그 과정에서 생긴 질문들에 대해 다시 질문했다.

수정본

[과학] 수업 시간때선생님의 말씀을 귀 기울여 듣고, 하나라도 더 이해하기 위해 눈을 반짝이며 집중했다. 수업 시간 때 생긴 질문을 선생님께 따로 찾아가 질문을 해 과학적 의사소통 능력을 기르려고 노력했다. DNA의 이중나선 구조 모형을 제작하고, 뉴클레오타이드의 개념과 DNA, RNA를 비교하고 차이점에 대해 서술했다. 나아가 DNA에 대해 더 깊이 알고 싶어 제임스 왓슨의 《이중나선》 책을 읽고 독서록을 작성했다. 교과서에서 배운 빅뱅에 더 깊은 이해를 위해 관련 책 《빅뱅의 메아리》를 읽고 우주에 대한 과학자들의 여러 이론과 빅뱅 이론이 과학적 지지를 받을 수 있었던 이유, 빅뱅 이론의 확립 과정에 대해 알게 되었다. 이를 통해 과학에 대한 배경지식을 확장할 수 있었다.

과목별 자기평가서 작성과 수정

5장

국어: 자기평가서 작성과 수정

(1)
원본

저는 시 쓰기 수행평가에서 4가지의 심상과 4가지의 표현 방법을 활용해 화자의 정서, 태도 상황을 나타내는 시를 창작했습니다. 시를 써 보며 화자의 정서를 어떻게 표현해 낼까 고민도 해 보고 표현 방법에 대해 찾아보는 과정에서 창의력도 향상되고 새로운 시각으로 접근해 볼 수 있었습니다. 또 저는 수업 시간에 문법에 흥미가 있어 이해가 잘 안되는 부분은 배우려는 자세를 가지고 질문도 하며 저의 지식을 넓혀 갔습니다. 그리고 황진이 시조를 배우며 특히 청산리 벽계수의 시조와 비슷한 주제를 가지는 시조들을 찾아보며 화자가 말하고자 하는 것을 찾고 분석하는 재미를 느꼈습니다.

수정본

수업 시간에 늘 집중하는 자세로 수업을 들었으며 필기를 놓치지 않고 작성하려 노력하는 모습이 보였음. 수업 시간에 배운 여러 심상과 표현 방법을 통해 직접 시를 창작하며 **유연한 사고**를 기르며 **창의적 시각**으로 시를 접근하려는 노력을 함. 또 시조와 여러 표현 방법에 대한 흥미를 느끼며 여러 표현 방법을 찾아보고 이것이 시에 끼치는 영향과 여러 시조의 주제를 분석해 보며 국어 지식을 넓힘. 적절한 표현 방법과 화자의 정서와 태도 등을 활용해 시를 창작하여 제출함. 그리고 수업 시간에 모르는 것에 대한 질문을 아끼지 않으며 탐구하는 자세를 보이며 집중하는 자세를 보임. 모둠활동에서도 **타인에 대한 존중감**을 가지고 친구들과 협력하여 **원인 분석능력**과 **리더십**을 보임.

원본은 자신이 수행한 내용에 대해서 서술 위주로 작성되었으며 학생의 입장에서 작성되었다. 수정본에서는 태도를 시작으로 탐구 활동 역량이 잘 드러날 수 있는 키워드(창의적, 분석능력, 리더십 등)를 적절히 사용하여 작성했다.

(2)
원본

읽어 본 경험이 있는 시를 대상으로 이에 대해 평가하는 비평문을 작성했으며, 시에 나타난 화자의 정서나 태도, 표현이나 특징 등을 자세하게 탐구하였다. 국어 수업 시간에 선생님이 가르쳐 주신 내용을 교과서나 프린트 등에 꼼꼼히 필기하였고, 선생님과 수업 내용에 집중하였다. 수업 시간에 배운 시를 통해 생긴 궁금증을 선생님에게 질문하며 더 깊이 탐구하려는 모습을 보였다. 선생님이 내주신 과제를 성실히 해 왔으며 수업 시간 내에서도 시키시는 일을 제 시간 안에 다 수행하였다.

수정본

수업 내용에 집중하고 선생님께서 가르쳐 주신 내용을 꼼꼼히 필기하며 수업 내용에 대해 적극적으로 이해하려고 했다. 교과서에 있는 윤동주의 서시를 읽은 후 이 시에 대한 화자의 정서나 태도, 표현이나 특징 등을 찾아보며 작품에 대한 **깊이 있는 탐구**하기 위해 노력하였다. 평소에 관심 있는 사회적 문제를 쟁점을 주제로 자신의 입장과 이에 대한 근거를 바탕으로 **나만의 견해를 글로 표현**하였다. 또한, 선생님이 내주신 과제나 수업 시간 내에 시키셨던 과제를 수행하기 위해 노력하였다. 그리고 수업 시간에 배웠던 내용 중 이해하기 어려웠던 부분을 이해하기 위해 선생님에게 질문하고 자습서 등을 찾아보며 그에 대한 지식을 확장시키기 위해 노력하였다.

원본은 수업 과정에서 탐구한 내용과 태도 중심 서술이 많았다.

수정본에서는 태도를 짧게 쓰고 교과활동 내용을 서술하였다. 깊이 있게 탐구하기 위해 노력을 기울인 과정과 자신의 견해를 글로 표현하기 위해 노력했다는 서술은 좋았지만 역량 키워드가 조금 더 반영될 필요가 있다. 또한 사회적 쟁점을 어떻게 자신만의 견해로 드러냈는지를 더 구체적으로 드러낼 필요가 있다.

(3)
원본

> 수업 시간에 학습활동과 본문에 열심히 필기함. 수업 시간에 선생님의 질문에 모르더라도 열심히 대답하는 모습을 보임. 시를 조사하여 작가, 독자, 사회 중심에서 해석하는 수행평가에서 교과서에 나온 나희덕 시인에 관심이 생겨, 나희덕 시인의 음지의 꽃이라는 시를 좀 깊이 있게 탐구하고, 탐구한 내용을 수행평가에 훌륭하게 반영함. 혼자서 학습을 할 때 1942열차와, 나무에 깃들여와 같은 시에 대한 내용이 이해가 안 되어 다시 필기를 읽어 보고 인터넷에서 찾아보는 등 적극적, 능동적으로 공부를 하는 모습을 보임.

수정본

> 수업 시간에 학습활동과 본문에 열심히 필기하는, 수업 시간에 선생님의 질문에 모르더라도 열심히 대답하는 배움에 대한 열의

를 보였음. 시를 조사하여 작가, 독자, 사회 중심에서 해석하는 수행평가에서 교과서에 나온 나희덕 시인에 관심이 생겨, 나희덕 시인의 음지의 꽃이라는 시를 깊이 있게 분석적으로 탐구하고, 탐구한 내용을 수행평가에 훌륭하게 반영함. 혼자서 학습을 할 때 1942열차와, 나무에 깃들여와 같은 시에 대한 내용이 이해가 안 되어 다시 필기를 읽어 보고 인터넷에서 찾아보는 등 **자기 주도적**으로 공부를 하는 자기개선 능력을 키우려고 노력하였다.

교과시간에 생긴 호기심을 해결하기 위해 자기 주도적으로 노력한 과정을 키워드를 활용해 작성했다. 다만 구체성을 획득하기 위해서 시를 분석한 과정과 분석 내용을 자세하게 서술하는 것이 필요하고, 그 과정에서 자신의 노력을 더 강조할 필요가 있다.

(4)
원본

국어 학습에 대한 강한 의지와 독서에 대한 애착을 보임. 생텍쥐페리의 《인간의 대지》를 읽고 진로 독서 보고서를 작성한 뒤 인간의 연대에 대해 심도 있게 탐구함. 정리한 내용을 바탕으로 정확한 발음과 발성으로 전달력 높은 발표를 함. 인류에게 기여하는 직업을 가지고 싶다는 포부를 밝히고 후속 활동으로 생텍쥐페리의 《야간 비행》을 읽고 보고서를 작성해서 제출함. 수업 시간에 소설에서 배경의 역할에 대해 배운 후 윤흥길의 《장마》와 이

효석의 《메밀꽃 필 무렵》을 읽고 독서록을 써서 제출함. 제한적 시점을 배운 후에는 최일남의 《흐르는 북》을 읽고 독서록을 써서 제출함. 이처럼 국어 수업 시간에 언급된 시나 소설을 개별적으로 읽고 꾸준히 독서록을 써서 제출하는 성실함과 학습 의지가 돋보임. 문법 수업을 들은 후에는 발음을 교정하고 실생활에 적용하기 위해 노력하는 태도를 가짐.

수정본

문법을 배우고 정확한 발음을 구사하기 위해 노력하는 등 학습한 내용을 실생활에 적용하기 위해 노력함. **독서나 시 감상에 애착**이 있어서 수업 시간에 소설에서 배경의 역할에 대해 배운 후 윤흥길의 《장마》와 이효석의 《메밀꽃 필 무렵》을 읽었고, 제한적 시점을 배운 후에는 최일남의 《흐르는 북》을 읽었고, 수업 시간에 정현종 시인의 〈방문객〉을 배우고 같은 시인의 〈떨어져도 튀는 공처럼〉, 〈사람이 풍경으로 피어나〉, 〈섬〉을 읽었고, 개인적 상징을 배우고 〈성북동 비둘기〉, 〈꽃〉, 〈깃발〉을 읽었음. 이처럼 국어 수업 시간에 언급된 시나 소설을 자기 주도적으로 읽고 꾸준히 독서록을 써서 성실하게 제출함. 국어 학습에 강한 의지가 있어서 수업 시간이 끝나면 쉬는 시간을 활용해서 배운 내용을 노트 정리하는 모습을 보여 줌. 생텍쥐페리의 '인간의 대지'를 읽고 진로 독서 보고서를 작성한 뒤 인간의 관계와 의무 조화에 대해 심도 있게 탐구하며 **심미적 역량**을 기를 수 있었음. 인류에게 기여하는 직업을 가지고 싶다는 소감을 밝히고 후속 활동으로 생텍쥐페리의 《야간 비행》을 읽어 보며 생텍쥐페리와 당시 시대에 대한 지적 호기심을 더 채워 보겠다는 포부를 밝힘.

교과 수업시간에 언급된 책들을 자기 주도적으로 읽고, 꾸준히 독서록을 작성하여 성실함과 교과에 대한 강한 의지를 잘 드러냈다. 자기 주도성과 심미적 역량 등 교과에서 필요한 역량을 기르기 위한 노력을 구체적으로 서술하였고, 동일 저자의 책을 읽는 것을 후속 활동으로 계획해 지적 호기심을 잘 드러냈다.

(5)
원본

> 국어 학습에 대해 강한 열의와 자신감을 가지고 항상 성실하게 집중하여 수업을 듣는 모습에 칭찬을 받음. '팀 마샬'이라는 작가와 세계 정세에 호기심을 가지고 《지리의 힘》을 읽고 이에 대해 느낀 점을 충실하게 작성하였음.

수정본

> 국어 학습에 대해 강한 열의와 자신감을 가지고 항상 성실하게 한 번이라도 졸거나 흐트러진 모습 없이 집중하여 수업을 듣는 모습에 칭찬을 받음. 국어가 든 날 아침 자습에서 배울 내용을 미

리 읽어 보고 선생님의 사소한 말도 놓치지 않고 필기하려고 하는 등 수업에 열심히 참여하려고 노력함. 또, '팀 마샬'이라는 작가와 세계정세에 관심을 가지고 스스로 관련 서적을 찾아 읽는 **능동적 태도**를 가지려고 노력함. 평소 궁금해하던 남북한의 관계를 미국이 왜 강대국이 되었는지, 중국에서 티벳과 신장이 어떤 역할을 하는지, 서유럽 국가들은 지리적으로 왜 분열됐는지, 러시아, 라틴아메리카, 아프리카, 중동, 인도와 파키스탄, 북극을 둘러싼 문제까지, 국제사회의 갈등의 원인을 지리적 측면에서 바라보며 설명하는 《지리의 힘》(팀 마샬)을 읽고 알아보는 등 **지식을 확장**하려고 노력함.

원본은 자기평가서에 대한 이해가 부족해 태도와 활동을 단순히 언급만 했다. 하지만 수정본에서는 태도로 시작해 교과활동에 대한 구체적 내용을 잘 서술했다. 또 자기 주도적, 능동적 태도 등 키워드를 활용해서 자신의 역량을 드러냈다. 내용을 구체적으로 서술하며 지식을 확장하기 위한 노력을 서술한 점도 좋다.

(6)
원본

수업 시간에 수업 내용을 빠짐없이 필기하였고 수업에 적극적으로 참여함. 시를 한 가지 선정하여 그 시를 스스로 분석하여 활동지를 작성함. 선생님이 내주시는 숙제를 빠짐없이 완료해가는 등 성실하게 수업활동에 임함. 시를 공부할 때 스스로 분석해 보는 등의 노력을 기울임. 소설 〈미스터 방〉에서 방삼복의 내면 심리에 대해 수업 시간에 발표하여 좋은 반응을 얻음. 중간고사 이후 중간고사 문항을 분석하며 선생님께 열심히 질문하는 태도를 보임.

수정본

수업 시간에 수업 내용을 구조적으로 잘 정리하여 필기하였고 졸리면 스텐딩 책상을 활용하는 등 수업에 성실하게 참여함. 수업 중 소설 〈미스터 방〉의 등장인물 방삼복의 내면 심리에 관한 질문에 **적극적**으로 대답하며 활동에 임함. 수업 후에는 배운 내용을 복습하고, 시를 **스스로 분석**해 보는 등의 노력을 기울임. 시를 분석한 경험을 바탕으로, 김수영의 시 〈풀〉을 시대 상황과 시어의 함축적인 의미를 기준으로 분석하고 활동지를 작성하며 **심미적 사고 능력**을 키우기 위해 노력함. 중간고사 이후 중간고사 문항을 모둠원과 함께 분석하는 과정을 주도하는 등 **공동체 역량**과 **협력적 소통 역량**을 키우고 기존의 학습 방법의 문제점을 찾아내 공부 방법을 개선하였음. 고령화 사회에서 청년의 일자리 확보보다는 정년을 연장해야 한다는 견해로 활동지를 작성함. 본 활동을 위해 다양한 매체에서 자료를 조사하고, 비판적으로 사고하면서 **정보 처리 능력**과 **비판적 사고 역량**을 발휘하였음.

수정본에서는 태도를 더 구체적으로 서술했다. 활동 내용도 원본보다 구체적으로 서술하고 있으며 본인이 키우고자 하는 역량에 대한 키워드를 적극적으로 활용하여 내용을 수정했다. 심미적 사고 능력, 공동체 역량, 협력적 소통 역량 등 역량에 대한 서술과 학습 방법의 문제점을 스스로 찾아내는 등 교과학습에 대한 의지를 드러낸 점도 훌륭했다.

(7)
원본

> 수업 시간에 《카메라와 워커》라는 작품에 대하여 학습하고, 1970년대 당시의 사회상과 그 속에서의 사람들의 모습을 더 살펴보기 위하여 《난장이가 쏘아 올린 작은 공》이라는 책에 대하여 심층적인 탐구를 진행함. 그리고 이 탐구에서,《난장이가 쏘아 올린 작은 공》이라는 책을 시대적 배경뿐 아니라, 작가와 문학사적 상황까지 탐구한 뒤 제시함으로써, 이 책이 쓰여지게 된 계기에 관한 깊은 탐구를 진행하였음. 또한, 이러한 탐구를 바탕으로, 우리가 1970년대의 산업화를 좋은 방식으로만 바라보는 상황에 물음표를 던지며, 고위층에게만 산업화가 좋은 일이었다는 이 책에서의 작가의 의견을 수용하여 자신의 생각을 서술하였음. 최근 사회적인 쟁점이 되고 있는 사건에 관하여 많은 자료들을 접하고, 이에 관한 자신의 의견을 서술함으로써, 사회적 상황에 관한 여러 의견을 듣고 이를 비판적으로 수용하는 능력을 보임.

수정본

수업 시간에 항상 집중하는 모범적인 학생이며, 과제나 프로젝트에 열정적으로 참여하는 학생임. 수업 시간에 《카메라와 워커》라는 소설을 학습한 이후, 1970년대의 사회상에 대한 추가적인 분석을 위하여 동시대상을 반영한 소설인 《난장이가 쏘아 올린 작은 공》이라는 소설을 읽고, 이 작품을 시대적 상황뿐 아닌 작가의 주변 환경과 문학사적 상황까지 살펴 바라보는 등 다양한 관점에서 면밀히 분석하여 **통합적으로 바라보는 능력**을 보임. 당시 산업화라는 시대상 속에서 고통받아야 했던 시민들의 심정을 이해하여, 산업화를 긍정적으로만 바라보는 현대인들에게 비판적인 시각을 보이는 등 **심미적 감성 역량**을 성장시키기 위해 노력하였음. 최근 사회적인 쟁점이 되고 있는 사건에 관한 다양한 자료를 미디어를 활용해 수집하여 의견을 다각적으로 바라보았으며, 이를 토대로 자신의 생각을 <u>에세이로 작성하였음.</u> **지식정보처리 역량**을 기르려고 노력하는 모습을 보임.

원본에는 태도에 대한 언급이 없었으나 수정본에서는 태도에 대해 구체적으로 서술했다. 국어교과의 성격에 맞는 역량을 키우기 위한 노력을 구체적으로 서술한 점이 좋았다. 원본이 탐구 내용에 대한 서술 위주였다면 수정본은 자신의 노력이 좀더 강조된 점도 훌륭했다. 주제에 관심을 가지게 된 동기 등도 함께 서술했다면 더 좋았을 것이다.

(8)
원본

> 항상 수업 시간에 졸거나 자지 않고 집중하는 태도를 보이며 이보다 더 적극적일 수 없다고 생각함. 모둠의 사회자로서 모둠 친구들의 대화를 이끌어가며 모둠원 친구들의 의견에 공감하고 . 음운 변동 수업 당시 모둠원들과 단어들을 발음해 보고 의문점에 답하기 위해 고민하는 모습을 보임. 김애란 작가의 《도도한 생활》의 책 속 구절과 수업 시간에 배운 문태준의 시 〈산수유나무의 농사〉의 시행을 연결 지어 독서일지를 작성함. 수업 시간에 배운 내용을 독서 활동에도 활용한 점이 훌륭함. 김동식 작가의 《회색 인간》에서 '희망이란 어떤 의미를 지닐까?'라는 질문을 스스로 생각하여 글을 작성함. '희망'에 대한 사전적 정의를 제시하고 논의를 확장한 점이 매우 인상적이었음. 수업 시간에 윤흥길 작가의 《아홉 켤레의 구두로 남은 사내》를 읽고 후에 비슷한 주제의 다른 작가의 책에 관심이 생겨 조세희 작가의 《난장이가 쏘아 올린 작은 공》을 읽고 독후감을 작성함. 1970년대의 산업화로 인한 아픔을 깨닫고 현재의 삶에 더욱 감사하게 되는 계기로서 발전한 것이 감명 깊었음.

수정본

> 항상 수업 시간에 졸거나 자지 않으며 집중하였고 선생님의 질문

에 적극적으로 대답하며 국어에 대한 흥미와 관심을 드러내기 위해 노력함. 모둠의 사회자로서 비지시적 언어를 사용하며 친구들을 존중해 모두가 의견을 공유하는 대화를 이끌어가기 위해 노력함. 음운 변동 수업 당시 모둠 친구들과 단어들을 발음해 보고 의문점에 대한 대답으로 예시를 드는 등의 방법으로 **논리적으로 정리**하기 위해 노력하고 고민했음. 김애란 작가의 《도도한 생활》의 책 속 구절과 수업 시간에 배운 문태준의 시 〈산수유나무의 농사〉의 시행을 연결 시켜 독서일지를 작성하는 등 수업 시간에 배운 내용을 활용하여 연계적으로 사고하기 위해 노력함. 김동식 작가의 《회색 인간》에서 '희망이란 어떤 의미를 지닐까?'라는 질문을 만들고 답변하는 글을 작성함. '희망'에 대한 사전적 정의를 제시하고 **논의를 확장**한 점을 매우 인상적으로 평가함. 수업 시간에 윤흥길 작가의 《아홉 켤레의 구두로 남은 사내》를 읽고 비슷한 시기를 다룬 다른 작가의 문학에 **호기심**이 생겨 조세희 작가의 《난장이가 쏘아올린 작은 공》을 읽고 독후감을 작성했음.

원본도 내용이 나쁘지 않다. 스스로 생각하여 글을 작성하고, 논의를 확장해 나가는 과정에 대해 잘 서술했다. 수정본에서는 읽기, 말하기, 쓰기의 다양한 활동을 통해 국어교과에 해당하는 역량을 키우기 위한 다양한 활동을 드러낸 점이 좋았다. 교과 핵심 능력에 해당하는 키워드를 조금 더 활용해서 키우고자 한 역량이나 개인의 노력을 강조했다면 더 좋은 자기평가서가 될 것이다.

(9)

원본

역사적 사건 혹은 사회적 이슈를 문학작품을 읽고 작가와 가상인터뷰를 작성한 후 글을 쓰는 수행평가를 함. 한강 작가의 소년이 온다를 읽고 5.18 민주화 운동에 대해 관심을 가지고 조사함. 이 과정에서 대한민국의 민주주의 발전 과정과 중요성, 민주주의를 쟁취하기 위한 과거 시민들의 희생을 배움.

수정본

항상 수업 시간에 맨 앞자리에 앉아 수업에 집중하며 많은 지식을 얻고자 노력함. 또한 수업 전후로 꾸준한 복습을 통해 많은 문학작품의 내용을 계속 기억하고자 함. 역사적 사건이나 사회적 이슈를 다룬 문학 작품을 읽고 가상 인터뷰를 작성한 후 글쓰기 활동을 함. 한강 작가의 《소년이 온다》를 읽고 현재 대한민국 민주주의 발전에 전환점이 된 5.18 민주화 운동과 대한민국의 민주주의 발전 과정에 대해 **지적 호기심**이 생김.《소년이 온다》문학 작품을 읽으며 5.18 민주화운동 당시의 상황에 대해 알고 가상인터뷰를 진행하며 기억은 단순한 과거의 사실을 떠올리는 것이 아닌 희생자에 대한 존엄성을 지키고 그 기억으로부터 교훈을 얻고 현재에 매우 중요한 의미를 지니고 있다는 것을 알게 되었고 이를 통해 **비판적 사고력**과 **다각적 시각**을 키우고자 노력함.

서술이 지나치게 짧고 단순해서 수정본에서는 태도로 시작해 활동으로 이어지는 자기평가서를 작성했다. 어떤 활동을 어떻게 했는지 보다 구체적으로 서술하고 있으며 지적 호기심, 비판적 사고력과 같이 자신의 특성과 역량을 드러내는 키워드를 잘 구사했다. 다각적 시각은 어떻게 키울 수 있었는지에 대한 근거가 다소 부족한 면이 있었지만 글을 작성하는 경험이 생기면 더 좋은 기재를 할 수 있으리라 생각된다.

(10)
<u>원본</u>

> 수업 시간에 필기를 꼼꼼히 하거나 앞자리에서 선생님의 질문에 크게 대답하는 등 집중을 잘함. 특히나 문법 부분에서는 각 문법의 예시를 찾으며 복습에 노력함. 그리고 독서 수행평가에서《파인만에게 길을 묻다》,《하늘과 바람과 별과 인간》이라는 서적을 읽으며 정보를 탐색함. 또한, 주제 탐구 중인 GMO와 연관 지어 생명 공학 도입 중에 발생하는 문제나 논란을 주제로 사회적 쟁점에 대한 글을 씀. 국어 도우미 역할을 맡아 친구들이 어려워하는 부분을 설명해 친구들의 학습을 도움.

수정본

> 항상 세부적인 내용까지 필기를 꼼꼼히 하거나 앞자리에서 선생님의 질문에 크게 대답하는 등 적극적인 태도로 수업에 집중함. 특히나 암기할 것이 많은 문법 부분에서는 각 문법의 예시를 찾으며 복습하며 암기가 수월하도록 노력함. 또한, 주제 탐구 주제인 GMO와 연관 지어 생명 공학 도입 중에 발생하는 문제나 논란을 주제로 사회적 쟁점에 대한 글을 쓰기 위해 여러 뉴스를 찾고 이를 통해 과학이 발전할 때 모든 것을 여과없이 받아들이기보다는 윤리나 안정성을 고려해 **비판적 사고의 필요성**을 깨달음.《파인만에게 길을 묻다》,《하늘과 바람과 별과 인간》이라는 서적을 읽으며 **주도적**으로 **생각을 확장**한 것을 바탕으로 글을 씀. 또한 국어 도우미 역할을 맡아 친구들이 어려워하는 부분을 설명해 친구들의 학습을 도우며 **소통능력**을 기름.

원본은 자신이 했던 활동을 나열식으로 작성했으며 역량에 대한 서술이 부족했다 수정본에서는 태도에 대한 기술을 시작으로 탐구 활동을 통해 기르고자 한 역량을 잘 표현했다. 역량에 대한 표현이 강조된 것은 좋았지만 주도적으로 생각을 확장한 과정에 대한 서술은 구체적이지 않아 아쉬웠다.

영어: 자기평가서 작성과 수정

(1)
<u>원본</u>

영어 말하기 수행에서 저는 여러 기사 중 평소 관심 있던 주제인 '인공지능의 발달로 엔지니어나 소프트웨어 등의 직업들이 사라지지 않을까?'를 읽어 보며 발표를 준비하였습니다. 글에서의 전문가들의 의견을 들어 보며 미래의 직업과 인공지능의 발달이 우리에게 끼치는 영향들을 생각해 보는 계기가 되었습니다. 또 이 글을 바탕으로 발표 글을 써 보며 나의 의견도 효과적으로 드러나게 써 보는 연습도 할 수 있었습니다. 이후의 발표로 글이나 연설을 다른 사람들에게 효과적으로 전달할 수 있도록 발음과 목소리 크기, 시선에 신경을 썼습니다. 또한 원서 읽기를 통해 독해 능력과 독서에 관심을 가지게 되었습니다.

수정본

말하기 수행에서의 과정에서 제스쳐로 자신의 의견을 효과적으로 표현을 하며 말하기와 글쓰기에 두각을 보임. 영어 신문 기사 '인공지능이 소프트엔지니어 등의 직업을 가로챌까?'라는 주제를 탐구하여 자신의 의견을 포함한 논리적이고 설득력있는 보고서을 작성하며 **비판적 사고**를 넓히고자 노력함. 이와 관련된 기사를 조사하며 인공지능의 발전이 인류에게 끼치는 영향을 정리하여 발표함. 발표할 때 집중이 될 만큼의 목소리 크기와 시선에 신경을 쓰며 학우들에게 자신의 의견을 전하고자 **과제 수행력**을 가지고 노력함. 또 모둠활동에서도 타인에 대한 **존중감**을 지니며 각 조원의 의견을 참고하여 보고서를 작성하여 **리더십**을 높이고자 함.

원본은 수행평가 내용으로 시작한 점이 아쉬웠다. 수정본에서는 수업시간에 보인 태도를 드러내며 시작한 점이 좋았다. 원본보다는 역량 키워드가 제시되고 있지만 비판적 사고를 넓히고자 노력한 구체적 근거가 함께 제시되어야 더 좋은 자기평가서가 되었을 것이다. 또한 키워드를 사용해 글을 쓴 경험이 부족한 모습이 보인다. 내용을 고려할 때 '발표력'을 키워드로 쓰는 것이 더 적절해 보인다. 그래도 원본보다는 좋은 자기평가서를 작성했다.

(2)

원본

수업 시간에 학습한 내용을 다른 과목과 연계하는 능력이 탁월함. 《Stories from Five Town》을 읽고 주인공이 도둑이 될 수밖에 없었던 19세기 영국의 사회적 상황을 논리적으로 설명한 영어 독서록을 제출함. 같은 시대 배경을 가진 소설 《지킬 박사와 하이드》와 《올리버 트위스트》와 비교하여 서술한 점이 돋보임. 수업 시간에 민속음악에 대한 지문을 읽고 '아일랜드의 역사와 민속음악'이라는 주제로 심화 탐구함. 얀 아스만의 문화적 기억 이론을 참고하여 민속음악이 아일랜드의 역사를 보존하고 정체성을 형성한다는 내용의 발표를 함. 발표를 영어로 준비하고 연습하며 새로운 어휘를 익히고 발음을 교정하는 등 영어 능력 향상에 도움을 받음. 음악영화를 예시로 들고 적절한 발표 속도와 어휘를 사용하는 등 발표 시 청중을 고려하는 태도를 보임. 학우들도 발표를 듣고 이해가 잘된다, 태도가 좋다 등의 평가를 남기며 극찬을 받음. 발표 이후 문화적 기억 수단으로써의 문학에 대해 호기심이 생겨서 클레어 키건의 《이처럼 사소한 것들》을 읽고 20세기 아일랜드의 인권유린과 인간의 품위와 도덕적 선택의 내용을 담은 보고서를 작성하여 제출함. 심미적 역량 또한 탁월하여 꾸준한 독서 습관으로 형성된 창의력을 바탕으로 영어 단어 'break down'을 모래성이 무너지는 모습에서 착안하여 시각적 완성도가 높은 타이포그래픽을 제작하는 등의 활동을 여러 차례 수행함.

수정본

《Stories from Five Town》을 읽고 주인공이 도둑이 될 수밖에 없었던 19세기 영국의 사회적 상황을 영어 독서록으로 제출할 때 같은 시대 배경을 가진 소설 《지킬 박사와 하이드》와 《올리버 트위스트》와 비교하는 등 **융합적 사고**를 발휘하기 위해 노력함. 수업 시간에 민속음악에 대한 지문을 읽고 '아일랜드의 역사와 민속음악'이라는 주제로 **심화 탐구**함. 얀 아스만의 문화적 기억 이론을 참고하여 민속음악이 아일랜드의 역사를 보존하고 정체성을 형성한다는 내용의 발표를 함. 발표를 영어로 준비하고 연습하며 새로운 어휘를 익히고 발음을 교정하는 등 **영어 능력 향상**에 도움을 받음. 발표 시 청중을 고려하여 음악영화를 예시로 들고 적절한 발표 속도와 어휘를 사용하는 등 협력적 소통 역량을 보이기 위해 노력함. 발표 이후 문화적 기억 수단으로서의 문학에 대해 호기심이 생겨서 클레어 키건의 《이처럼 사소한 것들》을 읽고 20세기 아일랜드의 인권유린과 인간의 품위와 도덕적 선택을 탐구하겠다는 포부를 밝힘. 영어 단어 'break down'을 모래성이 무너지는 모습에서 착안하여 시각적 완성도가 높은 타이포그래픽을 제작하는 등 **창의적 사고**를 발휘하기 위해 노력함.

단순하더라도 원본에는 없었던 태도로 시작한 점이 좋았다. 수업 시간에 읽은 지문에 대한 주제로 심화 탐구하여 자신의 역량을 잘 정리했다. 다양한 역량 키워드를 적절하게 잘 구사했으며 영어교과의 성격에 맞게 영어적인 능력을 키우기 위한 노력이 잘 기술된 점이 좋다. 발표 이후 후속 활동에 대한 계획을 세워 지식을 확장하기 위해 노력한 점과 탐구 역량이 있는 학생이라는 점을 충분하게 어필할 수 있는 좋은 자기평가서이다.

(3)

원본

영어 수업에 항상 집중하며 성실한 태도로 임하려고 노력함. 《동물농장》을 영어 원서로 읽고 줄거리 및 느낀 점을 작성하는 등 자기 생각을 영어로 표현하는 능력이 뛰어남.

수정본

영어에 대한 강한 자신감을 보이며 영어 수업 시간에 한 번이라도 졸거나 흐트러진 모습을 보이지 않으려 하고 선생님이 하시는 말을 놓치지 않으려고 노력하며 필기하는 등 항상 성실한 태도를 보이기 위해 노력함. 수업 후에 수업 시간에 다룬 내용을 따로 질문하는 등 학습에 대한 열의를 보이기도 함. 《동물농장》(조지 오웰)을 읽고 스퀼러의 말빨에 속아 넘어가거나, 복서처럼 무조건 '나폴레옹은 옳다'고 믿고 따르는 동물들을 보면서 **비판적 사고의 중요성**을 느끼고 권력이 얼마나 쉽게 사람을 변하게 하는지, 그리고 절대적 권력이 얼마나 위험하고 무서운지 등 권력의 심각성을 이해하여 **심미적 감성 역량**을 키우려고 노력하기도 함. 또, 스피킹 녹음을 할 때 끝까지 **최대한** 많은 시간을 투자하며 **최선**의 결과를 내려고 하는 등 **충실도**와 **과제 집착력**을 보이려고 함.

원본은 태도와 활동 내용을 간단하게 서술한 것 이외에 더 이상 서술을 이어 나가지 못했다. 하지만 자기평가서 작성법을 배운 이후, 태도에 대해 보다 구체적으로 서술했으며 수행의 과정과 배우고 느낀 점 역시 구체적으로 서술했다. 단순하게 나열된 활동을 구체적으로 서술하고 있으며 교과나 활동의 성격에 맞는 역량을 충분히 드러냈다. 양적인 부분을 떠나 태도, 활동 내용, 배우고 느낀 점, 관련 역량 등을 잘 서술한 좋은 자기평가서를 작성했다.

(4)
<u>원본</u>

평소 수업 시간 영어 지문을 읽을 때 먼저 자진해서 발표를 하는 등 적극적인 모습을 보여 줌. 또한 원어민 영어 선생님과 수업을 할 때 수업 시간에 적극적으로 발표해 의견을 제시하였고, 원어민 영어 선생님의 질문에 적절한 대답을 함으로써 수업 분위기를 긍정적으로 이끌어 감. 그리고 영어 말하기 수행평가에서 주제에 맞는 적절한 내용을 바탕으로 원어민 영어 선생님 앞에서 영어 발표를 진행하였고, 자신감 있게 열심히 발표를 했다고 칭찬을 받음.

수정본

영어 수업 시간에 영어 지문을 읽을 때 먼저 자진해서 발표하는 등 수업 시간에 매우 진심이고, 적극적인 모습을 보여 줌. 또한 원어민 영어 선생님과 수업을 할 때 선생님의 질문에 성실히 대답하며 원어민 선생님과 자연스럽게 소통하는 분위기를 주도함. 원어민 영어 선생님과 소통하고자 노력하고 **도전정신**을 보여 줌. 그리고 원어민 영어 선생님 수업에서 모둠으로 발표하는 시간을 가졌는데, **수평적 의사소통 능력**을 바탕으로 모둠원의 의견을 최대한으로 수용해 발표를 함. 발표를 하는 과정에서, 의사소통을 하는 과정에서 큰 제스처와 풍부한 표현을 통해 **말하기 활동에서 두각**을 보여 주었으며 매 수업 시간마다 발표 태도를 개선하고자 노력하는 모습을 보였음. 영어 말하기 수행평가에서 주제에 적합한 내용을 바탕으로 다양한 표현을 활용해 글을 쓰고 이를 원어민 영어 선생님 앞에서 영어 발표를 진행하였음. **자신감있는 태도**와 **유창한 영어 능력**으로 열심히 발표를 했다고 칭찬을 받음.

태도에 대한 기술은 충분했지만 활동에 대한 내용이 부족했던 부분을 보충하여 내용을 수정했다. 적절한 역량 키워드를 활용하여 잘 기술했는데 몇몇 키워드는 근거가 부족한 면도 보인다. 예를 들어 도전정신은 어떻게 보여준 것인지 기술이 충분하지 않다. 하지만 전반적으로 원본보다는 훨씬 좋은 자기평가서를 작성했다고 평가할 수 있다.

(5)
원본

> 수업 시간에 적극적으로 참여함. 수업 시간에 영어지문에 사용된 문법 요소에 대해 발표함. 인공지능이 일자리와 기회를 없앨 것이라는 주제로 발표를 진행함. 또한, 동일한 주제로 글쓰기를 해 활동지를 작성함. 수업이 끝난 후에도 지문의 문법 요소를 하나하나 분석하는 등의 노력을 기울임.

수정본

수업 시간에 배운 지문을 문법 요소와 내용정리를 중심으로 필기하였고 선생님의 질문에 적극적으로 대답하는 등 수업에 적극적으로 참여함. 부교재를 풀이할 때 한 지문당 2분씩 시간제한을 두고 풀이하라는 교사의 의도에 맞게 학습하는 등 선생님과 함께 **소통하며 성장**하고자 노력하였음. 인공지능이 미래에 사람들의 일자리와 기회를 빼앗을 것이라는 주제로 영어로 원고를 작성하고 암기하여 제한 시간 내에 발표함. 원고 작성을 위해 다양한 매체에서 자료를 조사하며 **지식정보처리 역량**을 키우기 위해 노력하였음. 책에서 배운 지식보다는 경험으로부터 배운 지식이 중요하다는 내용으로 둘의 공통점과 차이점을 기준으로 하여 활동지를 작성하는 등 **성찰적으로 사고**하기 위해 노력함.

수정본에서는 태도를 보다 구체적으로 서술했으며, 활동에 대한 구체적인 내용과 키우고자 한 역량을 잘 표현했다. 전반적으로 역량 키워드와 서술이 자연스럽게 이어져 좋은 자기평가서가 되었다고 할 수 있다.

(6)
원본

영어 독해에서 영어를 한글로 해석하지 않고 영어 그대로 이해할 수 있는 경지에 있음. 원어민 언어와 한국 문법책에 소개된 문법의 허용범위 차이의 발생 원인에 대해 진지하게 고민하며, 이를 비교하여 탐구함. 영어 독해, 문법은 물론 회화 실력도 뛰어남. 선생님한테 추천받은 영어소설을 번역본이 아닌 원문 그대로 읽고 자발적으로 독후감을 작성하여 내용을 정리함. 스티브 잡스의 스탠포드 졸업 연설을 시청하며 연설의 내용을 요약하고 연설이 영감 전달에 효과적임을 느끼고, 거장들의 영어 연설을 다수 시청하며 인권에 대한 본인의 생각을 담은 연설을 작성하고 이를 발표함.

수정본

문법 수업을 할 때 눈을 반짝이며 수업을 듣는 몇 안 되는 학생임. 모의고사에서 높은 점수를 받음에도 불구하고 원어민의 독해법에 대한 본인의 관심을 바탕으로 영어를 영어 그대로 독해해 내겠다는 목표를 세움. 꼭 이루고 싶은 목표라고 밝히고, 이를 이루기 위해 원서 페르마의 마지막 정리를 완독하겠다는 <u>목표를 세우고 이를 실천함</u>.
영어 수행평가에서 스티브 잡스가 최초로 제품 소개 자리가 아닌 자리에서 한 연설이라는 점에 흥미를 느끼며 'Steve Job's Stanford graduation commencement speech'를 시청하며 연설에 쓰인 영어 수사법에 관심을 가지게 됨. 이를 바탕으로 Sam lybith의 《Words Like Loaded Pistols》를 읽고 이 내용을 활용하여 본인이 직접 연설문을 작성하는 **적극성**을 가짐.

원본에서는 자신이 자신의 능력을 높게 평가한 반면 관련된 근거는 다소 부족한 면이 있었다. 수정본에서는 교과수업에서의 적극적인 태도를 잘 보여 주었다. 수업시간에 배운 내용을 지적인 호기심을 가지고 스스로 탐구한 내용을 잘 설명했다. 활동에서 자신이 키우고자 한 역량이나 노력을 조금 더 추가한다면 더 좋은 자기평가서가 될 것이다.

(7)
원본

글쓰기 수행평가에서 자신의 진로와 엮어 '맞춤형 나노소재를 스스로 개발하는 스마트 연구실'에 대한 조사를 진행한 후 "AI and humans, their respective roles in scientific development" 라는 제목으로 글쓰기를 진행함. 서론, 본론, 결론에서의 글의 짜임이 탁월함. 과정 중심 글쓰기 활동에 적극적으로 참여하였고, 결과적으로 매우 완성도 높은 글을 작성함.
수업 시간에는 항상 교사와 눈을 맞추려 노력하는 모습을 보이며 매번 밝게 웃는 모습으로 수업에 참여하여 교사가 어떻게 하면 더 수업을 잘할 수 있을까 고민하게 만드는 학생임. 교사가 내준 사소한 숙제 하나도 빼먹은 적이 없으며 수업 시간 전에 항상 교과서를 펴고 바른 자세로 오늘 배울 지문을 미리 읽어 보는 성실한 태도를 보임. 교사와 적극적으로 소통하며 단어 암기에서의 교사의 조언을 수용하고 또다시 조언을 구하는 적극적인 태도를 보임

수정본

수업 시간에는 항상 교사와 눈을 맞추려 노력하고 매번 밝게 웃는 모습으로 수업에 참여하였음. 선생님께서 내주신 사소한 숙제 하나도 빼먹지 않고, 수업 시간 전에 항상 교과서를 펴고 바른 자

세로 오늘 배울 지문을 미리 읽어 보고 수업 후에는 바로 복습하는 **성실성**을 실천하려 노력함.

글쓰기 수행평가에서 자신의 진로와 엮어 '맞춤형 나노소재를 스스로 개발하는 스마트 연구실"에 대한 조사를 진행한 후 "AI and humans, their respective roles in scientific development" 라는 제목으로 글쓰기를 진행함. 외국 과학 잡지에 AI가 생성한 잘못된 정보를 담은 논문이 출판된 사건, AI프로그램의 윤리적 판단 오류가 일어난 사건 등 다양한 실제 사례를 근거로 들어 AI와 인간 각자의 역할을 지키며 기술발전을 이루어야 한다는 주장을 논리적으로 설득하려고 시도함. 또한, 풍성한 글을 쓰기 위해 같은 말이라도 중복 없이 다양한 영어 표현을 사용하려고 노력함.

원본은 학생 스스로 '탁월하다', '매우 완성도 높다'라고 한 평가적 기술이 있었다. 수정본에서는 '노력함'과 같은 표현으로 자연스럽게 변경했다. 역량 키워드가 충분히 사용되지 않았다는 점은 다소 아쉽다. 영여교과의 핵심 능력을 활용하여 적절한 키워드를 넣어가며 작성했다면 더 좋은 자기평가서가 될 수 있었을 것이다.

(8)
원본

중학교 때 통계 대회에 나가기 위해서 온라인에 설문 조사를 올렸지만 사람들이 설문조사에 응해 주지 않아서 자료를 수집하는 것에 어려움이 있었다. 그러다 이 어려움을 극복하기 위해 실제로 연세대학교에 찾아가 연세대학교 학생들을 대상으로 설문조사를 했고, 100명이 넘는 학생들의 응답을 얻을 수 있었던 경험에 대해 영어로 글을 썼다. 영어 글쓰기 주제가 내가 겪었던 어려움과 어려움을 극복한 방법이었는데, 겪은 어려움과 극복 방법이 글에 뚜렷하게 나타나게 글을 썼고, 1과에서 배운 문법을 활용하여 영작했다. 그리고 교과서 2과에 해당하는 가장 인상 깊었던 책의 첫 번째 문장에 대해 《OF MICE AND A MAN》이라는 책으로, 미국의 대공황 시기를 배경으로 하는 소설책의 첫문장과 내용에 대해 발표했다. 영어 부장으로 선생님을 열심히 도왔고, 수업 시간마다 발표를 적극적으로 했다.

수정본

영어 부장으로 선생님의 수업 준비를 도우며 늘 초롱초롱한 눈빛으로 선생님과 눈을 맞추며 열심히 수업을 들으려 노력함. 적극적으로 발표를 하며 영어 말하기 능력을 키우려 노력함. 영어 선생님께서 담임 선생님께 따로 수업 시간에 열심히 수업 듣고, 발표 많이 한다고 칭찬했을 정도로 수업에 성실히 임했다. 수업 때 생긴 질문은 쉬는 시간에 따로 질문해서 이해를 하고 질문 내용을 친구들과의 공유를 통해 협력적 소통 역량을 기르려고 노력했다. 통계 대회 준비 과정에서 표본 확보하는 데에 있어 겪은 어려움과 어려움을 해결하기 위해 직접 대학교를 방문해서 표본을 확보한 경험을 영어로 글을 작성할 때 **교과서에서 배운 문법을 적극적으로 활용**해 영작했다. 그리고 추가로 교과서 2과에 해당하는 가장 인상 깊었던 책의 첫 번째 문장에 대해 《OF MICE AND A MAN》이라는 책으로, 미국의 대공황 시기를 배경으로 하는 소설책의 첫문장과 책 내용에 대해 발표를 해 **심미적 감성 역량**을 기르려고 노력했다.

원본은 태도에 대한 기술이 마지막에 들어갔다. 대회에 나간 경험, 대학명 등 세특에 기재할 수 없는 내용으로 구성한 부분도 아쉬웠다. 수정본에서는 영어 시간에 자신이 맡은 역할과 태도로 시작한 점이 좋았다. 적극적으로 교과활동에 임한 부분이 잘 드러나게 서술한 점도 좋았다. 다만 역량 키워드를 조금 더 활용하면 좋았을 것이고, 심미적 감성 역량을 기르기 위해 구체적으로 어떻게 노력했는지를 조금 더 서술할 필요가 있겠다.

수학: 자기평가서 작성과 수정

(1)
<u>원본</u>

선생님의 수업에 적극적으로 참여하며 수학에 어려움을 가지고 있는 친구들을 선생님과 함께 보조함. 수학이라는 학문 자체에 큰 호기심을 보이고 많은 문제를 다각적으로 접근하며 최적의 방식에 대해 선생님께 조언을 구함. 평소 관심을 가지고 있는 DNA에서의 이중나선 구조를 수학적으로 분석하였으며 그 과정에서 쓰이는 이차방정식을 함수화하여 분석하고 인체에 미치는 다른 영향이 있을지 추가 탐구를 함. 또한 한 문제를 깊게 생각하며 윤환식, 대칭식을 이용해 인수분해를 어떻게 하면 효율적이고 시간을 절약하며 할 수 있을 지에 대해 친구들 앞에서 발표함.

수정본

> 선생님의 수업에 **적극적으로 참여**하며 수학에 어려움을 가지고 있는 친구들을 선생님과 함께 도우려고 노력함. 복소수에 대한 계산을 획기적으로 빠르게 할 수 있는 방법을 탐구하던 중 드므아브르 정리를 접하게 되었으며 이를 증명하는 과정에서 수학이라는 학문 자체에 큰 **호기심**을 보임. 많은 문제를 다각적으로 접근하여 최적의 방식에 대해 선생님께 조언을 구하고 윤환식과 대칭식을 통해서 인수분해의 계산을 폭발적으로 빠르게 하는 나만의 방법을 만들어 친구들 앞에서 발표함. 이 과정에서 기존의 자료를 적절히 분석하고 활용하여 **적절한 자료를 그 문제 상황에 대입**할 수 있는 능력을 키우기 위해 노력함. 평소 관심을 가지고 있는 DNA에서의 이중나선 구조를 **수학적으로 분석**하였으며 그 과정에서 쓰이는 이차방정식을 함수화하여 분석하고 선형 회귀를 통해 인체에 미치는 다른 영향이 있을지 **추가 탐구**를 하는 등 다양한 분야의 궁금증을 수학적으로 해결하려고 노력함.

수정본에서 수학이라는 학문 자체에 호기심을 가지게 된 이유를 구체적으로 설명했다. 자신만의 방법을 탐구하여 발표한 내용에 대한 서술이 추가되었으며 그 과정에서 키울 수 있었던 역량에 대해서도 서술했다. 또한 관심 분야를 수학적 관점에서 분석하는 노력을 구체적으로 서술되는 등 더 나아진 자기평가서를 작성했다.

(2)

원본

> 저는 수학 수행평가에서 여러 가지 방법으로 문제를 풀어봤고 나만의 문제로 바꾸기 위해 다른 시각으로 문제를 바라보며 저의 시각을 높였습니다. 이차 방정식 문제에 함수를 대입하여 두 단원을 연계하는 문제도 만들었었고 여러 경우를 구해 풀어내는 문제 같은 경우 여러 번 시도하며 수학 문제를 풀 때의 성취감과 보람을 느꼈습니다. 또 어려운 문제도 여러 방법으로 계속 시도해보며 문제를 고민하며 결국 풀어 낸 경험이 있었습니다. 그리고 주변 친구들이 모르는 문제가 있다면 도와주며 보람을 느낀 경우도 있었습니다.

수정본

> 성실한 자세로 수업에 참여하며 교사의 말을 하나도 놓치지 않고자 노력함. 또 수행활동에서도 여러 방법의 풀이를 찾아내며 다양한 시각으로 문제를 바라봄. 이를 통해 수학에 대한 흥미를 느꼈고 개념을 바탕으로 **종합적 사고**로 문제를 풀게 됨. 자신만의 수학 변형 문제를 만들어 내는 활동에서도 **개념간 연계사고**를 통해 이차방정식에 함수의 개념을 포함시켜 문제를 만드는 등 개념에 대한 **이해력과 다각적 접근**을 확인해 볼 수 있었음. 한 문제에서 막히더라도 계속 시도하며 방법을 찾아내는 끈기와 도전 정신

을 지님. 그리고 주변 학우들의 궁금증을 해결해 주기 위해 **열정**을 가지고 남을 잘 도와주는 모습을 보임.

수정본에서 수업태도에 대한 기술을 추가했다. 또 종합적 사고, 이해력, 다각적 접근 등 역량 키워드를 활용하여 내용을 서술했다. 다만 역량에 대해서는 구체적인 근거가 조금만 더 추가될 필요가 있겠다.

(3)
<u>원본</u>

학교 시험을 주어진 시간 안에 볼펜 색을 바꿔 가며 3번이나 푸는 능력이 인상깊음. 수학 역량은 학교 역사상 전례가 없을 정도이며, 2학년 선배들도 질문이 생기면 이 학생한테 질문함. 수업 중 진행되는 문제풀이 발표에 가장 적극적으로 참여하며, 매번 독창적인 풀이법을 제시하며 반 학우들을 놀라게 함. 이미 배울 것이 없을 실력이지만, 겸손하게 선생님의 수업을 경청하고 질문하는 태도가 매우 인상적임. 수학 신문 수행평가로 아르키데메스의 아우벨로 도형에 대한 기사를 만들고 이를 교과 내용인 다항식으로 참신하게 접근함. 경우의 수를 풀 때 케이스 누락을 본인의 아킬레스건으로 꼽았는데, 본인의 노력으로 일관된 접근 방식을 만들어 이를 극복하고 모의고사, 기말고사에 출제된 모든 경우의 수 문제를 맞춤.

__수정본__

수업 시간에 늘 집중하며 문제 발표에 적극적으로 참여하려고 노력함. 수업 시간에 이차함수의 응용을 배우면서, 기하와 다항식의 연결에 대해 관심을 가지며, 해석기하적 접근과 도형에서 미지수를 활용한 풀이법에 호기심을 느낌. 이를 적용하기 위해 고전 기하 도형인 아우벨로 도형을 다항식을 활용해 해석하는 창의적인 접근방법을 찾으려고 노력하여 방법을 찾아냄. 이 도형의 기하적 해석과 본인의 풀이를 비교하며 본인의 풀이가 복잡함을 **인정**하고, 더욱 간결한 풀이를 찾으려고 노력해 본인의 풀이를 **개선**하여 결국 기하적 풀이보다 간단한 접근방식을 알아냄. 기하 문제는 대부분 닮음 등의 기하 자체의 풀이법을 사용하는 것이 더 좋은 **접근방법**일 수 있다는 반문을 받고, 원의 현이 제시된 상황, 변의 길이를 수학 문제를 그래프로 접근하는 사고가 강점이며 이를 바탕으로 식으로는 5분 이상 걸리는 문제를 그래프로 30초 안에 풀어내는 모습을 보이며 그래프 풀이는 스킬이 아닌 관점의 차이임을 교과서 발문을 활용하여 급우들에게 소개하였다. 순열과 조합 과목을 본인의 약점이라 생각하고 이를 해결하기 위해 풀이노트를 자발적으로 작성하여 풀이를 검토를 요청하는 **열정**을 보임.

원본에서는 확인할 수 없는 사실을 역량을 기술한 부분이 아쉬

왔는데 수정본에서는 수업시간에 충실하게 임한 태도에 대한 기술로 시작해 배운 것에 대해 지적인 호기심을 가져 활동을 전개했다. 활동 내용을 구체적으로 기술하여 지식의 확장을 위해 노력한 모습도 잘 정리했다. 다소 추상적으로 서술되었던 역량을 구체적 내용으로 풀어낸 점은 좋았지만 이를 역량 키워드로 풀어냈다면 더 좋았을 것이라는 아쉬움도 일부 있다.

(4)
<u>원본</u>

수업 시간에 한 번도 조는 모습을 본 적이 없을 정도로 성실히 수업에 참여함. 수업 시간에 반드시 끝내야 하는 문제를 모두 깔끔히 풀고 다양한 방면으로 생각하려 노력함. 인수분해에 관한 부교재 문제 발표를 함으로서 수업 시간에 배운 내용을 적용할 수 있는 기회를 마련하여 문제에 나와있는 식을 어떻게 간단하게 인수분해 하는지 발표해 문제를 푸는 시간을 어떻게 단축할 수 있는지 자세히 설명하려 노력함. 수행평가인 '개념 빈칸 채우기'를 통해 수학에서 가장 중요한 기본 개념을 익히고 이를 바탕으로 하여 수업 시간에 배웠던 내용을 전부 복습할 수 있는 기회를 마련하고 '수학 문제 변형하기'라는 수행평가를 실시해 이차방정식과 이차함수를 이용해 문제를 만듦으로서 실생활에서 어떻게 수학이 적용될 수 있고 수학이 단순한 시험을 위한 과목이 아니라는 것을 깨달음.

수정본

수업 시간에 한 번도 조는 모습을 본 적이 없을 정도로 성실히 수업에 참여해 **적극성**과 **진취성**을 보임. 수업 시간에 반드시 끝내야 하는 문제를 모두 깔끔히 풀고 다양한 방면으로 생각하려 노력하여 추론 능력을 키움. 인수분해에 관한 부교재 문제 발표를 함으로서 수업 시간에 배운 내용을 바탕으로 복잡한 사차식을 조립제법보다 빠르게 인수분해 하는 방법을 발표해 문제를 푸는 시간을 어떻게 단축할 수 있는지 자세히 설명해 **개념과 문제와의 연결 능력**과 **논리적 사고력**을 향상시킴. 이차부등식에 관련된 부교재 문제를 발표함으로서 의사소통 능력을 기르고 그 문제를 풀 수 있는 다양한 방법을 제시하여 수업 시간에 배운 개념을 어떻게 적용할 수 있는지 보여 주면서 **문제 해결 능력**을 발전시킴. 수행평가인 '개념 빈칸 채우기'를 통해 수학에서 가장 중요한 기본 개념을 익히고 이를 바탕으로 하여 수업 시간에 배웠던 내용을 전부 복습할 수 있는 기회를 마련하고 '수학 문제 변형하기'라는 수행평가를 실시해 이차방정식과 이차함수를 이용해 문제를 만듦으로서 **정보 처리 능력**을 기르고 실생활에서 어떻게 수학이 적용될 수 있고 수학이 단순한 시험을 위한 과목이 아니라는 것을 깨닫고 연결 능력을 얻기 위해 노력함.

원본에서는 활동을 단순히 나열했다. 수정본에서는 활동을 통해 드러날 수 있는 역량과 역량을 키우는 과정을 구체적으로 표현했다. 일부 키워드와 내용이 잘 연결되지 않는 부분이 있지만 전체적으로는 자신이 수학적 역량을 키우기 위해 어떤 노력을 했는지 구체적으로 서술하여 좋은 자기평가서를 작성했다.

(5)

원본

교과서 속 문제를 칠판에 풀이하는 활동에 매시간 스스로 참여할 정도로 적극적인 학생임. 수학 멘토 멘티 활동에서 멘토로서 멘티 친구의 문제 풀이를 도와주려고 노력하는 모습을 보임. 모르는 문제가 생겼을 때 선생님에게 종종 질문을 하며 수학적 사고 능력을 길렀고, 이후 중간고사보다 기말고사에서 더욱 우수한 성적을 거두며 실수를 줄이고 발전하는 모습을 보여준 것이 인상 깊었음. 수학 서술형 평가 때 풀이에서 감점을 받지 않을 정도로 풀이를 꼼꼼하게 작성하며 좋은 성적을 거둠. 수학 주제 탐구 평가에서 부등식 단원과 논리합, 논리곱을 연결시켜 보고서를 작성하고 반 친구들 앞에서 유창하게 발표함. 선생님이 수업 시간에 언급한 내용을 활용해 주제 탐구로 연결 시킨 점이 훌륭함.

수정본

열정과 도전정신을 바탕으로 교과서 속 문제를 칠판에 풀이하는 활동에 매시간 참여하며 **적극성**을 드러내려고 노력함. 수학 멘토 멘티 활동에서 멘티 친구의 문제 풀이를 도와주며 멘토로서의 책임감을 기르며 최선을 다하려고 함. 모르는 것이 생기면 선생님께 질문하며 나의 풀이의 문제를 인식하고 다각적으로 접근하여 **수학적 사고 능력**을 키우기 위해 노력함. 이 노력을 바탕으로 중간고사보다 기말고사 때 더욱 향상된 성적으로 개선 하는 모습을 보여 줌. 수학 서술형 평가 때 풀이에서 부족함이 보이지 않도록 꼼꼼하게 풀이를 작성하기 위해 최선을 다함. 수학 주제 탐구 평가에서 부등식 단원과 논리합, 논리곱을 연결시켜 보고서를 작성하고 반 친구들 앞에서 발표함. 선생님이 수업 시간에 언급하신 내용을 활용해 탐구를 진행하였으며 수학의 대한 기초적 지식을 함양할 수 있었음.

태도 및 열정을 구체적으로 드러내고, 멘토 활동이나 수학적 사고력을 키우기 위해 노력한 점을 서술했다. 또 '우수한', '훌륭함' 등 평가자의 관점에서 서술된 원본에 비해 '수학적 사고능력'과 같은 역량을 잘 드러낼 수 있는 단어로 변경하여 수정한 점이 좋았다. 멘토링 등 좋은 소재가 있었음에도 구체적인 사례가 다소 부족한 면이 있으며 사고력을 키우기 위해 노력한 과정도 구체적으로 서술할 필요가 있겠다. '어떻게' 다각적으로 접근했는지에 대한 설명이 필요하다.

(6)

원본

> 항상 적극적인 태도로 수업에 참여함. 문제풀이 발표도 거의 항상 함. 끈기 있는 태도로 모든 문제에 집중하며 질문도 많이 함. 문제 만들기 수행평가를 통해 문제를 다각도로 분석하며 수학적 사고력을 잘 발휘함. 같은 문제라도 다른 풀이방법을 생각해내고, 문제 변형 능력도 매우 뛰어났음. 이를 통해 문제 이해력과 탐구력이 뛰어나다는 것을 알 수 있었음. 평소 친구들을 도와 문제풀이도 알려 주고 설명도 잘 해줌. 2인 발표 활동을 할 때도 친구를 도와 발표를 잘 마무리했음.

수정본

> 항상 적극적인 태도로 수업 시간에서의 배운 것을 하나하나 놓치지 않으려고 노력하였음, 매 수업 시간에 했던 문제풀이 발표 활동에 적극적으로 참여하여 급우들에게 이를 설명했음. 이를 통해 **문제 해결 능력**을 향상하고, 도전정신을 키웠음. 문제 활용 및 제작 수행평가를 통해서 **수학적 사고**와 **창의적 사고**를 향상시킴. 또 이 과정에서 문제의 **이해력**과 **탐구력**을 향상 시켰음. 또한 여러 가지 수학 이론을 이용해 자유자재로 활용할 수 있는 **학습력**을 보여 주었음. 평소 발표를 좋아하고 설명하기를 좋아하는 것을 통해 친구들을 도와 문제풀이도 알려 주고 설명도 잘해 주었

음. **탐구심**이 높아 모르는 문제가 있으면 질문을 통해 내 것으로 만드는 좋은 습관이 있으며, 매 단원의 마무리 문제풀이 때 했었던 2인 문제풀이 발표활동 때에도 친구를 도와주어 잘 마무리했음. 이 활동을 통해, 문제 해결 능력 및 추론능력을 키울 수 있었을 뿐만 아니라 **의사소통 능력**과 **리더십**까지도 키울수 있었음.

수정본에서 태도가 보다 구체적으로 서술되었다. 또한 다양한 역량 키워드를 사용해 서술하고자 노력한 점이 엿보인다. 다만 역량 키워드를 지나치게 많이 사용한 것이 비해 '어떻게'에 해당하는 구체성을 확보하지 못했기 때문에 근거가 부족한 자기평가서가 되었다. 역량 키워드를 더 압축하고, 키워드에 해당하는 사례나 설명을 더 구체적으로 기술한다면 좋은 자기평가서가 될 수 있겠다.

(7)
<u>원본</u>

> 공통수학1 교과과정에서 확장된 '복소평면'에 대해 알아보고, 복소평면과 복소수의 주기성에 대하여 추가 탐구를 해서 발표하였다. 또한, 고차방정식과 3주기의 복소수를 엮어 새로운 문제를 만든 뒤, 반 친구들과 함께 풀이를 진행하였다.

수정본

> 수업 시간에 문제 풀이를 친구들에게 공유하고 발표하는 등 적극적인 참여 태도를 보이려 노력하였음. 공통수학1 교과를 배우며 복소수 단원의 문제를 푸는 중 주기성에 대해 호기심이 생겨 이와 관련된 논문과 학술 자료를 분석하여 **정보 처리 능력**을 기르고자 노력하였음. 또한,《복소수의 이해》라는 책을 통해 복소평면에 대해 배운 후, 복소평면 속 주기성과 각도, 복소수의 크기에 대한 성질을 탐구하며 **추론 능력**을 키우기 위해 노력하였음. 고차방정식과 관련된 학교 기출 문제를 변형한 문제를 출제해 같은 학급 친구들과 공유하며 문제 풀이를 진행하여 다양한 풀이 방법을 배웠으며, 이를 통해 **문제 해결 능력**을 향상시켰음.

원본에서 서술하지 않았던 태도에 대한 기술을 추가했고, 교과에서 생긴 호기심을 해결하기 위한 노력을 보다 구체적으로 서술했다. 또한 추가 독서 활동에 대한 기재와 역량 키워드를 활용하여 원본보다 훨씬 좋은 자기평가서를 작성했다. 각각의 역량에 대한 구체적 설명이 추가된다면 더 좋을 것이다.

(8)

원본

> 고등학교 들어오기 전에 원래는 수학에 흥미가 있었으나 고등학

교에 입학하고 나서 수학을 풀어 보니 점점 부담이 커져갔다 문제 수와 문제에 대한 글은 많아지고 풀이도 많아지고 열심히 생각해야 하는 과목이다 보니 막막했다.

그러나 수학 문제를 풀면서 막막했던 질문들이 있을 때 수학 선생님께 묻고 열심히 듣다보니 고등학교 입학해서 느낀 부담감은 서서히 사라지고 문제를 푸는 데 자신감이 생겼다. 그리고 선생님이 나와서 문제를 풀고 발표를 하니 선생님께서도 칭찬해 주시고 애들도 박수를 쳐줬다 이런 점을 통해 완전히 부담감은 사라졌고 이제 수학 문제가 두렵지 않고 더 풀고 싶어져서 선생님이 내주신 숙제 외에 다른 문제들을 찾아 열심히 풀거나 책을 사서 열심히 풀었다 가끔 계산 실수도 많아서 문제를 틀리고는 하지만 틀린 문제에 대해 오답노트를 쓰며 틀린 부분을 찾을 땐 뿌듯했다.

수정본

모든 수업 시간에 <u>성실한 태도</u>로 수업에 임하고 선생님의 모든 질문은 적극적으로 손을 들어 대답하려고 노력하는 학생임. 수업 시간에 친구들 앞에 나가서 하는 문제 풀이에도 모든 단원마다 **적극적으로 참여** 하며 풀이에 대해 칭찬 받는 학생. 그리고 다항식과 방정식에서 쪽지시험을 볼 때 **문제 해결 능력**을 발휘하고자 노력함. 난도가 높은 문제를 풀 때에도 배움에 대한 열의를 끈기있게 풀이하려고 노력함. 또한 함수와 방정식 단원 수업 후에 체육교육학에 관한 관심을 바탕으로 《수학이 필요한 순간》(김민

> 형)을 찾아서 추가 독서 활동을 수행하여 발표함. 실제 생활과 스포츠, 사회 현상에서 함수와 그래프가 어떻게 문제 해결에 활용되는지 다양한 예시를 들어 활동함. 특히 경기 기록 분석, 운동 전략 수립 등 체육 분야의 **실제 문제와 연결**하여 읽으면서 **지적 호기심**을 발휘하고자 노력하였습니다.

원본은 자기평가서라기 보다는 자기 반성문 혹은 수필류의 글처럼 소감문을 작성했다. 수정본에서는 태도로 시작해 교과활동과 키우고자 한 역량을 드러내고 있다. 적극적인 참여, 문제 해결 능력, 배움에 대한 열의, 지적 호기심 등 적절한 키워드와 관련 내용을 서술하여 원본에 비해 훨씬 더 좋은 자기평가서를 작성했다.

사회: 자기평가서 작성과 수정

(1)
원본

저는 사회 수행평가 통합적 관점으로 사회 문제 바라보기 중 교통체증을 사회문제로 뽑았습니다. 각 관점들로 문제를 바라보며 한 가지 문제에 여러 의견과 원인이 있음을 알게 되었고 하나의 관점만을 보면 문제를 제한적으로 이해하게 됨을 알았다. 예를 들어 교통체증도 단순한 문제가 아닌 산업화와 지역 간의 차이 등 여러 복잡한 문제이다. 제한된 시각이 아닌 통합적 사고를 통해 사회 문제를 바라보는 힘을 기를 수 있었고 앞으로도 문제를 통합적 관점으로 바라볼 수 있는 힘을 기를 것입니다. 또 이후 ppt를 만들며 추가 자료조사를 하며 사회적 문제의 해결 방안을 고민해 보며 다양한 관점 즉 통합적인 사고력으로 세상을 바라보는 중요성에 대해 한번 더 생각할 계기가 되었습니다. 또 발표를

> 통해 내가 생각하는 의견을 친구들에게 효과적으로 전달했다.

수정본

매 수업 시간 집중력 있게 수업에 참여하고 항상 필기를 열심히 하는 <u>모습이 보임</u>. 사회적 문제를 여러 관점으로 보며 결국 통합적관점으로 해결책을 찾아 내는 수행에서는 "교통체증'이라는 주제로 수행활동을 하였음. 이때 교통체증에는 산업화와 지역간의 차이등 여러 복잡한 원인이 있음을 알게 되며 지식의 폭을 넓혀 갔고 <u>각 관점에서 문제를 바라보며</u> **높은 과제 수행력**을 보임. 해결책을 제시하는 과정에서 관심 있는 주제인 컴퓨터를 해결 방안과 융합하여 미래 지향적 사고를 가지며 스마트 신호등이라는 해결책을 제시함. 최첨단 **지식에 대한 호기심**을 살펴볼 수 있음. 활동을 통해 알게 되었고 하나의 관점만을 보면 문제를 제한적으로 이해하게 됨을 알게 되는 등 사회적 사고의 발전을 이룸. 이후 프레젠테이션 자료를 만들어 발표하며 자료조사에 힘을 쏟으며 열정을 보였고 발표를 할 때 명확하고 또렷한 발음으로 학우들에게 발표하고자 하는 바를 잘 전달하였고 <u>스스로 여러 기사와 학술 자료를 참고하고 여러 질문을 하는 등</u> 진취적으로 책임감을 가지며 모든 활동에 임하였음. 위의 모든 활동에서 진로와 관련된 인공지능, 컴퓨터에 대한 흥미 와 분석 능력을 바탕으로 **융합적 사고**를 높이고자 함.

원본은 수업 소감문과 같은 느낌으로 작성했으며 태도에 대한 기술이 없다. 역량 키워드도 사용은 되었지만 다소 부족함이 있었다. 수정본에서는 태도에 대한 내용을 시작으로 교과활동과 활동을 통해 키우고자 한 역량을 키워드 중심으로 잘 드러냈다. 키워드에 맞는 내용을 구체적으로 제시하고 있으며 자기 주도적으로 추가적인 조사를 한 부분을 언급하는 등 탐구력과 열정을 잘 드러낸 좋은 자기평가서를 작성했다.

(2)
<u>원본</u>

> 적극적인 수업 참여와 사회 과목 전반적으로 뛰어난 지적 역량이 돋보임. 기후에 대해 배우고 서안해양성기후인 아일랜드의 관광지와 역사를 조사하여 바른 글씨체와 깔끔한 디자인으로 심미적, 학습적으로 완성도가 높은 테마기행을 제작함. 특히 윤리 부분에 대한 호기심이 많아서 정치철학자 한나 아렌트의 저서에 소개된 사상 세 가지를 조사하고 현대 정치에 적용하여 분석하는 내용의 보고서를 작성하고 발표함. 후속 탐구로 한나 아렌트의 저서 세 권 《전체주의의 기원》, 《예루살렘의 아이히만》, 《인간의 조건》을 읽고 각각 현대사회와의 연관성을 고려한 독서록을 작성하여 제출함. 수업 시간에 배운 행복에 대한 개념을 토대로 소설 《젊은 베르테르의 슬픔》을 스토아학파와 에피쿠로스 철학의 행복론으로 해석하여 발표함.

수정본

사회 과목에 대한 지적 호기심을 바탕으로 적극적으로 수업에 참여함. 기후에 대해 배우고 서안해양성기후인 아일랜드의 관광지를 조사하여 테마기행을 제작할 때 아일랜드의 역사를 새롭게 알게 되면서 아일랜드라는 나라에 대해 다각적으로 접근할 수 있게 되었고, 문화 **이해와 수용**을 위해 노력함. 조사한 내용에 대한 완벽한 이해를 바탕으로 자료를 조합하고 재조직하는 등 **정보 활용 능력**을 발휘하기 위해 노력하였음. 특히 윤리 부분에 대한 **지적 호기심**이 많아서 정치철학자 한나 아렌트의 저서에 소개된 사상 세 가지를 조사하고 현대 정치에 적용하는 내용의 보고서를 작성하고 발표해서 **비판적 사고력**을 기를 수 있었음. 분석하는 내용의 보고서를 작성하고 발표함. 후속 탐구로 한나 아렌트의 저서 세 권 《전체주의의 기원》, 《예루살렘의 아이히만》, 《인간의 조건》을 읽고 각각 현대사회와의 연관성을 고려한 독서록을 작성하여 제출함. 수업 시간에 배운 행복에 대한 개념을 토대로 소설 《젊은 베르테르의 슬픔》을 스토아학파와 에피쿠로스 철학의 행복론으로 해석하여 발표함.

원본에서 언급한 사회교과와 무관한 (바른 글씨체, 깔끔한 디자인) 역량을 제외하고, 교과에 맞는 역량을 강조하는 것으로 수정했다. 적절한 역량 키워드와 이를 뒷받침하는 구체적인 서술로 좋은 자기평가서를 작성했다. 특히 후속 탐구 활동으로 독서 활동을 진행하면서 독서록을 작성하고 및 발표하는 등 탐구력을 충분히 보여 주는 활동을 구체적으로 잘 설명한 점이 훌륭했다.

(3)
원본

팀 마샬의 《장벽의 시대》라는 책을 읽고 알게 된 '트럼프가 불법 이민자 추방 정책들을 시행하며 국가장벽을 높이고 있다'는 사실과 그로 인해 발생할 수 있는 문제를 수업 시간에 배운 4가지 관점을 활용하여 해결 방안을 모색하는 활동지를 작성함. 수업 시간에 배운 다양한 관점들을 정확하게 이해하고 활용하여 평소 궁금했던 주제를 표현함. 활동지에서 알아보고 싶다고 했던 '세계 각국의 다문화 인식 및 갈등과 정책 비교'라는 주제로 더 심도있게 탐구함. 대표적인 선진국들의 다문화 정책, 이의 장점과 한계에 대해 조사하고 한국과 비교하여 개선 방안까지 제안하여 표현한 것이 특히 돋보임.

'서안해양성 기후'에 대해 관심을 가지고 추가적인 탐구를 진행하며 배운 내용에 대해 다시 생각하는 시간을 가짐. 수업 시간에 배운 내용을 체계적으로 정리하여 표현하는 능력이 뛰어남. 서안해양성 기후의 특징이 산업과 문화에 미친 영향을 조사한 부분에서 '서안해양성 기후'을 정확하게 이해한 모습을 보임. '지중해성 기후'에 관심을 가지고 직접 간단하게 작성한 지도를 포함해 이

탈리아 남부 여행 계획을 세움. 배운 내용을 활용하는 능력이 뛰어남.

수정본

언제나 또랑또랑한 눈망울로 변함없이 성실하게 수업에 참여하려고 노력하며 더 알고 싶은 부분에서는 꼭 수업 후에 질문하려고 하는 등의 **적극적 태도**를 보이려고 노력함. 수업 시간에 배운 지식을 활용하여 《장벽의 시대》(팀 마샬)을 읽고 '트럼프가 불법 이민자 추방 정책들을 시행하며 국가장벽을 높이고 있다'는 사회적 이슈와 그로 인해 발생할 수 있는 문제를 분석하고 그에 대한 해결 방안을 제시해 **탐구력**을 키우려고 노력함. 또, 이를 확장한 '세계 각국의 다문화 인식 및 갈등과 정책 비교'라는 주제로 더 심도 있는 탐구를 진행하며 **자기 주도적이고 적극적인 탐구 태도**를 키우며 **배움에 대한 열의**를 보이려고 노력함. '세계 각국의 다문화 인식 및 갈등과 정책 비교'라는 주제로 탐구를 진행하며 대표적인 선진국들의 다문화 정책, 이의 장점과 한계에 대해 조사하고 한국과 비교하여 개선 방안까지 제안하여 **창의적 사고 역량, 비판적 사고 역량, 문제 해결력 및 의사 결정력**을 키우려고 노력함. 위의 탐구를 진행하며 여러 가지 학술 자료들을 활용하며 **지식정보 처리 역량**을 키우려고 노력함.

태도에 대한 내용을 시작으로 수업 시간에 배운 지식을 활용한 독서 활동을 진행하여 문제를 분석하고, 해결책을 제시하려는 활동을 통해 키운 역량을 구체적으로 서술했다. 추가 탐구 과정에서 여러 국가의 사례들을 비교하고 분석하며 배운 내용을 심화·확장해 나가는 모습도 잘 드러냈다. 다만 역량 키워드가 너무 과하게 나열된 측면이 있어 서술에 맞는 역량을 조금 더 강조하면 좋았을 것이다.

(4)
원본

평소 자신이 관심을 가지고 있는 분야였던 빅데이터 기술에 관하여, 빅데이터 기술의 발전이 가져올 파급력을 여러 관점에서 분석하였음. 또한 이러한 분석 내용을 토대로 자신의 생각을 서술하여 빅데이터 기술이 발전하는 상황에 대한 다양한 관점의 의견을 수용하고 이해하는 능력을 보임.

수정본

항상 수업 시간에 맑은 눈빛으로 열정적으로 참여하기 위해 노력하는 학생임. 수업 시간에 사회적 문제를 바라보는 다양한 관점에 대하여 학습한 뒤, 직접 자신이 관심을 가지고 있던 사회적 쟁점인 빅데이터 기술의 발전에 대해 **다양한 관점**에서 바라보며 분석하는 모습을 보임. 또한, 이러한 분석 내용을 바탕으로 빅데이터 기술이 가져올 영향에 대해 자신의 생각을 서술하며, 다양한

> 관점을 **통합적으로 수용**하고, 이해하는 등 **비판적인 사고와 정보를 활용하는 능력**을 키우기 위하여 노력하는 모습이 보임.

수정본에서는 태도에 대한 서술이 추가되었으며 수업 시간에 배운 내용을 확장하여 자기 주도적으로 탐구한 모습을 잘 서술했다. 짧고 압축적으로 좋은 자기평가서를 작성했는데 내용이 너무 많이 서술되는 자기평가서도 매력이 없지만 너무 압축적으로 서술된 자기평가서도 불친절해 보일 수 있다. 조금만 서술을 구체적으로 추가한다면 더 좋은 자기평가서가 될 수 있을 것이다.

(5)
<u>원본</u>

> 최근 이슈화되고 있는 사회 문제에 대한 영상을 시청하고 감상문을 쓰는 활동에서 뻔한 이야기만 늘어놓지 않으며 자신의 진로뿐만 아니라 사회의 더욱 심오한 문제와도 엮어서 심화 조사 결과를 작성하여 타 학생들과는 다른 차별성을 보임. 교사가 제시하는 공부 방법까지 모두 적어 갈 정도로 학업에 진심이며 카드 뉴스 발표 수행평가에서는 주제에 대한 심화적인 내용까지 포함하여 탐구 의지를 드러냈음.

수정본

수업 시간에 선생님께서 제시하신 사회 학습 <u>조언들을 귀담아듣고 스스로 적용해 보려고 하며</u> **자기 주도성**을 기르려고 하였음. 최근 이슈화되고 있는 사회 문제에 대한 감상문을 쓰는 활동에서 마약 중독에 대한 영상을 시청하고 마약 문제를 단지 윤리적 관점에서만 보지 않고 교과 내용 중 배웠던 <u>《에피쿠로스의 행복론》과 연관</u> 지어 생각해 보는 등 **통합적 사고**를 기르기 위해 노력함. 또한 한국의 의료용 마약 처방 규제에 대한 문제를 제기하고 이에 대한 해결책을 고민하며 해결안 구성력을 함양하려고 노력함. 최종적으로 관심 분야와 연결 지어 마약 중독을 끊을 때 도움을 줄 수 있는 과학 기술에 대하여 구체적으로 조사하고 마지막에는 귀에 부착하는 전자약과 신경조절 기술의 원리에 대한 **후속 탐구를 계획**함. 카드 뉴스 발표 수행평가에서는 주제에 대해 보편적인 시각이 아니라 **독창적인 시각**으로 바라보려고 노력하며 심화 내용에 대한 조사도 진행하였음. 발표를 진행할 때에 교과 과정에서부터 가지를 뻗어 발표 주제까지 도달하도록 하는 흐름에 특별히 신경을 썼음.

원본은 태도에 대한 기술이 없었던 반면 수정본은 태도에 대한 기술을 추가했다. 또한 원본은 서술이 다소 추상적이어서 구체적 활동 내용에 대해 알기 어려웠다면 수정본은 태도를 시작으로 구체적인 활동 내용을 적절하게 서술하여 통합적 사고력을 키우기 위해 노력한 내용에 대한 근거를 충분히 제시하기 위해 노력한 점이 보인다. 또한 후속 탐구 계획을 통해 배운 내용을 심화하기 위해 노력한 점을 서술한 점도 좋았다. 단 후속 탐구 계획은 계획에만 그치는 것이 아니라 실천하는 모습을 보여야 좋은 평가가 가능하다는 점을 생각해야 한다.

(6)
<u>원본</u>

> 극단적 문화 상대주의의 사례가 나타나는 중국의 '전족' 문화에 대해 알아보았고, 이에 대해 발표를 진행하였음. 스토아학파의 사상을 서술하고, 해당 사상가가 바라보는 행복의 조건과 행복한 삶을 실현하기 위한 방법을 탐구하였다. 이에 더해 마이클 센델의 《정의란 무엇인가》 속 통합사회1 교과에 나오는 사상가에 대한 부분을 독서하였다. 지구 온난화의 원인을 탐구하고, 이로 인해 나타나는 현상과 이것을 해결하기 위한 대책을 마련하였다. 대책으로 사회적 제도 뿐만 아니라 기술적인 부분에서의 발전을 통한 해결 방안에 대해서도 탐구하였다.

<u>수정본</u>

> 항상 밝은 표정과 눈빛으로 수업에 집중하려 노력하였음. 극단적 문화 상대주의의 사례가 나타나는 중국의 '전족' 문화를 바라보

는 극단적 상대주의적 관점에 대한 자료를 탐색하고, 이러한 관점의 문제점을 드러내는 발표를 진행하여 **비판적 사고력**을 기르려 노력하였음. 통합사회1 교과를 공부하며, 공리주의 사상가에 <u>관심이 생겨</u> 마이클 센델의 《정의란 무엇인가》를 읽고 공리주의에 대한 **지적 호기심**을 해소하며 정보 활용 능력을 키우고자 노력하였음. 또한, 스토아학파의 사상을 서술하고, 해당 사상가가 바라보는 행복의 조건과 행복한 삶을 실현하기 위한 방법을 알아보았음. 지구 온난화의 원인을 탐구하고, 이로 인해 나타나는 현상과 이것을 해결하기 위한 대책을 마련하였음. 대책으로 사회적 제도 뿐만아니라 기술적인 부분에서의 발전을 통한 해결 방안에 대해서도 탐구하여 **문제 해결력** 및 **의사 결정력**을 향상시키려 하였음.

태도에 대한 기술로 시작하고, 교과 활동 내용도 원본에 비해 구체적으로 서술하며 역량을 기르고자 하는 노력이 잘 드러나는 자기평가서를 작성했다. 적절한 역량 키워드를 사용하고, 키워드를 뒷받침하는 구체적인 서술을 덧붙여 좋은 자기평가서를 작성할 수 있었다.

(7)

<u>원본</u>

교과 수업에 적극적으로 참여하고 모르는 것이 생기면 바로 질문하며 수업 내용을 이해하려는 태도와 열정이 있는 학생임. 지구

온난화의 원인을 논리적으로 분석하고 지구온난화의 장점과 단점을 작성하면서 하나의 주제를 다각적으로 볼 수 있는 능력을 기를 수 있게 됨. 이에 그치지 않고 지구온난화를 해결할 수 있는 과학 기술인 미생물 분해 기술과 인공광합성을 탐구해봄으로써 과학 지식을 습득하는 것에 그치지 않고 그 과학 기술이 우리 사회에 어떤 영향을 미치고 지구 온난화를 해결할 수 있을지 분석해 봄.

자신의 불안정한 삶의 태도와 연관지어서 스토아 학파를 설명함. 스토아학파가 말하는 감정에 휘둘리지 않고 중심을 지키는 자세를 본받고, 그 자세를 실생활에도 적용시켜 실천해 봄. 정념에서 벗어난 상태로 가기 위한 자신이 해야 할 행동이나 노력을 탐구하고 생각해 봄으로써 자신의 삶의 자세를 바꾸기 위해 노력함.

수정본

만약 졸리더라도 일어나서 수업을 듣는 등 교과 수업에 적극적으로 참여하고 모르는 것이 생기면 바로 질문하며 수업 내용을 이해하려는 태도를 가짐. 지구 온난화의 원인을 다양한 형태의 자료를 읽고 내용을 정리하면서 **정보 활용 능력**과 **지식 정보 처리 역량**을 기르고 그 자료를 논리적으로 탐구하고 분석함으로써 사고력을 기르기 위해 노력함. 지구 온난화의 장점과 단점을 작성하면서 하나의 주제를 다각적으로 접근할 수 있는 능력을 기를 수 있게 됨. 지구 온난화를 해결할 수 있는 방법을 탐구하는 과정

> 을 통해 지식을 확장하려 노력하였고 지구 온난화를 해결할 수 있는 과학 기술인 탄소 포집 미생물과 인공광합성 기술을 분석함으로써 <u>사회 문제에 대한 넓은 시야를 가지게 되었고</u> **통합적 사고력**을 함양할 수 있게 되었음. 자신의 불안정한 삶의 태도와 연관지어서 스토아학파를 설명함으로써 성찰적 사고를 함. 스토아학파를 이 사상이 탄생한 헬레니즘 시대를 바탕으로 이해함으로써 그 사상을 더 입체적으로 이해하고 유연하게 사고함. 스토아학파가 말하는 감정에 휘둘리지 않고 중심을 지키는 자세를 본받고, 그 자세를 실생활에도 적용시키고 실천해 봄. 정념에서 벗어난 상태로 가기 위한 자신이 해야 할 행동이나 노력을 탐구하고 생각해봄으로써 자신의 삶의 자세를 바꾸기 위해 진취적으로 접근하며 **자기 개선 능력**을 기름.

태도로 시작해서 교과활동을 통해 기르기 위해 노력한 역량을 잘 서술했다. 키워드에 적합한 활동 내용을 적절하게 잘 서술했으며 교과의 성격에 부합하면서도 희망하는 진로 분야의 배경지식을 적절하게 활용한 탐구한 내용이 잘 드러난 자기평가서라 할 수 있다.

과학: 자기평가서 작성과 수정

(1)
<u>원본</u>

매 수업 시간 가장 앞자리에 앉아서 필기를 꼼꼼하게 하고 수업에 집중하는 성실한 태도가 돋보이는 학생임. 모둠 활동에서 조장을 맡아 물질의 전기 전도성을 측정하는 실험을 성공적으로 완료하는 등 탁월한 리더십을 보유함. 학습지 배포나 제출을 도맡고 부족한 학습지 개수를 직접 세어 다시 받아오고, 다른 학생들이 놓친 필기를 다시 확인 시켜주는 등 적극적으로 나서서 다른 학우들의 학습과 수업의 원만한 진행에 도움을 줌. 빅뱅 이후 발생한 사건을 시각적 완성도와 학습적 완성도가 매우 높은 인포그래픽으로 완성하고, 과학 현상에 대해 오류 없이 논리적으로 서술하는 등 과학 학습에 대한 역량이 뛰어남. 특히 지구과학에 대한 호기심이 높아서 수업 후 칼 세이건의 《코스모스》를 개별적으

로 읽고 내용 정리 및 추가 조사가 포함된 보고서를 작성하여 제출함.

수정본

매 수업 시간 가장 앞자리에 앉아서 필기를 아주 꼼꼼하게 하고 수업에 집중하는 등 성실한 <u>태도를 보이려고 노력함</u>. 모둠 활동에서 조장을 맡아 물질의 전기 전도성을 측정하는 실험을 할 때 **협력적 소통 역량**을 최대한 발휘함. 학습지 배포나 제출을 도맡고 부족한 학습지 개수를 직접 세어 다시 받아오고, 다른 학생들이 놓친 필기를 다시 확인 요청하는 등 적극적으로 나서서 다른 <u>학우들의 학습과 수업의 원만한 진행을 돕기 위해 노력함</u>. 빅뱅 이후 발생한 사건을 인포그래픽으로 완성할 때 오류 없이 정확한 정보를 깔끔하게 기재하여 학습적 완성도와 시각적 완성도를 높이기 위해 노력함. 특히 지구과학에 대한 호기심이 높아서 <u>수업 후 칼 세이건의 《코스모스》를 읽고</u> 내용 정리 및 추가 조사가 포함된 보고서를 작성하여 제출하는 등 **자기 주도적으로 학습**하기 위해 노력함.

자기평가서에 사용하기에 어색한 표현인 '돋보인다', '탁월하다'라는 교사입장에서의 표현을 '~노력함', '~발휘함'의 표현으로 적절하게 수정했다. 역량 키워드를 사용하여 키우기 위해 노력한 역량을 잘 드러냈다. 다만 태도와 역량 가운데 태도에 대한 기술은 충분하지만, 역량을 키우기 위한 노력 등은 조금 더 구체적으로 길게 서술할 필요가 있다.

(2)

<u>원본</u>

> 평소 과학 수업 시간에 적극적으로 대답하며 긍정적인 수업 분위기를 형성함. 또한 수업 중 궁금한 점이 생기면 쉬는 시간을 적극적으로 활용하여 질문해 궁금한 점을 해결함. 자신의 진로와 과학에 대한 수행평가를 하면서 얼마나 과학 분야에 대한 관심도가 깊은 지 알 수 있었음. 또한 생명과학의 효소에 관한 실험을 진행해 팀원들과 직접 실험 활동을 하고 실험 보고서를 작성함. 이를 통해 실험 과정에서 팀원들 사이에서 리더십을 발휘해 적절한 역할 분담으로 실험을 진행하였고 실험 보고서를 쓰면서 실험의 전반적인 설계와 실험 결과를 자세하게 적는 시간을 가짐. 또한 화학 시간에 화학 원소 기호 리튬의 특징, 성질 등에 대해 알아보았으며 리튬이 생명과학 분야에 어떻게 활용되었는지에 대해서도 조사해 보면서 화학과 생명과학의 연관성에 대해서도 알아봄.

<u>수정본</u>

> 매 수업에 적극적인 태도로 임하였으며 적극적인 대답을 통해 긍정적인 수업 분위기를 조성함. 또한 수업 중 궁금한 내용이 생기

면 쉬는 시간을 적극적으로 활용하여 질문해 궁금한 점을 해결할 정도로 **지적 호기심**이 강함. 생명과학 시간에 효소의 활용 사례를 알아보면서 PCR 검사를 한 예시로 듦. PCR 검사의 의미와 이 검사가 어디에 활용되고 장점이 무엇인지 알아보았음. PCR 검사는 생물학 분야에서 가장 중요한 기반인 기술로 진로와 관련된 내용을 심화적으로 조사하며 탐구해 생명에 대한 **깊은 관심**을 보여 줌. 또한 자신의 진로와 관련된 조사를 하는 수행평가를 통해 **과학적 사고**를 기름. 그리고 생명과학의 효소에 관한 실험을 진행해 팀원들과 직접 실험 활동을 하고 실험 보고서를 작성함. 실험 과정에서 재료를 준비하는 과정에서 보고서가 젖는 등 문제가 발생하였지만 협동심으로 침착하게 문제에 대응해 해결하였음. 실험 과정에서 팀원들 사이에서 리더십을 발휘해 **적절한 역할 분담으로 실험**을 진행하였고 실험 보고서를 쓰면서 실험의 전반적인 설계와 실험 결과를 자세하게 적는 시간을 가짐. 마지막으로 화학 시간에 화학 원소 기호 리튬의 특징, 성질 등에 대해 알아보았으며 리튬이 생명과학 분야에 어떻게 활용되었는지에 대해서도 조사해 보면서 화학과 생명과학의 연관성에 대해서도 알아보면서 **통합적 사고**를 기르게 됨.

원본에서도 태도로 시작해 활동에 대한 역량을 잘 표현한 자기평가서이다. 실험을 통해 문제를 잘 해결하고 리더십을 발휘하여 역량을 잘 표현했으며, 과학 과목을 연관지어 조사한 내용을 넣어 통합적 사고를 강조한 부분도 좋았다. 또한 원본보다 수정본에서 역량 키워드를 더 적절히 배치하여 완성도를 높여 작성했다.

(3)

원본

수업 시간에 집중하고 모든 답변에 충실히 답을하고 어려운 질문에 끝까지 답을 하려고 고민하는 모습을 보임. 빅뱅이론에 대해 배운 후 만약 목성의 크기가 조금 더 컸다면 생겼을 쌍성이론에 대해 자발적으로 추가 탐구를 하여 친구들 앞에서 발표를 함. 기본 입자 중 렙톤과 전자에 대한 차이를 질문하고 추가적인 조사를 해 스스로 답을 해 나가는 모습을 보여 줌. 또한 엘리베이터가 자유낙하하고 있는 상황 속에 어떻게 하면 살아 남을 수 있는지에 대해서 탐구를 하였으며 그 중 점프를 한다면 어떻게 될지를 분석함. DNA의 유전 발현 형식이 다른 생명체들과도 같다는 것에 대해 호기심을 느껴 이것을 이용한 대장균 형질전환에 대해 추가탐구를 진행함. 또한 이온결합과 공유결합 중 이온결합의 녹는점과 끓는점이 높은 이유를 분석해 봄.

수정본

수업 시간에 집중하고 모든 답변에 충실히 답을 하고 어려운 질문에 끝까지 답을 하려고 고민하는 모습을 보임. 빅뱅이론에 대해 배운 후 만약 목성의 크기가 조금 더 컸다면 생겼을 쌍성이론에 대해 <u>자발적으로 추가 탐구</u>를 하여 친구들 앞에서 발표를 함으로서 **지식을 확장**시키고자 노력함. 기본 입자 중 랩톤과 전자에 대한 차이를 질문하고 추가적인 조사를 해 스스로 답을 해 나가는 모습을 보여줘 교과서를 분석적인 시각으로 하나하나 공부해 나감. 또한 엘리베이터가 자유낙하하고 있는 상황을 가정하고 어떻게 하면 살아남을 수 있는지에 대해서 탐구를 하던 중 점프를 한다면 어떻게 될지를 <u>컴퓨터 시뮬레이션</u>을 통해 시각적으로 증명할 수 있었음. DNA의 유전 발현 형식이 다른 생명체들과도 같다는 것에 대해 호기심을 느껴 이것을 이용한 대장균 형질전환에 대해 **추가탐구**를 진행함. 또한 이온결합과 공유결합 중 이온결합의 녹는점과 끓는점이 왜 높을까라고 스스로 던진 질문에 답을 하려고 노력하는 등 **자발적**으로 성장하려는 노력을 하였음.

원본에서는 탐구 활동에 대하여 단순하게 나열식으로 되어 있었다. 수정본에서는 탐구 활동을 통해 드러난 역량을 키워드로 잘 표현했다. 컴퓨터 시뮬레이션과 같은 도구를 사용하여 지적 호기심을 해결하는 모습을 잘 표현했다. 탐구의 동기와 탐구의 과정, 절차 등이 보다 구체적으로 서술되었으며 역량 키워드와 서술 내용이 적절하게 잘 매칭된 좋은 자기평가서를 작성했다.

(4)

원본

전분의 구성성분인 아밀로오스와 아밀로펙틴의 구조적 차이에 따른 성질 차이에 호기심을 가져 주제 탐구 보고서를 작성함. 교사가 제시한 보고서의 수준을 뛰어넘어 단순한 기본정보 조사뿐만 아니라 특히 자신의 진로와 엮어 "전분의 전기차 고속 충전 문제 해결"에 대하여 심도 있게 탐구한 부분이 돋보임. 주제 탐구 발표 시간에는 여유로운 태도로 자신이 탐구한 주제에 대해 여러 가지 제스쳐를 사용해 발표하였고 자신의 주제에 대한 자신감 있는 모습을 보임. 수업 시간마다 교사와 눈을 맞추며 교사가 던지는 사소한 질문마저도 큰 소리로 대답하려는 열정을 보임. 수업 시간에 배운 세슘 원자 시계가 위성항법 시스템, 금융거래 등 현대 과학 기술에 미치는 영향에 대해 질문노트를 작성함.

수정본

<u>수업 시간마다 교사와 눈을 맞추며 사소한 질문에도 큰 소리로 대답하려는 열정을</u> 가지고 수업에 참여함. 전분의 구성성분인 아밀로오스와 아밀로펙틴의 구조적 차이에 따른 성질 차이에 호기심을 가져 주제 탐구 보고서를 작성함. 단순히 수업 시간에 제시한 주제별 예상 난이도에 따른 기본 정보 조사뿐만 아니라 특히 자신의 진로와 엮어 "전분을 이용한 전기차 고속 충전 문제 해

결"에 **대하여 심도 있게 탐구하며 한발 더 나아가려 노력**함. 조금 더 수준 높은 발표 자료와 보고서를 만들기 위해 **장기간 지속적으로 주제에 관심**을 가지는 **과제 집착력**을 가지고자 하였고, 아밀로오스와 아밀로펙틴의 구조적 성질과 약물전달효율성, 전기차 고속 충전 문제에 대한 학술 자료를 조합하는 데이터 분석력을 기르려고 노력함.

원본은 탐구내용으로 시작한 반면 수정본은 태도에 대한 서술을 추가했다. 또한 활동 내용을 구체적으로 서술하고, 적절한 역량 키워드를 통해 자신의 노력을 또렷하게 드러냈다. 특히 활동에 대해서 "심도 있게 탐구하여 한 발 더 나아가려 노력"했다는 것을 강조하는 등 교과에 대한 열정과 깊이를 학생의 관점에서 표현한 좋은 자기평가서를 작성했다.

(5)
원본

물리 시간에 아날로그 신호와 디지털 신호의 개념과 연관성을 수업 시간에 배우고 궁금한 게 생겨 적극적으로 질문하고 어떻게든 그 내용을 이해하려 노력함. 중력과 자유 낙하 운동, 포물선 운동에 관련된 내용을 배우고 모둠 실험을 할 때 리더십으로 친구들을 이끌고 협력하여 다중 섬광 사진을 만듦. 화학 시간에 기본량의 다양한 단위에 대한 내용에 관한 수업을 듣고 시간의 기본 단위가 '초(s)'인데 그렇다면 '분(min)'이나 '시간(hour)'가 기본 단위로 봐야 하는지 유도 단위로 봐야 되는지 질문하고 유도 단위라는 것을 깨달음. 수업 시간에 원소와 원자에 대한 기본적인 개념부터 원자의 전자 배치, 화학 결합, 공유 결합에 관련된 내용을 학습하고 원자의 전자배치와 관련된 수행평가를 통해 수업 시간의 내용을 전체적으로 복습함 생명과학 시간에 잘못된 사전 지식으로 알고 있던 동물에도 액포가 있다는 내용을 선생님께 질문하여 잘못된 지식을 바로잡음. DNA의 이중나선 구조와 염기 간의 상보 결합에 관련된 내용을 학습하고 관련된 수행평가를 통해 실습함으로서 수업 시간의 내용을 전체적으로 복습함. 이를 통해 DNA 염기의 전사와 번역으로 연결되는 학습을 함. 지구과학 시간에 지구 시스템, 판 구조론, 우주의 구성 물질, 별과 원소의 생성 과정, 지각을 구성하는 물질 등의 내용을 누구보다 열심히 필기하며 수업 내용을 이해함. 지각을 구성하는 물질과 규산염 광물의 구조, 그와 관련된 예시에 관련된 수행평가를 통해 독립형 구조, 단사슬 구조, 복사슬 구조, 판상 구조, 망상 구조와 각각의 예시로 감람석, 휘석, 각섬석, 흑운모, 석영 등을 살펴보고 수업 시간의 내용을 더욱 깊이 이해함.

수정본

물리 시간에 아날로그 신호와 디지털 신호의 개념과 연관성을 수업 시간에 배우고 궁금한 게 생겨 질문을 해 적극성을 보이고 어떻게든 그 내용을 이해하려 노력해 **배움에 대한 열의**를 보임. 중력과 자유 낙하 운동, 포물선 운동에 관련된 내용을 배우고 모둠 실험을 할 때 **리더십**으로 친구들을 이끌고 협력하여 다중 섬광 사진을 만드는 등 **협력적 소통 역량**을 기르기 위해 최선을 다함. 화학 시간에 기본량의 다양한 단위에 관한 수업을 듣고 '분(min)'이나 '시간(hour)'을 기본 단위로 봐야 하는지 유도 단위로 봐야 되는지 질문해 **적극적 탐구 태도**를 보임. 유도 단위라는 것을 깨닫고 과학적 참여와 평생 학습 능력을 기름. 수업 시간에 원소와 원자에 대한 기본적인 개념부터 원자의 전자 배치, 화학 결합, 공유 결합에 관련된 내용을 학습하고 원자의 전자배치와 관련된 수행평가를 통해 수업 시간의 내용을 익히고 과학적 사고력을 향상시킴. 생명과학 시간에 잘못된 사전 지식으로 알고 있던 동물에도 액포가 있다는 내용을 선생님께 질문하여 잘못된 지식을 바로잡고 **과학적 탐구 능력을 발전**시키려 노력함. DNA의 이중나선 구조와 염기 간의 상보 결합에 관련된 내용을 학습하고 관련된 수행평가를 통해 실습함으로서 수업 시간의 내용을 더욱 깊게 이해함. 이를 통해 DNA 염기의 전사와 번역으로 연결되는 학습을 통해 **개념 간의 연결 능력**을 키우려고 함. 지구과학 시간에 지구 시스템, 판 구조론, 우주의 구성 물질, 별과 원소의 생성 과정, 지각을 구성하는 물질 등의 내용을 누구보다 열심히 필기하며 수업 내용을 이해하기 위한 열정을 보임. 지각을 구성하는 물질과 규산염 광물의 구조, 그와 관련된 예시에 관련된 수행평가를 통해 독립형 구조, 단사슬 구조, 복사슬 구조, 판상 구조, 망상 구조와

> 각각의 예시로 감람석, 휘석, 각섬석, 흑운모, 석영 등을 살펴보고 **지적 호기심**, **적극적 탐구 태도**를 기름.

원본이 활동의 내용에 치중했다면 수정본에서는 내용에 해당하는 역량 키워드를 적절하게 배치한 점이 좋았다. 각 분야별로 수업에 충실하게 참여하고, 열심히 탐구했던 내용을 잘 서술했다. 특히 수업 내용과 수행평가를 통해 지적인 호기심을 가지고 활동하여 지식을 확장한 과정을 드러낸 점이 훌륭하다. 잘못된 부분은 질문을 통해 바로잡고 발전하려는 모습을 잘 표현한 점과 역량을 잘 보여 주는 키워드를 적절히 사용하여 작성한 부분도 좋았다. 다만 역량 키워드를 다소 과하게 사용한 측면이 있어 조금 압축하거나 일부 생략하면서 한번 더 수정한다면 더 좋은 자기평가서가 될 것이다.

(6)

<u>원본</u>

> 물체의 자유 낙하 운동에서의 속력과 중력 가속도를 측정하는 실험을 해 서로 다른 질량을 가진 물체 간의 중력가속도에 차이가 있는지 알아보았다. 뉴턴의 프린키피아 속 힘과 운동량에 관련된 부분을 독서하고, 이 부분에 대한 발표를 진행하였음. 암흑 물질과 암흑 에너지, 빅뱅의 메아리를 읽고 우주에 대한 과학적 사실을 탐구하였음.

수정본

수업 시간에 앞자리에 앉아 늘 주도적으로 질문에 대답하는 등 수업에 적극적으로 참여하려 노력하였음. 물체의 자유 낙하 운동에서의 속력과 중력 가속도에 대한 가설을 세우고, 이를 측정하는 실험을 하는 등 **과학적 탐구 능력**을 키우고자 노력하였음. 통합과학에서 물체의 운동량과 충격량을 공부하는 과정에서 고전 역학에 흥미가 생겼고, 이러한 지적 호기심을 해소하기 위해 뉴턴의 《프린키피아》를 읽으며 물체의 운동에 대한 **지식을 확장**하고, **과학적 사고력**을 키우고자 노력하였음.

수정본에서는 태도를 추가했고, 후속 활동으로 한 독서 활동을 하게 된 동기에 대해서 서술하여 활동에 대한 이유를 잘 설명했다. 활동에 대한 역량을 보여 주는 키워드를 적절히 배치하여 서술한 점이 좋았다. 수업이나 활동 내용을 조금 더 구체적으로 서술하며 해당 역량을 키우기 위한 노력을 부각한다면 더 좋은 자기평가서를 완성할 수 있을 것이다.

(7)

원본

지속적으로 변화하는 자료를 분석하고 이를 다양한 기준의 그래프나 시각자료로 표현함으로써 그 자료를 심층적으로 이해하고 지식 정보 처리 역량을 키울 수 있게 됨. 지구 온도 변화와 강수량 변화의 자료를 분석해 보고 이에 대한 지구의 변화를 파악하고 미래의 지구 변화를 예측하고 분석해봄

수정본

토양과 해양에서도 생분해되는 종이 빨대를 개발했다는 기사를 읽고 다양한 산업을 촉진하는 바이오기술에 대해 관심을 가지고 유영제의 《바이오산업혁명》을 읽고 자신의 **과학적 탐구력**을 증진시킴. 이 책을 읽고 바이오기술의 발전을 토대로 바이오경제와 사회에 대한 **종합적이고 균형된 시각**을 가질 수 있게 됨. 이후 더 많은 바이오 기술에 관심을 가지고 질병 진단이나 과학수사, 유전자 연구에 쓰이는 PCR에 대해 탐구하고 DNA 변성과 합성에 연관 지어 보고서를 작성하는 등 종합적이고 **창의적인 사고력**을 기르고 배운 과학 기술에 대한 깊이 있는 탐구를 진행함. 반 친구들에게 발표하며 **과학적 의사소통 능력**도 기름.

원본은 태도 없이 활동 내용만 요약적으로 서술했다. 수정본은 여전히 태도에 대한 서술은 없지만 구체적인 활동 내용을 추가 서술했다. 특히 활동 이후에 후속 활동에 대해 언급하여 깊이 있는 탐구역량을 보이기 위해 노력한 점이 좋았다. 다만 짧은 분량에 비해 지나치게 많은 역량 키워드가 사용되었으므로 역량 키워드에

해당하는 노력을 조금 구체적으로 서술한다면 더욱 좋았을 것이다.

(8)
<u>원본</u>

토요과학프로그램 신청을 하여 연료감응형 태양전지(DSSC)를 만들었고 우수한 결과물을 만들었음. 또한 중성자별 쌍성계에서 발생한 중력파를 분석하여 중성자별의 조력 변형성을 측정할 수 있는 가능성을 논의하는 논문을 읽고 보고서를 작성함. 과학의 날 행사 때 태양계 오르골 만들기를 함으로써 태양계에 대해 시각적인 측면으로 더 공부함. 빅데이터를 활용하여 한반도의 기후 변화 경향성 파악하기라는 과학탐구실험 활동에서 해빙의 과거, 현재, 미래의 수치를 확인하고 기록하는 역할을 수행함. 각 원소의 스펙트럼에 대한 실험에서 우수한 결과를 보였고 조별 과제에서 적극적인 역할을 수행하며 같은 조 학생들과 협업하였음. 또한 수업 시간에 집중하려 노력했고, 질문을 적극적으로 함.

<u>수정본</u>

<u>수업 시간 중 꼼꼼히 필기하려 노력하고 집중하였음. 수업 중 밝은 표정을 유지하려 노력했고 새로 알게 된 내용은 여러 번 복습하며 자기관리 역량을 기르려 노력했음. 특정 원소들의 스펙트럼을 관찰하고 기록하는 실험에서 우리 조의 진행 과정을 **적극적으**</u>

로 **주도**하며 **협력적 소통 역량**과 **공동체 역량**을 기르려 노력함. 또한 학교 내 행사인 토요과학프로그램에서 블루베리 염료를 이용한 연료감응형 태양전지(DSSC)를 만듦으로써 **과학적 사고력**을 기를 수 있었고, **문제 해결력**을 키울 수 있었음. 뿐만 아니라 평소 우주에 대해 호기심이 있었는데, 논문을 읽고 보고서를 쓰는 활동에서 중성자별 쌍성계에서 발생한 중성자별의 조력 변형성을 측정할 수 있는 가능성을 논의하는 논문을 읽음. 통합과학 교과 과정인 별의 진화 과정보다 더 심화된 내용을 알게 되는 탐구 활동을 통해 **과학적 사고력**이 신장되었음. 과학의 날 행사에서 태양계 오르골을 만듦으로써 태양계에 대해 시각적인 측면으로 더욱 심화된 **과학적 탐구 능력**을 기를 수 있었음.

원본에 없었던 태도에 대한 내용을 시작으로 구체적인 활동을 키워드 중심으로 나열하여 역량을 잘 표현했다. 특히 학교 활동과 교과과정의 내용을 심화 탐구하여 역량을 키운 과정이 구체적으로 서술되었다. 전반적으로 역량 키워드를 구체적으로 잘 작성했지만 키워드가 다소 과하게 사용된 측면이 있으므로 자신이 강조해야 할 부분을 조금 더 압축해서 키워드를 선별할 필요가 있겠다.

(9)
원본

실험 수행평가에서 실험을 주도적으로 이끌어 나갔으며 주어진 문제에 대해 친구들과 서로 다른 견해를 가지고 있어 짧은 토의를 통해 타협하고 이해함. 물리 수업 시간에 갈릴레이의 사고 실험이 이해되지 않아 다시 질문하였고 결국 이해해냄. 수학 수행평가에서 상대성 이론에 대해 서술하였는데 준비하며 일부 내용이 이해되지 않아서 물리 선생님께 질문함. 또한 거기에서 그치지 않고 관련 책을 읽고 더 알아감. 물리 수업 시간에 자신이 전기와 관련된 질문을 찾아오는 것에서 정전기가 일어나는 이유와 무엇 무엇의 이유에 궁금함을 느껴서 그 질문에 대한 답까지 작성해 제출. 카드 뉴스를 만드는 수행평가에서 반도체에 활용되는 소재에 대한 최근 연구 결과를 조사해서 진행. 화학 수업 시간에 들은 내용에 대해 느낀 점을 작성해 구체적으로 학습지에 적어놓았다.

수정본

양파의 표피세포가 고농도와 저농도의 수용액에서 삼투되어 팽창하고 쪼그라드는 것을 확인하는 실험에서 실험을 주도적으로 이끌어 나갔으며 실험 결과를 작성하는 종이에 주어진 문제에 대해 반 친구들과 서로 다른 견해를 가지고 있어 짧은 토의를 하는 등 **협력적 소통 역량**을 기르려고 노력함. 일상 생활에서 정전기가 일어나는 이유에 대해 궁금증을 가지고 이에 대한 답을 찾기 위해 여러 과학 정보 사이트를 방문해서 그 이유를 이해하고 글로 작성해 제출하는 등 **자발적 학습 의지**를 보임. 반도체와 관련된

> 카드뉴스를 만드는 <u>수행평가를 준비하는 중</u> 인듐 셀레나이트를 기반으로 한 양극성 반도체 소자가 최근에 개발되었다는 소식에 흥미를 느끼고 관련 <u>학술 자료를 참고</u>해서 원리를 이해하는 등 **과학적 탐구 능력**을 키우려고 노력함.

원본에 들어간 태도가 수정본에서는 탐구 과정에서의 소통으로 빠졌는데, 관점에 따라 다를 수는 있겠지만 원래 서술이 더 좋았다고 생각된다. 탐구의 내용이 원본보다 구체적으로 서술되었으며 적절한 역량 키워드를 기반으로 서술된 점도 좋았다. 학습 역량을 키우기 위해, 실험, 토의, 과학정보 사이트 탐색, 학술자료 참고와 같은 다양한 활동을 진행한 과정도 서술하는 등 좋은 자기평가서를 작성했다.

학생부 디자인과 자기평가서

초판 1쇄 발행 2025년 7월 16일

지은이	팀유니온
펴낸이	박영미
펴낸곳	포르체

책임편집	유나
편집	김찬미
마케팅	정은주 민재영
디자인	황규성

출판신고	2020년 7월 20일 제2020-000103호
전화	02-6083-0128
팩스	02-6008-0126
이메일	porchetogo@gmail.com
인스타그램	porche_book

ⓒ 팀유니온(저작권자와 맺은 특약에 따라 검인을 생략합니다.)
ISBN 979-11-94634-34-8 (13370)

- 이 책은 저작권법에 따라 보호받는 저작물이므로 무단전재와 무단복제를 금지하며, 이 책 내용의 전부 또는 일부를 이용하려면 반드시 저작권자와 포르체의 서면 동의를 받아야 합니다.
- 이 책의 국립중앙도서관 출판시도서목록은 서지정보유통지원시스템 홈페이지 (http://seoji.nl.go.kr)와 국가자료공동 목록시스템(http://www.nl.go.kr/kolisnet)에서 이용하실 수 있습니다.
- 잘못된 책은 구입하신 서점에서 바꿔드립니다.
- 책값은 뒤표지에 있습니다.

여러분의 소중한 원고를 보내주세요.
porchetogo@gmail.com